社会思想としてのクラシック音楽

猪木武徳

新潮選書

まえがき

音楽は「生の根幹」に結びついている

音楽は、少し贅沢な、余った時間の娯楽だとみなされることがある。確かに気持ちに余裕が生まれれば、ふと音楽が聴きたくなるものだ。だが音楽を求めるのは、ほかにすることがない時だけだろうか。音楽と一口に言っても、それが生まれた状況や秘めた力はさまざまだ。したがって人間にとっての音楽の意味や価値を一般論として云々することは出来ない。音楽を単に生活の装飾品、あるいは不要不急のものとして片付けてしまうと、人間精神の本質を見落とすことになりかねない。

本書は、音楽が人間の生命と精神、すなわちわれわれの生の根幹と深く結びついていることを、社会思想の視点から探究するひとつの試みである。音楽はわれわれの魂や社会生活の中核に関わっているがゆえに、人間と社会を理解するための「思想」が表現されていると見るのだ。音楽という極めて抽象的な芸術は、社会風土や政治体制から影響を受けてきただけでなく、歴史的にも政治に対して影響力を持ったことがあった。また、職業としての音楽家、産業としての音楽業界を考えると、音楽が個人に対してだけではなく、経済現象としても社会的に大きな影響を持つことは容易に想像できる。

絵画や文学などの芸術作品を対象とする場合とは異なり、芸術としての音楽を言葉で論じようとすると、ある種の自己矛盾的な困難に陥ることは避けがたい。音楽は、その秘められた力を直ちに感得できるものの、その直観による理解を言葉で具体的に表現することが最も難しい芸術ではなかろうか。感動や美の本質に迫ろうとすればするほど、その思考を言葉で把握することが難しくなる。直観的に理解しているものを言葉で把握しようとすることは、心理学者の喩えを借りると、巻貝の奥へと進もうとする営為にも似ている。中心に近づこうとすると、言葉が無力になる。進む先はますます暗くなり、本質の把握は言語を超えたところにあることを思い知らされるのだ。

クラシック音楽の社会的意味付け

こうした困難を承知しつつ、社会研究に携わってきた者として、社会思想や政治経済体制の視点から音楽の形式や内容、その歴史的な変遷を見直してみたいというのが本書の出発点となった。音楽芸術が人間にとっていかなる意味や価値、あるいは力を持ちうるのか、社会風土（mores）や政治体制（regime）は、一八世紀から二〇世紀半ばまでの西洋の音楽にいかなる影響を与えて来たのか、西洋社会の変化と「クラシック音楽」の歴史的流れの間にどのような相関的な現象が見られるのか。これらの問いに向き合うことによって生まれたのが本書である。

このような問題関心に本書が十分応えているわけではないが、いくつかの論点は整理できたのではないかと考えている。音楽を直接の研究分野とはしない、いわば「部外者」が試みた論点整理であるゆえ、思わぬ事実誤認、知識の欠如から来る推論の誤りがあるかもしれない。それは読者からの叱正を待つより外はない。

本書で取りあげた論点については、目次にいま少し具体的なテーマとして示した。信仰における音楽の位置、芸術家と政治権力の関係、楽曲の形式や演奏形態における自由と秩序、音楽に現われたリベラリズムとナショナリズム、技術革新と音楽芸術への社会的影響など、いわゆる「クラシック音楽」にいかなる社会的意味を読み取ることができるのかについて、筆者の関心を論じている。

音楽は意図や目的を持つものではなく、単に音楽であって、音楽を「表現」と捉えて「解釈」を持ち込むことを拒否するロシアの作曲家ストラヴィンスキーのような立場もある。しかしそうした立場自体、ひとつの時代の産物であるとは言えまいか。そうであれば、ストラヴィンスキーの考えとは全く異なった次元で、音楽がその社会の何かを「表現」してしまっていると見ることは可能であろう。

ソナタやフーガといったクラシック音楽の主要形式にも、音階にも、そして和声やリズムにも、それが生まれた社会風土が関連しているであろう。このように「社会」を念頭に置きながら、西洋の「クラシック音楽」をいくつかの社会科学の視点から振り返るという、ドン・キホーテ的とも言える試みに挑むことにした。

音楽はなぜリベラル・アーツに含まれたのか

さらに付け加えると、こうした試みから、現代の産業社会におけるデモクラシーの抱え持つ難問を考えるためのヒントが得られるのではないか、という欲張りな期待もある。音楽と人間精神の関係は、ピタゴラス以来の音楽の数理的な理論、美学、哲学といった、分化され、専門性の高くなった研究だけで完結するものではなかろう。本書のような「外部」からの視点も何らかの役割を果たしうるかもしれない。人間について思いを巡らす茫洋とした知の世界には、隣接分野から、あるいは専門分野以外の者が立ち入る余地が残されているように思える。

こう考えると、本書の問題意識と重なるような形で、近年しばしば語られる、「教養」、「リベラル・アーツ」という言葉が浮かび上がってくる。よく知られるように、西欧中世の大学で学ばれたいわゆる自由七科の中には音楽が含まれていた。人間や社会、自然を理解するための必須の学問分野のひとつとされたのである。

また音楽の重要性は古代東洋の世界でも強調された。論語は、「詩に興り、礼に立ち、楽に成る」（泰伯8－8）と述べ、音楽は教養を完成させるとある。孔子は、斉の国で韶《しょう》の演奏を聴いて、三か月間も肉の味がわからないほど陶然としたと伝えられる（述而7－13、井波律子訳『完訳 論語』）。孔子には、音楽が教養を完成させ、徳の入り口に立たせうるとの認識があった。

ただ残念ながら、教養という言葉は、現代では専門外の知識を持つことや「雑学」に親しむことと曲解されるほどに手垢がついてきた。先に述べた「生の根幹に関わる」という緊要性が消え失せてしまったようだ。

短期的な実利や目に見える成果のみに関心が集まり、自由に物事を探究しようとする者の居場所が狭まって来た現代の産業社会では、こうした現象は避けがたい傾向なのかもしれない。だが、すぐに役に立つものは、遠からず役に立たなくなるものが多い。確かに実利と実践を目的としなければならない場合は多々ある。しかし実利や実践を目的とする知的探究だけの社会は遠からず貧血状態に陥ってしまうのではなかろうか。

「発明は必要の母」でもある

実利を念頭に置いた「必要は発明の母」との言葉は、確かに真実の一側面を言い当てている。しかしその逆、目的のない知的活動から生み出されたものが、後で、思いがけない力と実用性を発揮するということも珍しくない。「発明は必要の母」でもある。トーマス・エジソンが音を再生する器械の製作に没頭していた時、彼の念頭に、ベートーヴェンの『交響曲第九番』をレコードで聴くという考えなど全く無かったはずだ。「目的のないことには意味がない」という強迫観念から自由になることも必要なのだ。友人との目的のない付き合いの中に幸福を感じるときがあるように、目的を持たないで、自由に知識を求める精神にこそ、リベラル・アーツの根本が存するのである。

一九世紀前半、デモクラシーの嵐が吹きすさぶ中で、デモクラシーという体制の行く末を洞察したフランスの思想家トクヴィルは、「知識を利用しようとする欲求」と「認識への純粋な欲求」とは別物なのだと指摘した。そうであっても、後者の復権に共鳴する人も、前者の畑を耕す人も、それぞれが、人間精神の根幹に向き合わねばならないということにはかわりはない。音楽が人間精神に対して持つ意味、その音楽が社会でいかなる力と位置を獲得してきたかを振り返ろうとする本書が、リベラル・アーツの根本を考えるときのなにがしかの参考となればうれしく思う。

本書で取りあげた問いは、先に「巻貝」の例で触れたように、「科学の方法」によって答えが明らかになるような性質のものではない。その点について、第一章でいま少し具体的に記した。本書が『社会思想としてのクラシック音楽』と題された理由を理解いただけることを願っている。

著者しるす

令和三年三月

社会思想としてのクラシック音楽　目次

第二章　自意識と流行

第三章　ナショナリズムの現れ方

参考文献について

本書を執筆するにあたって参考にした文献、あるいは直接引用した著作は、著者名と書名・論文タイトルを本文中に示した。

登場する音楽家の生涯と作品等については、*The New Grove Dictionary of Music and Musicians*（Editor: Stanley Sadie）から作曲家別、あるいは楽派ごとに編集・刊行された The Composer Biography Series（W. W. Norton & Company）を用いて確認した。引用した作曲家の書簡は、筆者の蒐めた書簡集から日付をチェックした。それぞれの書簡集のタイトルは本文中に記している。

音楽用語の説明は、多くの場合、Willi Apel, *Harvard Dictionary of Music*（Second Edition, Revised and Enlarged / Harvard University Press, 1969）に拠った。

本書の中の、クラシック音楽についての情報と知識は、いわゆる「クラシック・マニア」（筆者もその一人である）の間ではよく知られたものがほとんどかもしれない。本書は、西欧のクラシック音楽についての先達の研究に新たに何かを付け加えようとするものではなく、クラシック音楽と、（アダム・スミス、トクヴィル、オルテガなどの）自由の思想との関係を考えることを目的としているため、西洋音楽史や音楽理論に関する文献情報は、本文中に記したもの以外、資料のリストは作成していない。

社会思想としてのクラシック音楽

第一章　芸術の「送り手」は誰を意識したか

1　芸術からレジームを読む

芸術と社会体制

読者にある程度の見通しを持っていただくために、本書のねらいと、書き始めることになったきっかけを簡単に記しておきたい。

中学生の頃から、わたしは音楽に魅せられ続けてきた。趣味の良い同好の友人が数人いたことも幸運だった。高校時代に校内のクラス対抗の合唱コンクールで、モーツァルトのモテット『アヴェ・ヴェルム・コルプス』（K618）を聴いて、何かが心に沁みわたるような感覚を味わったことがある。それまで自分でも気づかなかった「懐かしさ」にも似た感情を呼び醒まされたのである。

そして言葉にし難い感動から覚めると、なぜ自分が音楽というものに魅せられるのか不思議に思ったものだ。音楽とはいったい何なのだろう。空気の振動がなぜ自分の心を共振させるのか。

もちろんこの漠たる問いに、美学や脳と心の「科学」を学んだことのないものが答えられるわけはない。

答えのないまま、結局、職業として社会研究者の道を歩むことになった。しかしその道もいつか細りはじめ、気が付いてみると朧《おぼろ》で荒涼とした景色を前にして、立ち往生するような歳になっていた。そんなとき、六〇年も昔に自分が発した問いをもう一度考え直してみようと思うようになった。悠々ではないものの自適の生活に入り、数年前から音楽の世界に接する時間が多くなり、芸術と社会の関係について考えてみたいという気持ちが去来するようになったのである。

音楽作品は本質的に建設的かつ創造的な人間の精神活動の産物である。それを演奏や鑑賞のために再現するには、多くの人の共同作業を必要とする。しかし作品そのものは基本的に「個人」のアイディアと技によって生み出される。だが、美という価値意識を作り上げる要素として、その「個人」が現実に生きた社会体制を無視できるのだろうか。社会風土（mores）、慣習や伝統を知ることなしに、芸術を単に「個人」の技として切り取りその意味と価値を云々はできないのではないか。それが生まれた土壌から抜き取ることは、芸術の「いのち」を傷つけることになりかねないからだ。

一八世紀以降の西洋音楽（いわゆるクラシック音楽）に限っても、作曲家たちはどのような政治経済体制のもとで、何を求めつつ、いかなる様式に沿って作品を創造し、注文主やパトロン、同業者、あるいは楽しむ人々（「受け手」）側からの評価を意識していたのか、いなかったのか。その点を考慮せずして芸術活動を論ずることはできないのではないか。そうした反省から、芸術家たち（「送り手」）の職業生活と、芸術を享受する人々（「受け手」）の趣味の世界を、社会体制の影響を読み取りながら、芸術という人間の精神的欲求と深くかかわる活動として捉え直してみたいと考えるようになった。

本書に書き記したのは、「美の本質」を正面から論ずる芸術論や、美学理論ではない。そのような形而上学的な試みはわたしの身の丈には合っていない。試みたのは、芸術（西洋のクラシック音楽）という創造の世界を、少し角度を変えて政治体制や経済システムとの関連から捉え直すということである。芸術家が作品を生み出した社会体制を通して、音楽芸術に参与した人々が落とした「影」のようなものを分析することになるのかもしれない。しかしそれも人間にとって「美とは何か」という問題に近づくひとつのルートではないかと考える。

このルートを辿る時、少なくとも三つの論点を強く意識した。第一に、言葉で論証したり合理的な説明を加えることの限界、第二に、多数が評価して選び取ったものの価値とそれに対する懐疑、第三に、芸術の表現方法や享受の仕方に少なからぬ影響を与える技術というファクターである。これら三つの点について順次筆者の姿勢を述べておきたい。

合理性の行き過ぎと反社会性

現代のほとんどの学問は、問題の設定の仕方であれ探求の方法であれ、合理性（無矛盾性）を前提としている。正確かつ確実なことを「真理」とみなし、それを厳密に記述することをその必須条件とする。

しかし例外もある。人間の精神世界を扱う人文学、例えば歴史学、哲学、思想史、政治学などは、理性による「論証」や説明を必ずしも目標としているわけではない。「論証する」というよりも「探求する」こと自体が学問であるような研究領域がある。いつまでも問い続けながら、時に何かを垣間見るという性格の学問である。

特に文学や文学論は、「人間は謎」だという事実をいかに示すか、「謎」そのものをどのような形であぶり出すのかにひとつの大きな役割がある。この作業は数理的な「論証」の枠には馴染まない。G・ヴィーコ（一六六八〜一七四四）の言葉を使えば、デカルト（一五九六〜一六五〇）の言う確実な真なる知識を記述するだけではなく、「真らしい知識」についても、想像力をめぐらして事細かに物語る方法の学知である。

ドストエフスキーやトーマス・マンの小説の粗筋を要約したところで、そこに新たな発見があるわけではない。むしろ細部の観察や予期せぬ感情の動きに、読む者は「そうだったのか」「そういうこともあるのだ」という共感を呼び覚まされるのだ。言い換えれば、一八世紀以降の近代科学が前提とする数学的「合理性」や、「数少ない要素でできるだけ多くの現象を説明する」という理論の効率性の原則に固執する限り、人間と人間感情の謎に迫るのは難しいということになる。

改めて考えると、人間というのはおかしな動物だ。人間社会は、「個人」という意識や概念の発生よりもはるかに古くから存在した。ミツバチやシロアリなどのような群生動物であった人間は、他の生物が生み出しえなかった複雑な言語を用いながら、法や、交換の正義を保証するための貨幣を創り出して社会秩序を築く過程で、徐々に「個人」を発見してきたのだ。「個人」は社会、あるいは社会体制の中から生まれ出た。音楽家でもあり、写譜業を生活の足しにしていた思想家ルソー（一七一二〜一七七八）がモデル化したような、「個人間の契約」によって社会が生まれたという方向だけを見るのは一面的だ。社会体制が「個人」を生み出すという側面を見落としてしまう。

また厄介なことに、人間はつねに社会を意識して社会に順応しようとする動物であるわけではない。「反社会性」も併せ持っている。人との交わりを拒絶し、ときに憎悪や報復感といった「反社会的」な感情を抱き、行動することがある。党派的になりやすい、利己的な態度になる、法を破ろうとする、独断的で協調しようとしないなどの性向は、人間の「反社会性」の具体的な現れである。合理性と社会性だけで人間を理解できないとすれば、伝統的な学問は必ずしも人間の理解に十分な力を発揮できないことになる。

確かに人間が知ることを欲し、真理を求めたがるとしても、ではなぜ虚構（fiction）である神話や小説、そして冗談や機智を好むのか。あるいはなぜ規則や約束事、あるいは形式に縛られた音楽や絵画を創作し、それを鑑賞することに喜びを感じるのかを説明することはできない。

さらに、音楽や絵画を熱烈に愛好するとしても、その愛好の「理由」が人みな同じというわけではない。たとえモーツァルトの崇拝者と意気投合して、オペラ『コジ・ファン・トゥッテ』（K588）の素晴らしさを語りあっても、「いや『フィガロの結婚』（K492）や『ドン・ジョヴァンニ』（K527）には及ばない」と一蹴されることがある。好みは慣習や流行によって影響を受けるだけでなく、人によって微妙に異なる。したがって「好みについては論ずるにあたわず」ということになる。しかし『コジ』の第一幕の小三重唱（Terzettino）、Soave sia il vento の美しさに文字通りウットリしないものはいないだろう。共通感覚というものはあるのだ。

このような人間の複雑な性向や好みの一致不一致を考える試みは、曖昧で多様な解釈を許す芸術の本質そのものを探求するためのヒントを与える。人間の「反社会性」の克服と「非合理性」の理解の可能性が、宗教はもちろん、芸術にも、さらに具体的な形で潜んでいるのではなかろうか。数理的合理性を前提とする科学的な学問だけでは、こうした人間精神に関わる難問の解は得られないようだ。

論理的思考と理性による推論は容易に行き過ぎる。その行き過ぎは、時に人を傲慢かつ凶暴にする。理性以外のすべてを失った人間はどうなるのか。理性の暴走を理性が押し止めることはできない。理性以外の力を求めざるを得ない。昔、知人が強い憤りを感じる事柄に遭遇し、精神の激しい動揺を来したとき、夫人にヨハン・パッヘルベル（一六五三～一七〇六）のカノン（ニ長調）を聴かされて、魔法にかかった動物のように平静を取り戻したと話してくれたことがあった。人間を、怒りや冷たさから護り、心を穏やかにしてくれる力が芸術にはある。実際、「芸術は人を穏やかにする」と指摘されることがある。技芸（Arts）は、人々を寛容かつ温和にすると哲学者デイヴィッド・ヒューム（一七一一～一七七六）も述べている（「技芸の洗練と進歩について」）。芸術にはときに魂を救済しうる力があるのではなかろうか。

こうした芸術と人間精神の関係を、社会体制の視点から少し立ち入って考えるのが本書の目的である。

平等と「多数者の支配」

では現代の慌ただしい産業社会に生きるわれわれは、いかなる政治経済体制のもとで生活しているのであろうか。それはデモクラシーと市場経済と要約することができよう。政治も経済も「数」が、そして「数だけ」が、物事の最終的な決定原理となっている。現代では芸術世界について考える場合も、この「多数者の支配」という事実を軽視できない。

音楽業界も資本の「量」が支配する傾向が強い。マネージメント会社が人々の「好み」に影響を与え、経済的な力を持つ国のアーティストが市場で成功しやすいと指摘されることがある。世界で中国人演奏家の活躍が目立ち始めたのは、中国の資本力の増大と無関係ではなかろう。そうした多数者が支配する体制に「順応」するのであれ「対応」するのであれ、「送り手」である芸術家の創作活動は、市場や資本を中心とする経済力と切り離すことはできない。

ではは政治体制としてのデモクラシーは、いかなる類型の人間を生み出すのだろうか。「デモクラシーは祖先を忘れさせるだけでなく、子孫の姿を見えなくし、一人一人を同時代の人々から引き離す」（トクヴィル『アメリカのデモクラシー』第二巻（上）松本礼二訳、岩波文庫）と言われる。だがこの世は生きている者だけで成り立っているわけではない。死者が投票権を持たないデモクラシーという政体は伝統と親和的であることは難しい（チェスタトン『正統とは何か』）。伝統の中で形成された美意識や芸術作品は、デモクラシーという政体のもとではいかなる変容を遂げるのであろうか。

近代デモクラシーの歴史を振り返りながら、芸術がいかなる運命をたどってきたのかを知る必要がある。たとえば、生物世界で絶滅種の保護運動が話題になることがあるが、伝統芸術（芸能）も、何かしらの保護を与えなければ「完全に」消滅するということはありうる。実際、近代以降も多くの伝統芸術が姿を消している。そこで、「国家による伝統芸能の保護」を求める議論が税制問題の一環として出てくる。では衰弱しつつある一部の伝統芸術を保護するとすれば、どのような公共的な支援の導入が望ましいのであろうか。

ここにも国家と国民の選択問題が伏在している。この問いへの十分な答えは、社会を「バラバラの個人」と「国家」という二項対立で把握するだけでは出てこないだろう。個人は独りではあまりにも弱い。だからこそ個人の連携、職人たちの結社（同好の人々、あるいは利害が共通する者たちの連携）がもたらす力を、芸術の場でも生かさなければならないのではないか。

経済体制としての市場システムは、結局は多数の好むものを選び抜く。経済合理的な力を発揮できる市場制度が社会主義計画経済よりはるかに優れていることを、われわれは二〇世紀の歴史的「大実験」を通して学んだ。しかし市場メカニズムが完璧なシステムであるとは言い難い。したがって市場とデモクラシーを無条件で礼賛するだけでは似非宗教になりかねない。それらの長所と欠陥を正確に理解しつつ、さらに善き社会の生成に結び付くように修正を加える必要がある。

だとすれば、競争とは何か、市場競争の美点と限界はどこにあるのかを見極めなければならない。そうした作業があって初めて、独占や国家の市場介入の是非について論ずる視座が定まる。

具体的には、芸術活動に対する国家からの奨励や保護の根拠をどこに求めるのかを問い直すということだ。芸術への大きな財政支出が必ずモーツァルトやゴッホを生み出すわけではない。

また芸術に関わる産業の市場規模が世界的に拡大する中で、リベラル・デモクラシーとナショナリズムをいかに調和させるのかという問題とも向き合わなければならない。自国の文化的な価値とその固有性をどの程度、どのように保持しながら共存の知恵を探り、普遍的な美しさへの共通感情を見出していくのか。この難問にも芸術の世界が深く関わっている。

技術革新と政治的自由の問題

リベラル・デモクラシーと市場経済の進展に歩調を合わせつつ、一九世紀以降の産業化は新技術を体化した巨大な資本設備に支えられ、多くの富を創出してきた。政治・経済体制が芸術活動にいかなる変化をもたらしてきたのかを考える場合、いまひとつ重要な問題として、この産業化に伴う複製技術の進歩が創作活動や芸術鑑賞へ与える影響が挙げられよう。

高度な複製技術の発達によって、芸術作品の「受け手」の鑑賞スタイルも変化してきた。レコードに始まり、YouTube による鑑賞に至るまで、再生技術と複製技術は高度化し長足の進歩を遂げた。聴衆が通う大ホールでの演奏会だけでなく、独りで自分の部屋に閉じこもって演奏を楽しむという鑑賞スタイルも常態化した。さらに複製技術によって量産体制に入った音楽産業界は、数々の「スーパースター」を生み出し、芸術家の間の所得格差を拡大させたことを経済学の研究は示している。

複製技術の進歩は多くの聴衆に音楽を届けることを可能にした。聴衆の好みが、音楽芸術の市場の動きや方向を規定する力をもつことは疑いない。つまり、「多数の支配」が起こる可能性が大きい。では反対に、作品の評価システムが「多数の支配」の体制でなされない場合は、どのようなことが起こるのか。これは端的には芸術と独裁体制の関係として現れる。この問いへの答えは一筋縄で得られるものではない。政治的自由が奪われた社会主義国家にも優れた芸術作品や演奏家は生まれている。音楽の世界でも、後に見るように、革命後の旧ソ連では当局からの芸術活動への干渉は激しかった。韜晦や擬態はあったと推測されるが、スターリン体制下でもプロコフィエフやショスタコーヴィチなどの名作曲家は生まれている。他方、自由に創作活動に携われるリベラル・デモクラシーの社会で、偉大な芸術家が数多く輩出しているかというとそうでもなさそうだ。

プロコフィエフは一九一八年五月、革命後のロシアを離れ、日本を経由して九月初旬にニューヨークに到着する大旅行を敢行している。これが亡命であったかどうかは判然としないところもある。彼はその後ソ連へ戻り、一九三七年には『十月革命二〇周年のためのカンタータ』（Op74）、一九三九年には『スターリンへの祝詞』（Op85）を、そして戦後も、一九四七年に『栄えよ、力強い国土（十月革命三〇周年記念カンタータ）』（Op114）など、スターリン体制への応援歌を作曲している。

こうした活動は彼の多くの傑作の音楽的価値を貶めるものではなかろう。この種の政治と芸術の問題は、音楽だけでなく絵画をはじめ、芸術のあらゆるジャンルで観察される。文学においてはかなり明確な形で現れた。政治と芸術の結びつきはしばしば批判の対象となるが、芸術が政治に奉仕することが必ずしも芸術の劣化に結びついてきたわけではない。しかし「社会主義リアリズム」といわれる様式に魅力的な作品がほとんど見られないことは確かだ。体制が才能を殺すこともあれば、逆に弾圧が芸術における表現の技巧を高めることもあるのだろうか。

本書における筆者の問題意識のあらましを述べたが、二、三の断り書きを加えておきたい。先に述べた通り、ここでの目的は芸術という「創造の世界」を経済システムや政治体制との関連で考察することにある。記述のフレームワークは筆者が親しんできた経済学の知見をベースにすることが多い。もちろん、すべてこのフレームワークで論じられるわけではないが、「受け手」(需要側)と「送り手」(供給側)の区別は、経済学の最も基本的な枠組みであり、価値の決定、評価のメカニズム、仲介者(いわゆるパトロン、マネージャー、音楽事務所、マネージメント会社)の役割等々、経済学の思考方法は問題を切り分ける上で多くのヒントを与えてくれる。

また、以下の文章で「芸術」という言葉を使う場合、ときには絵画を含む芸術一般を指すこともあるが、ほとんどの場合、一八世紀から二〇世紀中葉までの西洋音楽、いわゆる「クラシック音楽」を意味している。筆者のそもそもの意図は、よく耳にする、芸術は「役に立たない」、「不要不急の贅沢品だ」という杜撰な考えに反駁することにある。既に述べたように、音楽芸術は人間の魂と深く関わる、人間存在の本質に位置していると考えるからだ。

2 ハイドンのミサ曲はなぜオペラ化したのか

定義の議論は避ける

「芸術とは何か」、「芸術家とは誰なのか」という難問が控えていることは確かに気になるところだ。しかしこの問いに正面から向き合うのはそれほど生産的ではない。そもそも「芸術とは何か」を論じることができたとしても、芸術家か否かの境界がはっきりするわけではない。芸術が日常生活を超えたもので、芸術家がそうした別世界に出入りしうる人間であるとしても、そうした人間が生まれるのは訓練によるだけではなかろう。その道の一人前になるための教育施設（例えば音楽学校）や徒弟的な訓練で獲得した技能を証明する「修了証書」がある分野は存在する。しかし独学・独習でその道の技量を身につける場合もありうる。

「わたしは詩人だ」と言えば詩人とみなされることもあるように、「わたしはアーティストだ」と言えば、アーティストになりうる。したがって、こうした定義と本質を云々することや、アーティスト（artist—芸術家）とアーチザン（artisan—職人）を分けること、あるいは芸術と芸能を区別するような議論は、いわゆる red herring（燻製ニシン）となりかねない。狐の通った跡を燻製ニシンを引いて横切ると、その強いにおいに惑わされ猟犬が狐のにおいを追えなくなる。概して「本質論」は red herring になることが多い。先に述べたように、こうした問題には、概念を定義して定理を命題として打ち立て、それを証明するというような方法は適さない。

この点は、プロとアマチュアをどう区別するのかにも関わってくる。プロとアマの境界が、現代社会、特に日本社会でははっきりしなくなっている分野が少なくない。もちろん一般にはプロはその技能を職業として経済生活を組み立てているもの、アマは趣味としての芸術活動を行うもの、と一応区別はできる。しかし問題は、それが技能面からの区別と一致するかどうかというところにある。

プロとアマチュアについては、ロシアの名ソプラノ、ガリーナ・ヴィシネフスカヤ（チェリストのロストロポーヴィチ夫人）が、「アマチュアが自分の歓びを求めるのに対して、芸術家は舞台にひかれて観衆に訴えかけたいと思う。このように他人のために演じたいという願望を、天職と呼ぶことができるのよ」と、鋭く指摘している（M・ロストロポーヴィチ、G・ヴィシネフスカヤ『ロシア・音楽・自由』田中淳一訳）。

だが日本では、「プロ的アマ」（プロ並みの技能をもったアマ）が大量発生し、「自分の歓びを求める」アマと「観衆に訴えかけたい」プロの区別がつきにくくなっている分野が見られる。「プロ的アマ」が特に日本に多いと感じる統計的な根拠は残念ながらない。こうした現象の原因のひとつとして、本書でも後で問題にするが、電子技術や複製技術の驚異的な進歩があげられる。身近な例で言うと、芸能界で活躍するプロの歌手と、カラオケで腕を磨いた素人歌手の実力の差はどれほどあるのだろうか。「歌手」として芸能界で活動するには、「歌える」という技能以外の要素（例えば、アイドルとしての資質など）が要求される場合が多く、歌自体の実力にプロとアマの差がないと感じさせる例は少なくない。カラオケによって、多くの人々に「私は歌い手だ」という意識が広がったとも言える。

これは市場制度とデモクラシーの精神が広く染み込んだ社会に特有の現象であろう。「機会の平等」が与えられている社会では、身分に縛られることなく誰でも芸能や芸術の世界にエントリーできる。参入者が増えると、競争が激しくなり技能水準の高いものが選抜される確率が高まる。しかし試験による選抜という「資格に基づく供給制限」がない世界では、参入者の増加は質の低下を招きやすい。それは、近代までの芸術・芸能の世界において、身分制度をベースにした専門家（職人）集団内の教育・訓練制度によって供給を制限しつつ、職人たちの技能の低下を防ごうとしたシステムと好対照をなす。

こうした問題の複雑さを考えると、むしろ、具体的な例を検討してゆくほうが、はるかに問題の核心に迫れるように思う。そのために音楽作品に対する「需要と供給」の世界を、「受け手」と「送り手」の二つの立場に分けて考えることにする。もちろん音楽は、実際その作品が教会、宮廷、サロン、あるいはコンサート・ホールや劇場で演奏される場合、演奏する側と聴く側双方が同じ空間にいるため、そこで気持ちが相互に交差することがある。聴衆が演奏への共感を持つか否かが、演奏そのものを変えてしまうこともありうるのだ。そういう意味では音楽作品の演奏は、演奏家と聴き手との共同作業によって成り立つという面もある。そこでここでは歴史上の作曲家や演奏家が「誰を、そして何を意識して」作曲し、演奏したのかという点をまず考えてみたい。

匿名から個人の名前へ

もともと芸術作品を生み出した人々には、その作品と上演を（神事の折に）神さまに捧げるという姿勢があった。楽器の製造についてもこの「捧げる」という慣習が存在した。誰のために作ったのかが重要だとして、楽器の製造者の名前は多くの場合匿名であった。オルガンは一三世紀には教会の楽器としての地位を確立していたようだが、一四、五世紀以降の大型化したものは、記録として建造者はわかっているものの、オルガン自体には製作者の名前はなく、soli Deo gloria（ただ神にのみ栄光あれ）とだけ記されることがあった。匿名の慣習は、個人の名とは無関係に、オルガンの良さが神に向けられていたことを意味していた。中世は社会の中に個人が埋没していた時代とも言えよう。近代に入って意識されはじめた「個人」はまだ発見されていなかった。

この慣習は音楽や美術の世界だけではなかった。作家、学者、パンフレット作者、役人、そして建築家も一二、三世紀あたりまで、多くの場合匿名であった。あのストラスブールの大聖堂を設計建築した人物、また中世（一三世紀末）の多声音楽の重要な理論書の作者は（Anonymous IV と呼ばれ）全くの匿名であった。現代の大都市に置かれた巨大なオブジェの制作者の名前が明示されているのとは対照的である。

かつてスウェーデンの映画監督イングマール・ベルイマン（一九一八〜二〇〇七）は、彼の作品、『第七の封印』の目指すところはどこにあるのかと問われて、次のように応えている。

「シャルトル大聖堂が落雷で瓦解したとき、多くの建築請負師、芸術家、職人、労働者、百姓、貴族、僧侶、多数の市民たちが、瓦礫と化した聖堂のまさに四方八方から蟻の大行列のごとく集まり、長い労働の末、大聖堂を再建した。彼らはすべて無名であり、誰がこのシャルトルの大聖堂を建設あるいは再建したのかは今日でもわからない。（中略）今日では個人というものが芸術的創造にとって最高の形式となると同時に、実は芸術にとって最大の毒（bane）と化して来ている。エゴのどんな小さな傷も痛みも、あたかも永遠の重要物が隠されているかの如くにおしつけがましく語られる」（*The Seventh Seal: A Film by Ingmar Bergman*, Simon & Schuster, 1960）

近代以降の芸術家が、自己の孤立、主観性、個人そのものを神聖視しているとベルイマンは指摘するのだ。近代デモクラシーと商業主義が浸透した社会では、人権思想に支えられた個人の尊重が強調され、ひとりひとりの「個性」が重視され、その「個性」が芸術を生み出すという点にのみ関心が集中するようになった。

一八世紀末までは、教会、王侯貴族が音楽を注文し、職人としての音楽家がその注文に応ずるという形で音楽作品が生み出されていた。作曲者名と作品番号（Opus）を付して楽譜が出版されるのは、モーツァルトやハイドンの時代にはまだ確立された慣行ではなかった。モーツァルトの場合、父レオポルトが息子の作品の出版をライプツィヒの楽譜出版社のJ・G・I・ブライトコプフに売り込む手紙をしばしば書いている（一七七二年二月七日、一七七五年一〇月六日、一七八一年二月一二日付／以下、手紙とその日付には、E. Anderson, *The Letters of Mozart and His Family* [Second Edition prepared by A. H. King and M. Carolan〕を用いた）。ベルリンのゲオルク・ルートヴィヒ・ヴィンターがC・P・E・バッハの作品を出版していることに触れ、ヴィンターからの出版の可能性も考えると書いて、相手の出方を探っている。この父の熱意は不幸にも実現することはなかった。しかし個人名での出版の競争状況を示している点で興味深い。

ちなみに、作品が出版された順序を示す「作品番号（Opus）」と、のちの研究者が作品の作曲順序を調査して作成した「作品目録番号」や「整理番号」（例えばバッハのBWV〔Bach-Werke-Verzeichnis〕、モーツァルトのケッヒェル番号〔K〕、シューベルトのドイッチュ番号〔D〕など）とは別だ。作品番号は作曲者の個人名とともに出版される。この慣行はベートーヴェンのころほぼ確立されたと考えてよい。ただしベートーヴェン以後の時代でも、（ロッシーニ、ヴェルディ、マーラーのように）作品番号を付けない作曲家も少なくなかった。したがって作品番号を付けているか否かという形式的な問題ではなく、誰の作品かが同定できたかどうか、その楽譜の出版が作曲者に収入をもたらしたか否かが問題となる。

デモクラシーと市場取引が社会の基本制度となると、音楽の「生産」過程と演奏され鑑賞される場所にも次第に変化が生じて来る。この変化の特質は、西欧における政治と社会生活におけるキリスト教の位置づけの変化とともに進行した。音楽が、キリスト教教会のミサなどの典礼（liturgy）のための実用の音楽としての位置だけでなく、宮廷の王侯貴族の気晴らしや遊び、あるいはブルジョワジーの日常生活や特別な行事のための付随物としての役割の比重が大きくなり、人々の生活の中で占めるキリスト教の重みが失われ始めると、音楽も教会から劇場へと、その創作目的や演奏の場所を移し始めるのである。

教会から劇場へ

場所の変化は、曲の形式、そして演奏形態にもあらわれる。ただ変化は一気に起こったわけではない。音楽がどこに行けばよいのか、迷い、躊躇しているような移行期間があったのだ。それを見事に示しているのがフランツ・ヨーゼフ・ハイドン（一七三二～一八〇九）とヴォルフガング・アマデウス・モーツァルト（一七五六～一七九一）の作品群であろう。例を挙げてみたい。

ハイドンは、モーツァルトとほぼ同時代に、ほぼ同じ地域で活動した。彼はモーツァルトのような傑作オペラを書いたとは言い難いが、弦楽四重奏曲や交響曲の分野で古典主義的なソナタ形式を確立し、清潔な和声やのびやかな旋律で多くの新機軸をもたらした。モーツァルトに比肩しうるような偉大な作曲家であった。モーツァルトとベートーヴェンがハイドンから受けた影響は大きく、それぞれいくつかの自作をハイドンに献呈している（もっとも、ウィーンでハイドンを直接に師と仰いだ時期のあったベートーヴェンと師ハイドンとの間には、ピアノ三重奏曲〔Op1‐3〕の出版をめぐるエピソードが示す複雑な感情のもつれがあったようだが）。

この老ハイドンと若者モーツァルトは、二四の歳の差にもかかわらず、お互いに強い尊敬の気持ちで結ばれていた。偉大な音楽家が必ずしも同時代の同業者や音楽愛好家によって正当に評価されるとは限らない。それどころか無理解な連中から嫉妬され排斥されたりすることも珍しくない。しかし偉大な芸術家は、同時代の他の偉大な芸術家を的確に評価する眼を持っている。モーツァルトとハイドンはまさにそうした関係にあった。その点を少し具体的に述べておこう（以下はモーツァルト一家の手紙からの情報を再構成している）。

一七八五年一月末、モーツァルトの父、レオポルト（六五歳）は、ザルツブルクの大司教のもとを離れた息子ヴォルフガング（二九歳）のいるウィーンへの旅に出た。到着後、旅装を解く十分な余裕のないまま、ヴォルフガングが前晩に大急ぎで完成させたピアノ協奏曲（K466）のコンサート（メールグルーベ・カジノで行われた）に行き、息子の作品の素晴らしさに圧倒され大満足だとの手紙（一七八五年二月一六日付）をヴォルフガングの姉、ナンネルに送っている。コンサート翌日の夜、ハイドンはモーツァルトの新しい住まい（グローセ・シュラーシュトラーセ）で開かれた室内楽のコンサートに招かれている。モーツァルトはゲストの演奏家を交えて、彼自身の新しい弦楽四重奏曲三曲（K458、K464、K465）を披露した（ヴォルフガングはヴィオラを、レオポルトはヴァイオリン・パートを受け持ったようだ）。

このコンサートの名誉ゲストであったハイドンが、レオポルトに「神の前で、そして正直な一人の人間として申し上げます。あなたの息子さんはわたしが直接あるいは評判で知っている中で最も偉大な作曲家です。彼は優れたセンスだけでなく、作曲に関する最も包括的な知識を持っています」と伝えている。その六か月後、モーツァルトは先の三曲に、それより前に作曲された三曲を加えた全六曲の弦楽四重奏曲をハイドンに献呈している。いわゆる「ハイドンセット」である。

そのハイドンが、モーツァルトを凌ぐような作品を残した分野はミサ曲ではなかろうか。もちろんモーツァルトにも、一二歳で作曲した『孤児院ミサ（ハ短調）』（K139）、自らの発意で作曲に取り掛かったが未完成に終わった『大ミサ曲（ハ短調）』（K427）のような傑作はある。しかし質量ともに優れたミサ曲を残したのはハイドンであろう。そのハイドンのミサ曲は、音楽が教会と劇場の間を彷徨《さまよ》う姿を、見事に、そして極めて麗しい形で示してくれている。

ハイドンは、ハンガリー国境近くの（当時はハンガリー領であった）アイゼンシュタットにあるエステルハージ侯爵家の宮廷楽長としてその生涯の大半を過ごした。そのため、多作な彼の作品カタログ（一〇〇を超える交響曲、八〇を超える弦楽四重奏、四〇を超えるピアノ三重奏……）の中で宗教音楽が占めるウエイトはさほど大きくない。オペラは一三曲が現存するが、生前に出版されたのは二曲にすぎない。ハイドンがエステルハージ家という辺境に位置する、おとぎ話に出てくるようなお城で仕事をしていたため、ウィーンなどの大劇場での上演の機会があまりなかったことが、彼のオペラへの熱意を生まなかったとも考えられる。加えて、清潔で透明かつ調和に満ちたハイドンの音楽は、オペラという「ドラマ」がもつ激しさや毒性とは相容れなかったのではないかと想像する。

ともあれ、彼の作曲家としてのキャリアはミサ曲に始まったと言ってもよい。『ミサ曲第一番』はハイドンが一六、七歳の頃に書かれたとされている。作曲したミサ曲一四曲（うち一曲は紛失）のうち、特に晩年に作曲された六曲は宗教と音楽の関係を暗示するような作品であると同時に、作品からの感動が、宗教的なものであるのか、劇場的なものであるのか、戸惑いを覚えさせるような例となっている。

相良憲昭『音楽史の中のミサ曲』（音楽之友社、一九九三）でも、ハイドンのミサ曲を彼が五〇歳（一七八二年）までに作曲した八曲と六五歳（一七九七年）以降の最晩年に作曲した六曲とに分けて論じている。そして、この二つの作品グループの間に約一四年もの開きがある事情は明らかではないとしつつ、「当時のオーストリア皇帝ヨーゼフ二世はカトリック教会に盛んにくちばしを突っ込み、典礼を簡素化するために楽器の伴奏付きの荘厳ミサを規制しており、そのためにハイドンが嫌気がさしたのだともいわれている」との説を紹介している。

確かに一世代前のバッハの時代から、教会の音楽は長くならないように、そしてオペラまがいにならないように、という項目がカントール（教会音楽の指導者）の契約書に記されている。ハイドンの時代の宮廷における楽長の仕事は、雑用係と現場監督を兼ねたようなものであり、決して社会的地位の高い仕事ではなかったことがわかる（西原稔『音楽家の社会史』音楽之友社、一九八七）。

さてハイドンのミサ曲のうち、第一の作品群の中にも、長大な『聖セシリア・ミサ』のように、すでに教会から劇場への移行を遂げてしまったような名曲もある。しかしその動きがよりはっきりするのは第二のグループに属する晩年のミサ曲であろう。そのうち『戦時のミサ』（一七九六）の Gloria の qui tollis peccata mundi, miserere nobis（世の罪を除きたもう主よ、われらを憐れみたまえ）では、バリトン歌手がチェロのオブリガートで歌う。このメロディーを切り取ってオペラのアリアだと言えばそう信じる人は多いであろう。

さらにハイドン晩年の『テレジア・ミサ』（一七九九）における Credo の Et incarnatus est de

Spiritu Sancto（そして聖霊により、御からだを受け）はソプラノ・ソロで歌われる。先に触れた、モーツァルトが自発的に（依頼されたものではなく）一七八三年に作曲した大ミサのCredoのEt incarnatus est de Spiritu Sanctoも劇場で歌われるのが似合う曲だ。聴くものは次のように思うはずだ――「これはオペラのアリアではないか⁉」。

こうした声楽曲をオペラ的だと思わせる重要な要因として、後に触れる（第四章）ように、オーケストレーションが交響曲のそれに近くなったことがあげられる。ハイドンの発展させた交響曲の作曲技法の向上が、教会内で演奏されるミサ曲を劇場へと導いたという側面もあったのではないか。ハイドン晩年のオラトリオ『四季』が典礼音楽とオペラを融合させた作品だといわれるのも頷ける。

3　モーツァルトの「抵抗の精神」

一八世紀末の音楽家の地位

教会から劇場へという音楽の空間移動が、音楽家は誰のために作曲活動をするのか、という「送り手」側の事情を変えていくことになる。その典型的な例として、モーツァルトとザルツブルク大司教のコロレード（一七三二〜一八一二）の確執と決裂があげられよう。

マンハイム・パリ旅行から帰ったモーツァルトは、一七七九年、二三歳の年にザルツブルク大司教の宮廷・聖堂オルガニストに復職している。しかしミサを二曲(K317、K337)、『主日のための晩禱(Vespers)』(K321)など教会用の小品を作曲しているものの、主力作品は、二台のピアノのためのコンチェルト(K365)、ヴァイオリンとヴィオラのための協奏交響曲(K364)、ヴァイオリン・ソナタ(K378)、セレナーデ(K320)、喜遊曲(K334)など、およそ教会で演奏されうるような形式の音楽ではなかった。二年後の一七八一年、こうした職務怠慢(典礼軽視!)を戒められたのを機に、大司教と大喧嘩をしたモーツァルトはウィーンに移り住むことを決意する。宗教権力の庇護の下にあった者が、自由の代償として自分自身で収入の道を探し求めなければならなくなったのだ。

モーツァルトとコロレードの関係は単なる人格的な対立ばかりではなかった。大司教には、モーツァルトのいくつかのオーケストラ用の作品の内容が複雑に過ぎ、スコアリングも和声の豊かさも理解を越えるところがあったのだろう。コロレード大司教がモーツァルトの後任として指名したのはヨーゼフ・ハイドンの五歳下の弟、アル中気味のミヒャエル・ハイドン(一七三七〜一八〇六)であった。ミヒャエル・ハイドンの音楽の分かりやすさゆえであったのだろう。

コロレードとの対立を、当時の宗教権力と音楽家との関係として見ると、その社会的背景が少し具体的に浮かび上がって来る。その様子をモーツァルト家の書簡から読み取ってみよう。

コロレード大司教は自分の病身の父を見舞うために、一七八一年一月、ザルツブルクからウィーンへ、行政官、書記官、料理人、側用人、従僕、音楽師を含む随員団を伴った大旅行を敢行している。モーツァルトはその随員のひとりであった。大司教は、当時の社会通念通りに音楽家モーツァルトを単なる家事使用人とみなしており、創造の熱意に燃える作曲家、演奏家としての敬意を求めるモーツァルトと、コロレードとの感覚の「ずれ」は大きかった。それは芸術における美、あるいは人格の美に対する考え方の根本的な違いから生じた「ずれ」であり、音楽芸術に対する理解の根本的な不一致から生まれたものに違いない。ウィーン滞在中も二人の間にはいざこざが絶えなかったようだ。

一七八一年六月二〇日付のモーツァルトから父レオポルトへの手紙で、コロレード大司教が使用人や従者を勝手気儘にあしらうことに腹を立てていることを記して、「人を高貴にするのは心であって地位ではない」という言葉で、自分が道徳的にも芸術的にも貴族であることを誇らしげに語っている。ウィーンに来て二か月たち、モーツァルトはコロレードに辞意を伝える。ウィーンに留まることを心に決めたのだ。当時のオーストリア社会では「音楽師」は貴人の身の周りの世話をする使用人よりも下にみられていた節がある。そうした扱いにモーツァルトはいたく傷つけられたのである。だが、父レオポルトは息子の辞任を喜ばない。たんに親子の活動の場がザルツブルク（父）とウィーン（息子）とに分かれてしまうだけでなく、経済的な打撃を案じたためであった。

使用人としてのモーツァルトとハイドン

一七八一年三月から六月にかけてのモーツァルトの父への手紙は、大司教に対する怒りが沸騰しているような筆致のものが続く。そして自分は「素晴らしい場所、自分の職人技（metier）にとって世界で最高の場所」、ウィーンにとどまると宣言するのだ。大司教との決別と父からの独立は、精神的自由と経済的な困難を同時にもたらす一身上の大決断であった。

もちろんこうした諍いは、一方の言い分だけで判断するのは不公正かもしれない。大司教側のモーツァルトへの「虐待」がある種の通説となるのは、コンスタンツェ（モーツァルト夫人）が再婚したゲオルク・ニコラウス・フォン・ニッセンが一八二八年に『モーツァルト伝（*Biographie W. A. Mozarts*）』を出版した後のことであった。いずれにせよ「抵抗の精神」のあるモーツァルトが恭順な使用人ではなかったことは彼の手紙からも十分想像がつく。

ともあれ、ウィーンに移り住んでから一〇年間のモーツァルトの生活の困窮ぶりは書簡に記されている通りである。しかしその貧困生活の中で彼は多くの傑作を文字通り「矢継ぎ早」に生み出していく。

こうしたパトロンと芸術家の関係について、モーツァルトとハイドンの場合を比較すると、両者の音楽の違いが少し見えてくる。ハンガリー国境近くの寒村の車大工の子として生まれたハイドンは、子供の時にウィーンに出て、当時司教座のあったシュテファン大聖堂の少年合唱隊員になっている。その後の遍歴は、ロビンス・ランドンらの大著（H. C. R. Landon and D. W. Jones, *Haydn: His Life and Music*, Indiana University Press, 1988）に詳しい。ハイドンの音楽活動は、当時ハンガリー領のアイゼンシュタットにあるエステルハージ侯の宮廷楽長としての仕事が中心であった。

ハンガリー王国の土地貴族であったエステルハージ家は、カトリック教会とハプスブルク家双方に忠誠を示しつつ土地の集積を進め、ついにはハプスブルク帝国最大の地主となった大富豪である。特に一七世紀末のオスマン帝国のウィーン包囲に対して徹底抗戦した貢献はその忠誠の決定的な証となった。

一七九〇年九月に、ハイドンが長く仕えたニコラウス・エステルハージ侯爵が死去する。あとを継いだアントン(アンタール)は音楽にさしたる興味がなく、侯爵家の楽団を休眠状態に追いやった。そのためハイドンもウィーンに移り、ロンドンにも二度旅行して活動範囲を広げている。この時代の作曲家は副業・兼業が盛んであったから、ハイドンは引く手あまたの忙しさであったに違いない。

一七九五年、アントンの後を継いだニコラウス二世の要請を受け、ハイドンは再びエステルハージ家に戻る。そこで侯爵の希望に沿いながらミサ曲の傑作(先に述べた「第二グループ」)を一八〇二年までに六曲書き上げている。ミサ曲の力作がこの晩年の六年余りの間に集中しているのは、ニコラウス二世の要請にハイドンが誠心誠意応じた結果であろう。

このようにハイドンは注文主の土地貴族の希望に従順であった。この姿勢は、モーツァルトが「抵抗の精神」でもって、コロレード大司教と衝突し、ザルツブルク大司教・宮廷オルガニストの職を擲《なげう》って、そのあと『フィガロの結婚』や『コジ・ファン・トゥッテ』のような革新的なオペラの名曲を書き上げたのとは好対照をなしている。

筆者自身、ハイドンのオペラを劇場で鑑賞したことはない。それでも、一九五九年のザルツブルク音楽祭でドイツ語で上演された『月の世界(Il Mondo della Luna)』、ハンガリーのアンタール・ドラティが一九七〇年代に指揮した『報われた真心(La Fedeltà Premiata)』のLPレコード(Philips)

を入手して聴き入ったことを思い出す。しかし、先に触れたように、何がしかの「毒気」を求めるものにとって、ハイドンのオペラは美しいアリアを含むにもかかわらず、感情のドラマティックな表現という点で物足りなさを感じさせる。

ハイドンはイタリア語のリブレット（台本）でオペラを書いた。モーツァルトの傑作オペラもほとんどすべてイタリア語で歌われるが、モーツァルトがウィーンに移った頃からドイツ語でのオペラの作曲にこだわった点は注目されてよい。ドイツのジングシュピール（Singspiel 歌芝居の一形式）の伝統にあると考えられる『後宮よりの誘拐（Die Entführung aus dem Serail）』は、コロレードと決裂した後、一七八二年、ウィーンで完成している。オーストリア皇帝ヨーゼフ二世の依頼による本格的なドイツ語オペラであった。対話はレチタティーヴォ（朗唱）で歌われるのではなく演劇のセリフとしてドイツ語で話される。

このオペラの作曲は、ちょうどウィーンでドイツ国民劇場（Burgtheater ブルク劇場）が完成した時期でもあった。ドイツ語のリブレットを渡されたモーツァルトが作曲に取り組んだときには、ある種のナショナリスティックな感情に突き動かされていたことは十分想像できる。オペラの内容がトルコ文化とカトリック文化のせめぎあいであるというだけでなく、音楽も形式面でイタリアン・スタイルから離れ、ドイツのスタイルを確立しようとした作品なのだ。そして初演がウィーンで大成功を収めたため、彼が自分の歩もうとする道に大きな自信を得たことは確かであろう（一七八二年七月二七日付のレオポルトへの手紙）。

絵画の場合でも

教会の聖堂で求める神聖さは、人々が劇場で求めるドラマを観るような快楽とは次元を異にしている。端的に表現すれば、天上へのあこがれと現世の喜びの違いであろう。この違いと歴史的な変化は実は絵画の世界でも並行して起こったのではなかろうか。

西洋絵画の歴史で、宗教、すなわちキリスト教が重要な役割を演じてきたことは言うまでもない。もちろん一八世紀以前にも、肖像画だけでなく、事件や静物、人々の日常の生活を描いた作品は存在する。しかし絵画作品の中で大きなウエイトを占めたのは、宗教画、聖画と呼ばれるカテゴリーで、旧約聖書や新約聖書の中の出来事、あるいは聖人たちの姿を描いたものであった。それが、一八世紀になると、徐々に天上界よりもこの世の普通の人々の生活や事件、あるいは風景を描く画家たちが増え始める。

例えば、フランスのバルビゾン派を代表する画家、ジャン＝フランソワ・ミレー（一八一四〜一八七五）のエピソードは象徴的といえよう。ミレーははじめ肖像画や神話画を描いていたが、一八四八年の二月革命後に美術界の「民主化」が進むと、彼も民主派の支援者を得て農民画へと傾斜して行く。そしてバルビゾン村に移ってからは、よく知られる『種まく人』、『落穂拾い』、『晩鐘』など農民の生活を題材とした多くの傑作を残し、ゴッホなどへも影響を与える。

ミレーの絵画で宗教に材を採った「聖画」はほとんどないと思っていたが、例外的なものとして『無原罪の聖母』（一八五八年、油彩、カンヴァス）という作品があることを知った。しかしこの絵はいわゆる「いわくつき」の作品となった。制作の始まりは、ローマ教皇ピウス九世の依頼であったが、出来上がりを見た教皇が受け取りを拒んだのだ。描かれている聖母の表情が、素朴な農民の女性のように見えるからだと言われている。ここにも注文主（ローマ教皇）の希望と、芸術家（ミレー）が描きたいと思うイメージの間の齟齬が見られる。ちなみにこの教皇ピウス九世は「教皇領の終焉」と「統一国家イタリアの誕生」を目撃した教皇であった。宗教権力の弱まりとデモクラティックな芸術の関係を示唆するエピソードとして大変興味深い。

さらにもうひとつ、二〇世紀に入って絵画に起こったと言われる変化にふれておきたい。それは、画家が人間の顔をあまり描かなくなったということだ。時々現役の画家の作品を観に展覧会に足を運ぶことがあるが、そこで「肖像画」を見ることは極めてまれだ。なぜ人間の顔が画題とはならなくなったのだろうか。人間が人間に関心を持ち、特に人の顔にまず注意を集中するのであれば、「肖像画」は依然絵画のテーマとなり得るはずだ。しかし近年の絵画展では、巨大なキャンバスに、抽象化された対象を丹念かつ驚くほど細密に描いた絵が多い。あたかも雄大な自然も、生々しい人間の姿も、事件も、もはや画家たちの主たる関心事ではなくなったかのようだ。これは二〇世紀の音楽が人間の感情と結びつきにくくなったことと共通する「脱人間化(dehumanization)」現象ではなかろうか。

第二章　自意識と流行

1　バッハは祈り、ロマン派は自己を語る

デモクラシーが生み出す人間類型

第一次世界大戦の勃発から第二次大戦の終焉までを一括りにして「第二の三十年戦争」と呼ぶことがある。この期間は人類史上の一大転換点をもたらすような激しい衝撃を人類社会と人間精神に与えた。実はすでに第一次大戦の前あたりから、人間の知的活動の様々な分野でその兆しは見られる。多くのジャンルの芸術においても、抽象的、観念的な芸術、いわゆる「新芸術」が現れはじめていたようだ。このいささか衝撃的な「新芸術」の出現は、社会の底流にマグマのように溜まっていた大転換へのエネルギーの発出とも言うべき現象と考えられる。

スペインの哲学者オルテガ・イ・ガセット（一八八三〜一九五五）が指摘したように、この「新芸術」が現れる以前の一九世紀の芸術の主流であったロマン主義は、まさに民衆様式（popular style）であり、デモクラシーの長子として、大衆から最高の扱いを受けてきたと言えよう（『芸術

の非人間化』)。確かに、ロマン主義の文学や芸術はデモクラシーの進展と軌を一にしながら展開している。そして自由な「個」の強調、「条件の平等化」を中核とする近代デモクラシーの思想は、個人主義と物質主義に傾斜しやすい人間を生み出す強い力を持っていた。

一八三〇年代にアメリカを旅したアレクシ・ド・トクヴィル(一八〇五〜一八五九)は、デモクラシーと個人主義・物質主義との論理連関を、次のように推論している。デモクラシーによって統治される社会では、貴族制とは異なり、平等な条件におかれた人々が自己の物質的な福祉(well-being)に関わる事柄とその可能性に強い関心を払うようになる。平等化に向かう社会では、物質的な福祉こそが生活の安寧のための大前提と考えるからだ。その結果、人々は私的利益追求のために自己の殻に閉じこもり、他者への配慮を極端に弱め、公的事柄に無関心になる。そうした「個人」を、何らかの修練によって、公共精神をもつ「市民」に転化させない限り、個人の政治的無関心につけ込んだ専制が政治を支配するようになる、とトクヴィルは見通していたのである。

デモクラシーのもとでは、人々は、「いま、わたし」に関わる事柄に注意を集中させ、「未来と他者」への眼差しを失いがちになる。だが人間には感覚による経験を超えた「善きもの」「美しいもの」への願望というものがあるのも事実だ。すべてが合理的に説明され、すべてが物質へと還元され、肉体と共に滅ぶという物質主義の教説をそのまま受け入れることはできないのだ。では、われわれは何を望み、何を必要としているのだろうか。トクヴィルは、広い意味での宗教感情が人間の最も崇高な力を目覚めさせるだけではなく、私的な世界の殻に閉じこもろうとする人間を、他者への奉仕に向かわせる力を持つと見る。

宗教的感情の力が衰退したとすると、デモクラシーはどのような姿をとるようになるのか。キリスト教が広く浸透していた西ヨーロッパ社会で、道徳のベースを形成していた宗教が弱体化すれば、おそらく何らかの形での道徳の「刷新」が必要となるはずだ。しかしその「刷新」された道徳が、秩序をもたらす十分な力を持つとは限らない。自由と平等という理念だけを前面に押し出すような社会には、ヒズミやユガミが生まれることは避けられないだろう。なぜなら、自由は道徳なしには保持しえず、道徳は宗教なしには根拠を失うことになるからだ。

天に垂直に向かう祈り、横へ広がる陶酔

さらに、形式的な平等という理念を奉じる社会は、現実に人と人の間に能力や好みの差があることを潔く認めようとはしない。つまり、デモクラシーは「階級」というものを建前として否定するのだ。だが、現実には、学問、芸術などあらゆる分野で、しばしば人間は二つのグループに分かれてしまう。この分断は「新芸術」の登場の折にも明らかになった。「新芸術」を理解し受け入れる人間と、それを感じることができず「新芸術」に嫌悪を示す人間、という二つのグループである。だがこの分断を良しとしないことが、デモクラシーの社会の良識だとみなされるのだ。

オルテガは、法によって（de jure）なのか、事実において（de facto）なのか、「人間は平等だ」という曖昧な主張に疑義を呈しつつ、デモクラシーの中核にある「個の自律と平等」を尊重する思想が、芸術においては「形式よりも内容」、人と自然への抒情に重きを置くロマン主義という

形で現れたと見る。つまり「わたしは……」という心情の告白、あるいは自意識が自由な感情として表現され、それがすべての人に理解されるようにと訴えるのだ。

この「わたしは……」という意識が音楽で表現された例は、ロマン派以前の音楽、例えばJ・S・バッハ（一六八五～一七五〇）の音楽の中にももちろんあった。しかしバッハの音楽とロマン派における自意識の発現には根本的な違いがある。それは、バッハの場合、心情の告白が世間という水平方向の「他者」に向けて歌われるのではなく、「わたしの神よ……」という形で垂直上方に向かって歌われていることだ。

ひとつの例として、バッハの『マタイ受難曲』の中の「憐れみ給え、わが神よ（Erbarme dich, mein Gott）」というアリアを聴いてみたい。アルトが独奏ヴァイオリン、弦楽（ヴァイオリン、ヴィオラ）とポジティブオルガン（continuo organ）の伴奏で歌う、七分余りのアリアである。人の心を深いところで揺さぶるこのアリアは、自分の楽器でも弾いてみたいと、様々な楽器のために編曲して演奏されることもある。

この曲が描いているのは、マタイ伝の中の場面（26－69～75）だ。ペトロがイエスと一緒にいたことを指摘され、あの連中の仲間か、と三度尋ねられ、「そんな人は知らない」と否定した後、鶏が鳴いた、という「ペトロの否認」の箇所である。イエスが、ペトロに、今夜鶏が鳴く前に、お前は三度わたしを知らないと言うだろう、と予告されたことが実現する。イエスの言葉を思い出してペトロは外へ出て激しく泣く。その悔いの涙を、「憐れんでください、わが神よ、わたしの涙ゆえに」と歌う。「わが神よ」、ではあるが、この嘆きと祈りは、上方に向けられており、水平方向にいる同じ人間、あるいは「世間」に向けられたものではない。

悲しみの感情を音楽として表出する場合、デモクラシー時代のロマン派の音楽は、宗教曲でさえ人間の嘆きや悲しみを、他の人々の感情に向けていると感じさせるものが多い。聖母の悲しみを歌うロッシーニ（一七九二〜一八六八）の『スターバト・マーテル』（一八四二）が聖堂内で演奏されるのを想像することは難しい。ドヴォルザーク（一八四一〜一九〇四）の『スターバト・マーテル』（Op58）は例外的に垂直上方への祈りを感じさせるが、それでも、最愛の子供たちを喪った彼の癒しがたい悲嘆の声が聴こえるようにも思える。

こうしたロマン派の抒情については、ショパン（一八一〇〜一八四九）のピアノ曲は自己の心情の告白ではない、むしろ観念的な芸術である、とする見方もある。例えば、吉田秀和氏は、ショパンの芸術は内心を包みかくす一つの外装として書かれたと捉えている。しかし、包みかくすということは、すでに自己を語っていることにならないだろうか。

音楽が向かう方向の差は、音楽の形式の違いにも表れている。ショパンの音楽の多くは、バッハの音楽に多く見られるポリフォニー（多声音楽）ではなく、多くはいわゆる三部形式でモノディ（単声）に分散和音を付けたものだ。もともと、モノディは一六世紀末に現れた新しい独唱スタイルの弾き語りの音楽に多く見られ、新たな音楽表現が求められた時代が生み出した作曲上の自由度が高い音楽形式であった。バッハ以前のG・カッチーニ（一五四五？〜一六一八）やC・モンテヴェルディ（一五六七〜一六四三）の作品に分かりやすい美しさを感じるのは、多声でないことが影響しているのではないか。美しい単旋律のメロディーが、美しい和声に支えられながら、作曲者自身の心情を語りかける曲が多い。

ショパンのワルツ、マズルカ、ポロネーズなどの三拍子の舞曲にはそれぞれリズムの共通性が見られるものの、ノクターン、バラード、即興曲などには、リズムの共通性はなく、形式もほとんど自由である。対位法的な手法はあまり現れない。その多くは、王侯貴族を想定した実用音楽ではないとしても、産業化の進展に伴って大量に現れはじめた富めるブルジョワジー向けのサロンの音楽であったり、作曲家の心情を抽象的な音の形で組みたてたもの、あるいは情感の洗練された表現ともいうべきものであった。ショパンのワルツが「心の踊る場の円舞曲」と言われたのは、実用性を超えた美が意識されていたためである。ショパン自身の心情が告白されているわけではないとしても、聴くものが自分の気持ちを重ねやすい性質があるのではなかろうか。

ショパンのノクターンの第一番(Op9-1)は、夜の窓辺で月や星を眺めながら、人間や自然に対する抒情を歌っているとは想像しえても、決して、己の罪を悲しみ、嘆き、悔悛の心を天の神に向かって垂直に訴えかけたものではない。

ロマン派初期にバッハは復活したのか?

工業化の急速な進展への懐疑として、一八世紀末ごろから勢いを得たロマン主義がドイツ語圏で主流となり、もはや忘れられたかに思われたバッハの『マタイ受難曲』が一八二九年三月一一日、フェリックス・メンデルスゾーン(一八〇九~一八四七)によって一〇〇年ぶりに再演され評判を呼ぶ。この「事件」をもって、「バッハ復活」が語られることがある。

しかしひとつの素朴な疑問が改めて湧き上がる。ロマン主義時代にバッハの多声音楽が復活したのはなぜなのか、という問いである。重要な問いではあるが、この問題を考える場合、二つの点を区別しなければならない。

ひとつは、メンデルスゾーンが『マタイ受難曲』を再演したことは、コンサートに足を運ぶ一般聴衆が、バッハの多声音楽を受け入れるようになったことを意味するのかという問題。いまひとつは、職業作曲家たちが、再演をきっかけとしてバッハの多声音楽を深い敬意と賞賛の対象とするようになり、作曲技法を革新する源泉となったのかという問題である。

前者については、「復活」という言葉は適切ではなかろう。なぜなら、ロマン派全盛の一九世紀を通して一般聴衆がバッハのフーガやコラールに強い関心を示したとは考えにくいからだ。後者については、確かに、ロマン派の作曲家たち、メンデルスゾーン、ブラームス、ブルックナー、レーガーなどによって、バッハの影響を受けたフーガやコラールが作曲されている。クララ・シューマン亡き後、最晩年のブラームスが一八九六年に書いた『一一のコラール前奏曲』(Op122)のような名作もある。しかし、むしろ重要なのは、すでに一八世紀末に、モーツァルトがバッハやヘンデルの楽譜の存在を知らされ、大いなる感動と熱意でそれらを学び、自分の曲の中に取り入れていた事実の方だろう。一九世紀に入ってからも、ほとんどの作曲家が「バッハ党」であり、実のところ、バッハ音楽の基礎をなす「対位法」は(ソナタ形式とともに)ヨーロッパ音楽の主流、あるいは底流であり続けたことにこそ注目すべきだ。

あのフランスの革命児エクトル・ベルリオーズ(一八〇三~一八六九)がバッハを好まなかった

などの例外はある。しかしロマン派の巨匠とも言うべきリヒャルト・ワーグナー（一八一三〜一八八三）でさえ、『ニュルンベルクのマイスタージンガー』で対位法の実力を誇示しようとしている。第二幕第七場の「殴り合いのフーガ」の始まりはバッハ風ではある。しかしあとは筆者のような耳の良くない聴き手にとっては雑音のようにも聴こえる。二〇世紀の大指揮者トスカニーニはこれを演奏不能として「簡略版」を作っている。ともあれ、ロマン派の中ではめずらしく旧権力者の王侯貴族と終生交わりのあった作曲家ワーグナーが、バッハへ偏愛とも言うべき賞賛の姿勢を示していることは、プロの作曲家としての意地のようなものを感じる。

ヴェルディも最後のオペラ『ファルスタッフ』のフィナーレで、登場人物八人全員が歌う大フーガを書いている。「世の中はすべて冗談だ（Tutto nel mondo è burla）、人間はすべて道化師だ」、さらに「だれもが他人のことを笑うけれど、最後に笑う者だけが本当に笑うんだ」と続く。このフーガもヴェルディの大ファンの筆者でさえ、なんとなく違和感を覚える。

いずれにせよ、『マタイ受難曲』の一〇〇年ぶりの再演によって、バッハが一九世紀の三〇年代に突如息を吹き返したと見るのは一面的だ。むしろ、音楽理論の大革新者としてのバッハの貢献は、その後の作曲家たちにとって（恐らく二〇世紀半ばの調性音楽まで）常に大きな啓示をもたらし続けてきたと考えるのが適切であろう。

こうした流れを、敢えて、対位法あるいは多声音楽と、思想風土との関連に照らし合わせると、各々の声部が一定の規則を守りながらそれぞれ固有の自律的な動きを示しつつ、しかし最後には「ひとつ」になるという所が、ユニゾンやモノディの音楽との根本的な差異になると思われる。

この点を自由と秩序という視点から第四章で改めて考えてみたい。

バッハとその後の音楽

実際、バッハの楽譜は、彼の死後一八世紀末から一九世紀の初頭にも出版されている。『フーガの技法』『モテット集』など、部数は少ないものの、ベルリン、ライプツィヒ、パリでも出版された。よく考えてみると、バッハの多くの息子たち、学生たちがバッハの死とともに演奏や教育活動をやめてしまうとは考えにくい。『平均律クラヴィーア曲集』をはじめとする鍵盤楽器用の曲が教材として極めて高い価値を持つことは、音楽を職業とする教師たちは十分知っていたはずだ。

先に触れたように、モーツァルトはバッハの楽譜を熱心に学んだひとりである。モーツァルトが、父と姉への手紙（一七八二年四月一〇日、四月二〇日付）の中で、ウィーンでスウィーテン男爵からバッハとヘンデルの楽譜のコレクションを見せられ、その音楽に強い関心を示したこと、そして毎週日曜日の昼一二時から、スウィーテン男爵邸で開かれた演奏会ではヘンデルとバッハ（その息子、W・F・バッハとC・P・E・バッハの作品も含む）だけが演奏されたことを熱っぽく語っている。またモーツァルトはバッハが作曲したいくつかのフーガ（W・F・バッハの作品も含む）に導入部を加えて弦楽三重奏用に編曲（K404a）している。またK405の弦楽四重奏用の五つのフーガもバッハの『平均律』からのものである（この編曲がモーツァルト自身によるものなのかの確証はないとする専門家もいる）。

いずれにせよ、一七五〇年にバッハは亡くなっているが、死後三〇年経っても作曲家の間ではバッハは決して忘れられた存在ではなかった。少年ベートーヴェンも、一七八三年三月にボンでデビューを飾った折、手渡されたバッハの『平均律』のプレリュードとフーガを初見で弾いたという逸話が残っている（*Thayer's Life of Beethoven*）。そして、ウィーンに出てからも、スウィーテン男爵のサークルから誘いを受けている。ベートーヴェンが亡くなったとき（一八二七年）、遺品の中から、バッハのモテット、『平均律』、『インヴェンションとシンフォニア』、『トッカータ（ニ短調）』の楽譜が見つかったという。

一八三〇年代になると、作曲と音楽評論の両分野で才能を発揮したシューマンがロマン派の音楽を主導するようになるが、そのシューマンが絶賛したショパンもブラームスも、驚きとともにバッハの音楽への敬意と賞賛を示している。シューマンが、メンデルスゾーンのバッハ『マタイ受難曲』再演に評論家として強い関心と共感を示したのも不思議ではない。作曲家としてのシューマンは、バッハの無伴奏ソナタに鍵盤楽器の伴奏を付けたり、B・A・C・Hの音を素材としたフーガを作曲している。ブラームスがバッハの無伴奏ヴァイオリンのための「シャコンヌ」をピアノの左手用に編曲しているのも、バッハへのオマージュだ。

とは言え、ロマン派の音楽は、バッハとは異なり、単声音楽が主流だった。そして、その音楽が単声であるか多声であるかは、表現された感情と理性が「どこから発して、どこに向かうのか」という点と重なり合っていると考えられる。単声は水平方向に向かう感情要素が強まり、多声は垂直上方へ向かい、それらの音を知的に「ひとつ」に収束させる、とまで単純化するつもりはない。しかし単声の音楽は「己を語る」、「己を隠す」あるいは「己を意識した」個人主義の姿勢を反映しやすいのではないか。その点で、ロマン派の音楽の多くはデモクラシーと親和性を持つことは否定できない。もちろんこうした見方に対して、反例を挙げることはできる。バッハ以前にもモノディ（単声音楽）はあった。ロマン主義の時代にも対位法の作品が全く生み出されなかったわけではない。しかし一九世紀のヨーロッパの社会風土には、人間の感情表現への強い関心があったことは確かであろう。

2　シューベルトの〈死〉の意識

ロマンティックな古典派?

ルネッサンス以降のクラシック音楽の歴史は、バロック（一七世紀初頭〜一八世紀中頃）→古典派（一八世紀中頃〜一九世紀初頭）→ロマン派（一九世紀初頭〜二〇世紀初頭）と、大まかに区分けされる。しかし音楽の内容や形式の変化は必ずしも直線的に進むわけではない。バロック以前、そしてバロックから古典派へ移行する過程で、対位法から和声中心のモノディ（単声）のスタイルがあらわれたことがある。

先に述べたように、メンデルスゾーンによって『マタイ受難曲』が再演されて、突然バッハがプロの音楽家の間で復活したわけではない。むしろ専門的な作曲家の世界では、バッハは「知る人ぞ知る」存在であり、バッハの音楽には探求し汲み尽すことのできない多くの可能性が秘められていることは十分に認識されていた。つまり伝統技術の継承という意味で、バッハの技法と堅牢な理論は、脈々と伏流水のように音楽世界の中で生き続けて来たのだ。コンサート・ホールに集まる中産階級の聴衆たちがバッハの対位法に強い関心を示さなかったとしても、対位法がロマン派から現代音楽の初期までの作曲家が拠り所とする重要な技法であり続けたことは否定できない。

このような歴史的事実を踏まえると、フランツ・シューベルト（一七九七～一八二八）というある種「ボヘミアン」のような作曲家が、多くの点で特異な存在に見えてくる。それは彼の生きた時代の芸術家の経済状況の特異性とも関係しているのかもしれない。彼の経済生活を家計の情報から詳しく知ることはできないが、定収入がなく不安定なものであったことは間違いない。M・J・E・ブラウンはシューベルトの評伝（*Schubert: A Critical Biography*）の中で彼の経済的苦境を断片的ではあるが具体的に示している。定職の無いシューベルトは、死の二年半ほど前、オーストリア帝国皇帝フランツ一世に宮廷副楽長のポストに就きたい旨の手紙を書き、安定的な生活のもとで自分の芸術のゴールに到達できるようご配慮いただきたいと訴えている。歌曲の作曲やコンサートからの収入はわずかであり、エステルハージ家の娘たちのピアノ教師としての謝礼と、詩人F・ショーバー（一七九六～一八八二）をはじめとする友人たちからの援助によって、辛うじて生活を支えるという状況であった。パトロンを持たない自由独立の「ボヘミアン（放浪者）」だったのだ。

アルフレート・アインシュタインはこのシューベルトの苦境を、ウィーンに移ってからのモーツァルトの困窮と比較し、似ている点もあるが、違いもあるとしている（*Music in the Romantic Era*）。似ている点は、二人とも芸術家としての「独立と自由」を求めていたが、経済的にはそれを実現することができなかったこと。モーツァルトには、ウィーンの人々が、ヴィルトゥオーゾ・ピアニストとオペラ作曲者として自分を熱烈に求めているという自負はあった。しかしフランス革命前のウィーンの貴族社会はほとんど瓦解同然であっただけでなく、モーツァルトの芸術自体が人々にとって理解の範囲を超えるような高みへと進化していたとアインシュタインは指摘する。モーツァルトにとって環境条件が不運であったのだ。それに対してシューベルトは、決してピアノの名手とは言えず、社交を厭い、自分は「この世のものではない」という感覚を持つ人物だったと見る。つまりシューベルトは封建制から共和制への移行期にあらわれた、自由を欲し、かつ経済生活の基盤を持たない、世間に背を向けた芸術家ということになる。

経済的苦境の中でもシューベルトは数々の傑作を残した。六〇〇以上の歌曲は言うに及ばず、交響曲、ピアノ・ソナタ、弦楽四重奏曲、ピアノ・トリオをはじめとする室内楽曲、そしてミサ曲、と文字通りオールラウンドの作曲家であった（ちなみにオペラを作曲してはいるが、上演されることは滅多にない。筆者もいくつかＬＰやＣＤで聴いてみたが、人気が出ないのが分かるような気もする。また彼はピアノ協奏曲や本格的なヴァイオリン協奏曲も書いていない）。シューベルトの「謎」は多々存在する。わたしがかねてから興味を持っていた問題のひとつは、シューベルトが、単なる感情や抒情の表現者としてのロマン派の作曲家ではなかったとしたら、彼はなぜ対位法を取り入れた曲を書かなかったのか、という疑問であった。

シューベルトの対位法

シューベルトの評伝と作品論に関して、近年いくつかのすぐれた本が出版されている。しかし必ずしも筆者の疑問に答えてくれているわけではない。シューベルトの伝記や年譜を調べると、一八二八年、死のわずか一か月前に、当時対位法の権威と言われたジーモン・ゼヒター（一七八八～一八六七）に対位法の教えを乞うていることが分かった（前出のシューベルト研究家M・J・E・ブラウンは、一一月四日にレッスンを受けるようアレンジしているが、実際レッスンが行われたかどうかは不明としている）。

二〇一八年の春と秋、京都でシューベルトのピアノ・ソナタ全曲演奏会を七回に分けて敢行したイタリア人ピアニスト、クリスチャン・レオッタ氏と会食する機会に恵まれたので、この点を是非問うてみたいと思った。レオッタ氏は、筆者が尊敬する教養豊かなピアニストである。ベートーヴェンのピアノ・ソナタ全曲、ディアベリ変奏曲などの彼のCDを欧米の批評家たちのレビューで知った。

例えばシューベルトのピアノ曲『さすらい人幻想曲』（D760）でも、最終楽章（Allegro）の冒頭部分では対位法的なスタイルを試みてはいる。しかしそれはうやむやのうちに終わっている。なぜだろうか。むかし対位法の手ほどきを受けた先生から、『さすらい人幻想曲』最終楽章は、主題があまりにもリズミックでメロディーがはっきりしすぎているから対位法的展開に向かないと、説明されたことがあった。なるほどと思う。レオッタ氏にも、シューベルトがなぜ対位法を使わなかったのかと尋ねると、「いや、むしろ彼は対位法的な作曲に稀有な才能を示している」と教えられた。例えば、シューベルトが死の年に書いた最後のミサ曲『ミサ曲第六番（変ホ長調）』（D950）の Credo の中の Et incarnatus est の楽譜を見るとその対位法的な書き方に驚くはずだと言われた。

死の年、一八二八年の六月に作曲されたこのシューベルト最後のミサ曲は、謎めいたいくつかの特徴を持っている。ひとつには Credo は、これまでの彼のミサ曲同様、Et unam sanctam catholicam, et apostolicam ecclesiam（一、聖、公、使徒継承の教会を信ず）が省かれていること。そしてこのミサ曲からはバロック時代以来伝統の低音弦楽器と同じパートで書かれてきたオルガンが省かれていることである（相良憲昭『音楽史の中のミサ曲』）。これがミサ曲の非典礼化、あるいはコンサート・ミュージック化を意味しているという推論にも説得力があるように思う。実際、ハンス＝ヨアヒム・ヒンリヒセン『フランツ・シューベルト』（堀朋平訳）も、「シューベルトが特定の教義《ドグマ》をシステマチックに省いたこと、とりわけ制度としての教会に対する信仰告白を一貫して拒絶した」ことを指摘している。これは重要な点だ。もちろん「一、聖、公、使徒継承の教会」を信じないのは、神を拒絶することを必ずしも意味しない。シューベルトは教会信仰をもたず、自然と人間を中心とする汎神論的な世界に生きたと言えるのかもしれない。

レオッタ氏の言うとおり、シューベルトの譜面にまで立ち入ってみると、この最後のミサ曲には対位法が多用されていることに改めて驚く。特に Et incarnatus est は、ソプラノと二人のテナーの三重唱であり、聖母マリア、イエス・キリスト、そして聖霊という三つの声である。この三声の目頭を熱くさせるような「やりとり」を聴くと、自分の耳の分析力の無さを思い知るばかりであった。確かに、アインシュタインの『シューベルト（*Schubert: A Musical Portrait*）』を読むと、「シューベルトは彼一流の対位法作曲者であり、いわば、自分で知ることなしに本能的に多声音楽を書いているのだ」と巧みに表現されている。

シューベルトのこの最後のミサ曲は、技術的にはバッハの技法とバロック的な器楽構成を採っている。しかし旋律が極めて高い抒情性を持つという点では初期ロマン派的特性の強いミサ曲である。つまり、旧体制と革命的精神がいぜん緊張関係の中にある時代背景を、そのまま反映していると言えよう。

いずれにせよ、対位法、多声音楽という技法・スタイルは、前節で述べた垂直上方の天へと心を向ける精神のありようと深く結びついており、「父、子（イエス）、聖霊」の対話と、その三つが「ひとつ」に収束する姿を描いていると考えることができる。それはデモクラシーの時代に、「わたしは……」とモノディで人々に己の心情の告白や苦しみを語る、水平方向に向かう精神とは異なるのだ。

この点は多声音楽とキリスト教教理の関係という問題にもつながる。それはさらに、シューベルトにとって宗教とは何かという問いとなって立ちあらわれる。筆者にはこの難問を論じる力はないが、ひとつヒントとなるような手がかりは指摘できる。それは「死」がシューベルトにとって何を意味したのかという問いである。

モーツァルトは、父に宛てた最後の手紙（一七八七年四月四日付）の中で、死は「われわれの一生の真の最終目標」であり「人間の真の最善の友」と書いた。恐らくシューベルトにとっても、死の三年前に両親に宛てた長い手紙（一八二五年七月二五日付）に兄フェルディナントの病を気遣いつつ記したように、常に死は親しい友であったに違いない。死が、若きシューベルトにとってやさしい友であることは、マティアス・クラウディウスの詩をもとにした歌曲『死と乙女』（D531）においても歌われている。病の床で「死（der Tod）」に「あちらに行って！」と懇願する乙女に対して、「死」は「お手をこちらに、わたしは友だ、あなたを罰するために来たのではない、勇気を出しなさい、わたしの腕の中で安らかに憩うのだ」と語りかける。クラウディウスの詩への共感から生まれた音楽に違いない。この七年後に作曲されたニ短調の弦楽四重奏曲『死と乙女』（D810）の第二楽章の響きにもこの激しい心の動きははっきりとあらわれているように思う。先にボヘミアンという言葉を用いたが、「さすらい人」と言い換えてもよい。シューベルト研究家が、彼の音楽の核心は「さすらいと死」にあると言う意味を、筆者は十分に感じ取ることができる。

ヘーゲルはバッハの美をどう表現したか

社会的変動の時代、激しい政治の季節を生きた知識人たちは、この時代の音楽をどのように受け止めていたのであろうか。当時の知識人の反応を見ておくために、アルベルト・シュヴァイツァーの『バッハ』（浅井真男・内垣啓一・杉山好訳、上巻）に少し滑稽なエピソードが記されているので紹介しておこう。

メンデルスゾーンによる『マタイ受難曲』の再演は先にも記したように、シューベルトの死の翌年の一八二九年三月一一日であったが、一〇日後の三月二一日のバッハの誕生日にも再演された。その晩、バッハ愛好家の「選り抜きの連中」たちの食事会の際、ある婦人が横に座った気取り屋風の男が気になったので、近くにいたメンデルスゾーンに「私の隣にいる間の抜けた男の人は誰なの、教えてちょうだい」と小声で尋ねたところ、メンデルスゾーンが「あなたのお隣にいる間の抜けた男は、有名な哲学者ヘーゲルですよ」とささやいたという。外見だけで人を判断することは確かに危うい。G・W・F・ヘーゲル（一七七〇〜一八三一）は、バッハの音楽に次のような短いが鋭い省察を加えているのだ。

メンデルスゾーンはヘーゲルの美学の講義を受けていた。そのヘーゲルはバッハに強い関心を持ち、講義録『美学』の中でもしばしばバッハに言及し、「その壮大で、真にプロテスタント的な、しんの強い、しかもいわば修練をつんだ天才性は、やっと近頃になって再び完全な評価を受けるようになった」と述べている。ヘーゲルの鋭さは、バッハの音楽が「単にメロディー的なものから性格的なものへ」、「メロディー的なものが支持統一する魂として保存されている」ことに、「真のラファエル的な音楽美を見出している」とみている点にも表われている。決して「間の抜けた男」ではない。バッハの技法自体が、情緒的なもの以上の、魂に関わるような場所へと人を引き上げる理知的な美しさを持っていることを見抜いており、それが単声のメロディーだけではなし得ないことに注意を促しているのは実に鋭いと思わざるを得ない。

3　芸術の評価の基準は何か

少数派であることの誇り

中産階級が富を蓄え、劇場やコンサート・ホールへと押し寄せる時代になると、音楽の聴き手が何を好むのかという点で、二つの相反する気持ちが生まれて来る。ひとつは、「少数派」であることの誇り、あるいは自分はこの芸術が理解できるのだという、ある種のエリート意識である。ロマン主義と平等化傾向の強い社会に生き残っている「趣味の貴族」とも呼ぶべき変わり者たちの誇りである。もうひとつは、デモクラティックな社会の原理に忠実に「多数」へと向かう、あるいは「流行」へと順応しようとする気持ちである。この二つの傾向は、時代が変われば、「新芸術」を理解し受け入れる人間と、それを感知できず「新芸術」に嫌悪を示す人間、という二つのグループとしてあらわれることがある。前者、「少数派」の気持ちを具体的に見ると、いくつかの例に思い当たる。

モーツァルトはピアノ協奏曲でも数々の名作を遺している。筆者が学生時代、『ピアノ協奏曲第二一番（ハ長調）』（K467）の第二楽章が突如大人気になったことがあった。この曲のすぐ前に書かれた『ピアノ協奏曲第二〇番（ニ短調）』（K466）が余りにも大傑作（ベートーヴェンも、このやや暗い迫力のある曲に魅せられ第一楽章用のカデンツァを書いている）なので、K467はその陰に隠れた感があり、一部の人たちの愛好する名曲にとどまっていた。暗さに満ちたK466とは対照的に、調性はハ長調、清澄な響きの優美な作品だ。この曲が突然人気を呼んだのは、スウェーデン映画 Elvira Madigan（邦題『みじかくも美しく燃え』）に使用され、そのファン層に熱烈に支持されたからである。

この映画は、サーカス芸人の美しい女性エルヴィラ・マディガンと、妻子を持つ伯爵中尉との悲恋を描いたもので、特段新しい人間像を生み出した作品ではない。二人の恋は成就されることなく、心中を遂げることによって終わる。こうした悲恋物語には（特にそれが実話となると）誰しもただただ涙にくれるばかりになる。公開されたのが、世界的に政治的・社会的混乱（ヴェトナム戦争や学生の反乱など）が激しくなった一九六七年から六八年というタイミングも影響したのだろう。当時筆者はボストンの大学町にいたが、学生街の映画館で超ロングランを記録していたことを憶えている。大ヒットの要因として、モーツァルトの音楽の美しさ、それも彼の作品の中でさほどよく知られた作品ではなかったという点も挙げられるだろう。聴くものに、美しさの「発見の喜び」を与えてくれたのだ。

しかし誰もがこのメロディーを口ずさむようになると、曲自体には何の変化もないにも拘らず、筆者の中で曲のイメージが変ってしまったという感覚が生まれた。おそらく、「自分だけが知っている」から「多くの人が知っている」への状況の変化が、その芸術作品と自分との関係、あるいは作品への評価をも変えてしまったのである。この映画がヒットしてからは、モーツァルトのピアノ協奏曲ハ長調Ｋ４６７は、「エルヴィラ・マディガン」と副題が付されてレコードが売られるようになった。あたかもモーツァルトが、Ｋ４６７をエルヴィラ・マディガンに献呈したかのごとき（？）商業戦略である。

絵画の場合にも似たことが起こる。例えば、フェルメールの絵画を好む人は多い。筆者自身、三五点ほどある彼の作品を出来るだけ沢山観ようと、無理をして外国の美術館へ足を延ばしたことがある。オランダの古都デルフトにも出かけた。ただ、あまりに多くの人々がフェルメールを語り始めると、なんとなく自分が以前感じていたような瑞々しい魅力が、すり減ってしまったような気持ちになったものだ。あまり上等な気持ちではないかもしれないが、自分が独占していたものが多くの人の賛美や愛の対象になるときに生まれる一種の嫉妬心のようなものだろう。よいものをみんなで愛でるという素直な気持ちが薄れるのだ。自分だけには理解できる、という一種のスノビズムであろうか。

フェルメールはプルーストの『失われた時を求めて』に登場している。第一篇「スワン家のほうへ」の第二部「スワンの恋」の一場面だ。スワンが、オデット（バラ色の婦人、最悪のタイプの女と噂される人物）からお茶の誘いを受けたとき、「フェルメールの研究があるので」という口実で断ったため、オデットが次のように尋ねる箇所である。

「私のようにつまらないものは、あなたがたのような大学者のおそばにいても何一つできないことはわかりきっています。（中略）私をお笑いになるかもしれませんけれど、あなたがお越しくださるのをさまたげているその画家は（彼女はフェルメールのことをさしていたのだ）、私が一度もきいたことのないかたですわ、まだ生きているかた？　そのかたの作品はパリで見られますの？（中略）あなたはほかの人にくらべて、ひどく変わっていらっしゃるのですもの。私があなたのなかで真先に好きになったのは、そこのところですの。あなたが世間普通のかたのようではないということを、私ははっきり感じてしまいました」（井上究一郎訳）

「世間普通のかた」ではない人とは、デモクラティックな社会が陥りやすい画一主義（conformism）に染まらない者を指している。スワンを魅了したフェルメールとは、われわれ現代のフェルメール・ファンが、美術館の薄暗い照明のもと、混雑状態の中で背伸びをし、身をかがめながら観ようとするフェルメールとは別物と考えた方がよい。

世評や流行を気に掛ける

他方、スワンとは逆の心の動きがデモクラティックな社会の人間には強く働くことがある。「流行」の力である。現代では、人々がフェルメールを観たがるのは、世間一般には知られざる美に自分だけが気付いているというスノビズムからではなく、皆が見ている美しいものを自分も見たいという熱意からではなかろうか。

流行はいつの時代にもあった。建築の様式は言うに及ばず、例えば、社会階級の間での衣装にも流行が強い力を持っていた。そして、身分・階級がないとされるデモクラティックな社会では、おそらくあらゆる市民が同じひとつの流行を強く意識している点は、どの体制よりも顕著であろう。

いや、独裁専制体制の方が人々は画一主義に陥るものだ、という反論もあり得よう。しかしデモクラシーの社会で人々が陥る画一主義は、全体が全体に押しつける画一主義であり、全体に順応しようとする点で、人々の考え（内心）と行動は一致している。「流行」を意識し、人と同じように行動しないと逸脱していると感じる人間類型が生まれるのだ。

一方、独裁専制体制では、人々は（恐怖から）他の人々と同じ行動をとらざるを得ない。しかし人々の考え（内心）と行動とが一致しているわけではない。独裁専制は、表に現れる思想や行動を厳しく統制することはできるが、人の心の内まで支配することはできないのだ。その点では、「流行」を追うという人間類型は生まれにくい。

一八世紀後半のスコットランドの思想家アダム・スミス（一七二三〜一七九〇）が、この「流行」の問題を論じている。人々の美醜の判断が、いかに慣習と流行に影響されているのかを分析しているのだ。この点は芸術の「受け手」の感情や行動と深く関連するので、その部分（『道徳感情論』第五部第一篇）を紹介しておこう。

スミスは、道徳（善悪）の判断は、ほぼ「絶対的」と言い得るが、美的判断はかなり相対的であると見ていた。もちろん、道徳的判断も美的判断も、慣習（custom）と流行（fashion）から完全に自由なわけではない。流行は慣習の特殊な種類であり、歴史的には身分の高い人のまねをするという形であらわれることが多かったとスミスは指摘する。衣服や家具はその典型例である。しかしこの慣習と流行は趣味の世界にも及び、音楽、詩などにも影響を与える。流行の特徴は「変化する」ところにある。スミスは、流行の期間について、衣服は一二か月、家具は五〜六年、歌曲は何世代も、詩は世界の続く限り、としている。

この指摘には得心が行く。例えば、五〇年前の映像で当時の人々の格好を目にして、「こんな面白いスタイルが当時流行っていたのか」とおかしくなることがある。現代ではアパレル業界の流行をつくりだす力が、需要者の購買行動を強く左右するが、そうしたファッションのプロモーターが一八世紀にもいたのだろう。いずれにせよ、二〇〇年前でも衣服の流行が一年ほどで変わっていたというスミスの観察には驚かざるをえない。

さらにスミスは、卓越した芸術家は、確立された様式（mode）に変化をもたらし、文学や音楽、建築に流行を持ち込むとも言う。ここで重要なのは、卓越した芸術家の仕事自体が「流行を持ち込む」ことによって「芸術を堕落させる」可能性を秘めていることも、スミスは同時に指摘していることだ。さらに芸術家の新しいスタイルは、国民をも堕落させ得るという。この点が、芸術の美が、道徳という「行動の美」に関する感情と異なる点である。「行動の美」に対する習慣と流行の影響は極めて微弱だとスミスは見ている。言い換えれば、ある行動が、道徳的に是認されるか否認されるかという感情は、人間本性の中の極めて強く激しい情念（passion）をベースとしており、これを多少曲げることはできても、完全に覆すことはできないのだ。

日本では、江戸っ子気質、「宵越しの銭は持たない」のが気っ風のよさとされた。ヨーロッパでも放蕩は紳士の美徳であり、謹厳な規律に満ちた生活は、流行に合わないと思われた時代があった。スミスは、「浅薄な人間は、身分の高い人の悪徳を魅力的なものと考え、下層階級の人々の美徳（節約、勤労、規則正しさ）を賤しく見苦しいもの」と考えたのだとしている。

このように道徳感情については、国と時代によって多少の揺らぎがあるものの、その揺らぎの幅は小さい。それに比べて美の判断は道徳的判断以上に慣習と流行に左右されるとスミスは結論付けるのだ。

職人集団の行動様式

では芸術家自身は、自分の作品をどう評価するのだろうか。この問題は、芸術作品の作り手が、自分の作品とどう対峙するのかと言い換えてもよい。創造の仕事に携わる者は、何をもって「これでよし」と判断するのであろうか。

フランスの思想家トクヴィルがこの点についても鋭い洞察を示していることに注目したい（トクヴィルの考える芸術家の「美の追求」「創作の動機」については拙著『自由の条件』〔ミネルヴァ書房、二〇一六〕第一〇章で解説している）。彼は貴族制社会とデモクラシーにおける芸術家の活動目標の基本的な相違点をどのように見ていたのか。

貴族制社会では、ほとんどすべての制作活動は、それぞれの職能分野がひとつの団体を形成し、職能団体としての理念と誇りを持ち合わせて遂行されていた。彼らの行動の基準は、自分の利益でもなく、顧客の利益でもなく、団体の利益であったという。そして、次のように述べている。

「団体の利益は職人一人一人が傑作をつくるところにある。貴族的な世紀には、芸術の目標はだからできる限りよいものをつくることであって、もっとも迅速にということでも、もっとも廉価にということでもない」（松本礼二訳『アメリカのデモクラシー』第二巻〔上〕九〇頁）、「貴族制にあっては、職人はだから限られた数の、滅多に満足しない顧客のためだけに働く。彼がどれだけの収入を期待するかはもっぱら製品の出来栄え次第である」（同九一頁）。

例えばドイツでも中世にあらわれた吟遊詩人（Minnesinger）の技能が、貴族階級というよりも教養ある中産階級の間で引き継がれ、最終的にはその技能は、一四世紀から一六世紀にドイツ諸都市の職人、熟練工の職匠歌人（Meistersinger）と呼ばれる人々のギルド組織の中で継承される。こうしたギルドによる技能形成は傑作を生みだす場合もあったが、職匠歌人の技能は厳格なギルドによって規制を受け、吟遊詩人の時代よりも次第に硬直的になりはじめる。ワーグナーのオペラ『ニュルンベルクのマイスタージンガー（Die Meistersinger von Nürnberg）』は、一六世紀の音楽家たちの生活と職人組織をかなり忠実に描いていると言われる。このような長い歴史を持つ職匠歌人のギルドは一七世紀にはほとんど形骸化するが、最終的に解体されるのは、一九世紀に入ってからであった（D. J. Grout, *A History of Western Music*）。

このオペラの主人公、ハンス・ザックス（一四九四〜一五七六）は実在の人物である。しかし彼が、どのような経歴と職業に従事する人物であったのかを、われわれ現代人が想像することは難しい。ラテン学校を出た後に靴職人の徒弟となり、靴修理の腕を上げる。当時のギルドの親方や職人は、厳格なルールに基づく歌唱の訓練を受け、職匠歌人となるためには「歌合戦」で実力を認められねばならなかった。ザックスはニュルンベルクの声楽校に行ってマイスターとなり、後にはニュルンベルクのグループを束ねるポストに就く。彼が作詞作曲したマイスターリーダー（Meisterlieder）は、散文劇やコメディも含まれるが、ほとんどは「宗教曲」だった（三宅幸夫・池上純一編訳『ワーグナー／ニュルンベルクのマイスタージンガー』解題）。

ところが、一九世紀に広がるデモクラシー社会では、こうした職能集団の行動規範は、トクヴィルが次に指摘するように大きく変化し、全く別のかたちをとり始めるのである。

「彼らは生活を美しく飾ることを目的とする芸術よりも生活を楽にするのに役立つ芸術を好んで育てるであろう。彼らは習性として美しいものより役に立つものを好み、美的なものが同時に有益であって欲しいと願う」（松本礼二訳『アメリカのデモクラシー』第二巻〔上〕八九頁）、「どんな職業も万人に開かれ、無数の人々が絶えずある職業に就いてはまた離れ、仕事仲間といってもさまざまで、数が多いために互いに見知らず、無関心で、ほとんど目に入ることもないとなると、社会のつながりが崩れて、労働者は皆一人きりになり、最小のコストで最大限の金を稼ぐことしか求めない。彼を抑制するものは消費者の意向だけである」（同九〇頁）。

そして金を儲けるには便利なやり方があることを知る。それは万人に安く売ることであり、そのために価値を引き下げるには二つの方法しかないことに気付く。

ひとつは、技術そのものを改良することによって、より迅速でより巧妙な製法を導入すること。もうひとつは、粗悪品をより大量に製造することである。一般に民主的社会の職人は、その知恵のすべてをこの二点に傾注する。しかし、時間をかけて優れた作品がつくられることが無いわけではない。時間と労力に相応の報酬を支払う顧客が現われれば、優れた芸術品が誕生しうる余地をトクヴィルは認めている（同九二〜九三頁）。

民主制のもとでは、貴族制の時代に比べ、芸術愛好家の多くは比較的貧しくなる一方、それほど富裕ではないが人真似から美術品を好む人は増加する。芸術愛好家は数としては増大するが、往時の一部貴族のような「大金持ちで趣味のよい消費者」は稀な存在になる。美術品の数は増えるが、個々の作品の質は低下するとトクヴィルは予想する。

優れた芸術家は自分の作品に満足しない

芸術家自身は、自分の作品の出来不出来をどのような基準で判断するのかという話に戻ろう。アダム・スミスは、作品の評価について、二つの態度、あるいは二つの基準があると指摘している（『道徳感情論』六版第六部第三篇）。芸術の美に関するこの判断基準は、基本的には行動の美に関しても当てはまると考える。

ひとつは、われわれが理解しうる限りでの厳密な「適宜性（propriety）」と「完全性（perfection）」という極めて高い基準である。いまひとつは、世間普通で到達できる、そして多くの友人や同僚、競争者が現実に到達したことのあるレベル、という評価基準である。第一の基準については、

「完全性」という概念をわれわれ人間がいかに獲得できるのかという難問が残る。また、第二の基準は人によって、そして同じ人でも時によって異なる。だがこれらの点は今措いて、二つの基準がどのように芸術家の自己の作品に対する評価と関わるのかを考えたい。

スミスによると、芸術家の注意が第二の基準の方に向けられると、自分がその基準の上にあるか下にあるかに関心が集中する。そして第二の基準によって優越感を持つ場合があるかもしれない。しかし第二の基準は時に芸術家を傲慢にしたり得意満面にすることはあっても、心からの満足感を与えるわけではないという。

一方、第一の基準は芸術家を謙遜にするとスミスは考える。第一の基準に注意が向けられると、優れた芸術家といえども、あるいは優れた芸術家であればあるほど、自分の作品が、完全性や適宜性の厳格なルールをいかに破っているのかを感知し、それに拘泥するからだ。「自分の作品は凄い！」と考える傲慢、僭越の愚に陥ることはなく、謙遜と後悔の念に苦しめられる。その結果、彼は自分より力の低い人に対してさえ謙遜になる。自分の不完全性を知れば、他の人々の不完全性を軽蔑することができなくなるのだ。本当の謙虚さ、自分の功績を控えめに評価するという性格は、彼の振る舞いと品行にはっきりと刻印されるとスミスは見ていた。この観察は真理を目標とする学問の世界にも当てはまるだろう。

真に偉大な芸術家は、スミスの言う「第一の基準」を問題にするため、自分の最善の作品においてさえ不完全性を敏感に感じ取る。「理想的な完全性（ideal perfection）」を模倣しようとしても、それと一致することはないと絶望してしまうのだ。一方で、「第二の基準」で他人・同業者との比較に強い関心を抱く傾向は、平等化社会において強まることは改めて指摘するまでもない。

ベートーヴェンのオペラ『フィデリオ』（Op72）は難産の末に生み出された作品として知られる。序曲だけでも四曲（レオノーレ第一番、第二番、第三番、フィデリオ序曲）も作曲されていることからも、「第一の基準」に縛られたベートーヴェンの苦悩が窺える。近年、このオペラの上演に際しては最初に「フィデリオ序曲」が演奏されるが、「レオノーレ第三番」が第二幕フィナーレへの間奏曲として演奏される。この方式はG・マーラーによると言われ、作曲者ベートーヴェンが意図した演出ではない。しかし二〇世紀に入ってからの『フィデリオ』の上演ではそのような形をとることが多い。「第一の基準」を目指したベートーヴェンへの敬意と考えてよいだろう。「どのような偉大な芸術家も自分の作品に完全に満足することはない」という例はあまたある。ブラームスの『交響曲第一番』の難産についてもたびたび語られる。ブルックナーやマーラーの交響曲はしばしば改訂に改訂が加えられ、どの版で演奏されるかがファンの強い関心を生む。

アダム・スミスは、「理想的な完全性を目指す芸術家は、いかなる状況でも、そして困難困苦の襲撃でも、他人の不正によっても挑発されず、党争の激しさにも混乱せず、戦争の苦難と危険によっても心が挫かれない」とまで言い切っている。

そしてまた、次のように付言する。

「第二の基準に注意を向ける人の中にも、通常の程度の卓越を超える人物は確かにいる。しかしそういう人物の注意は、理想的完全性の基準ではなく、通常の完全性の基準に向けられているので、自分たちの弱点や不完全性についての感覚を持たない。彼らは謙虚さを持たず、僭越、傲慢でうぬぼれが強い。過度のうぬぼれは、大衆を眩惑するだけでなく、大衆以上に優れたひとびとをも騙すのである。大衆はこうした根拠のない自負の詐欺師に容易に騙される。そして愚かな歓呼の騒がしさは彼の判断を混乱させることに貢献する。こうした真剣な感嘆と崇拝の気持ちは、それら偉人が自分を崇拝しようとする感嘆の気持ちよりまさる。われわれはすべて感嘆することを喜ぶのであり、空想の中で完全で完成したものにしたいという自然な気持ちを持つ」(筆者要約)

絵画や彫刻の世界でも、自己の作品に満足しない芸術家の例は少なくない。A・ジャコメッティ(一九〇一～一九六六)にもこの「不満足」にまつわる逸話がある。彼の彫刻は、細くて長い、いわば「余計なものを削ぎ取った」ような作品が多い。筆者のような審美眼や想像力の鈍いものにはある種異様な造形に見える。ジャコメッティはこうした作品が仕上がると「ダメだ」と言って、たちまち破壊してしまう。「破壊」までの過程が彼の芸術活動の全体だとすれば、解釈は異なるかもしれないが、自分の作品が「第一の基準」に達しなかったことへの「総括」であったのだろう。「第二の基準」が支配しがちなデモクラシー社会でも、ジャコメッティのような芸術家は生まれているから、社会体制による絶対的な区別と考えなくてもよい。

また、こうした「第一の基準」で、悪戦苦闘した芸術家が生存中に突如成功した場合でも、それですべてよしというわけではないと、スミスは注記している。世間的に大成功を収めた人物の多くに際立っている点は、その大きな功績だけでなく、その功績に不釣り合いなほどの「うぬぼれ」と自己感嘆をも生んでいることだと言う。世間の凡百の同業者を凌いでいるだけでなく、完全の域に達したと錯覚するのだ。ただし、この「うぬぼれ」は、必ずしもマイナス要素ばかりではない。「うぬぼれ」は、冷静な精神が考え付かないような偉大な事業に取り組ませる力があるだけでなく、追随者たちの感嘆や服従を得るために必要なこともある。スミスが憂慮するのは、成功がもたらすこの「うぬぼれ」は、しばしば狂気と愚行に転化する可能性があるという点だ。神業は、神が行う限り神々しいままに留まるが、人間が行う神業には永続性があたえられることはないからだ。

第三章　ナショナリズムの現れ方

1　郷愁と民族意識

国民劇場の誕生

モーツァルトが、ドイツ語オペラの作曲に強い熱意を示したことについてはすでに述べた。ジングシュピール（Singspiel　歌芝居の一形式）の伝統上にある『後宮よりの誘拐』（K384）は、彼がコロレード・ザルツブルク大司教と決裂した翌年、一七八二年にウィーンで仕上げた作品だ。ウィーンのブルク劇場においてドイツ語で初演され、大成功を収めた。

ブルク劇場はマリア・テレジア「女帝」が、王宮（Hofburg）北東の一角の祝祭ホールを劇場とすることを一七四一年に許可して誕生した。一八世紀半ばまでのドイツ語圏の劇場の演目は、イタリアとフランスのオペラ、バレエ、演劇が中心であり、ドイツ語によるオペラや演劇の上演はまれであった。その後、劇場が経営難に陥ったこともあり、一七七六年、皇帝ヨーゼフ二世がブルク劇場を「王宮に隣接する国民劇場（Nationaltheater）」であると宣言する。この一七七六年二月一七日が記念すべき「国民劇場」誕生の日とウィーンの人々は考えている。その後のブルク劇場は、破産危機やリングシュトラーセ（環状道路）への移転、第二次大戦後の再建など、複雑で興味深い歴史を経験しているが、ここでは触れない（W. E. Yates, *Theatre in Vienna: A Critical History, 1776-1995*）。

国民劇場所属の歌手や俳優は、「国家公務員」あるいは「宮廷公務員」の地位を得、老齢年金が支給されるという制度も生まれた。上演プログラムも、一八世紀末にはドイツ語で書かれた劇、ないしは「優れたドイツ語に翻訳された」出し物に限定されるようになった。

第一章で触れたように、モーツァルトの『後宮よりの誘拐』の劇中会話は、レチタティーヴォ（朗唱）で歌われるのではなく、セリフとしてドイツ語で交わされる。ちなみにこのジングシュピール形式はモーツァルトにとって初めてのスタイルではなかった。一二歳の時に書いたオペラ『バスティアンとバスティエンヌ』（Ｋ50）でも用いられている。しかしウィーンでコンスタンツェ（将来の妻）の近くに住めることになって、二六歳のモーツァルトの心意気は高まっていたはずだ。「国民劇場」用のリブレットを渡されて作曲に取り組もうとしたとき、「ドイツ語のオペラだ」というナショナリスティックな感情が湧きあがったことは想像に難くない。

このエピソードからも、オペラでの音楽表現と「言語」が実は深く関わっていることが見て取れる。本章ではこうした「言語とナショナリズム」、「国民感情の表われとしての民謡」などの問題について考えてみたい。もちろん、作曲家が自分の国や地方で長く歌われてきたメロディー（音階）、リズム、あるいは和声を用いることを、そのまま「ナショナリズム」に結びつけることはできない。さもないと、恐らくほとんどの作曲家は「ナショナリスト」になってしまう。すでに一八世紀の音楽の中に、イタリア協奏曲、フランス風序曲、あるいはドイツ舞曲という曲名が示すように、国民固有のスタイルがはっきり意識されている（ちなみにソロ楽器と合奏部分からなる協奏曲というスタイルはイタリアで生まれた。バッハの『イタリア協奏曲』はそれをチェンバロ一台で弾くという発想から生まれた）。

「国民楽派」とか「ナショナリズムの作曲家」とは何を意味するのか。民謡（folk song—Volkslied）などから霊感を得た作品の中で、優れた芸術品として人々に愛好されるのは、どのような作品なのか。おそらく、その「ナショナル」な要素が確実に「普遍性」の域に達した音楽が、「真のナショナリズム」の音楽と言い得るのであろう。この「普遍性（universality）」という概念は、ヨーロッパにおける聖書解釈を中心とするキリスト教形而上学の一大テーマで、歴史解釈や思想の問題として論争され続けて来た。この点については後の章で改めて触れる。

では音楽の世界でナショナルなものが普遍的なものへと昇華される道を準備するのは何なのか。人間が共通感覚を持つことを前提としているのは確かだ。それは、人が誰しも抱く「過ぎ去った時間と場所への思い」「遠く離れて故郷を想う」という「懐かしさ」の感覚と結びついているのかもしれない。「美」の感覚には「ノスタルジア（nostalgia）」という要素が含まれているのではないか。ちなみに、ノスタルジアは英語ではhomesicknessとも訳される。nostosは「家に帰ること」、algosは「痛み」であるから、ノスタルジアはひとつの宿痾なのだ。

ショパンの愛国心

政治思想の分野でもナショナリズムに関する議論は多い。しかしその情念があまりに本源的なため、それが何かという定説や唯一の定義が生まれにくいようだ。その社会の構造、知的・文化的伝統、地理的条件などによってナショナルなものの現れ方は異なってくるからだ。

作曲家のナショナリズムの例としてしばしば引かれるのは、フレデリック・ショパン（一八一〇～一八四九）だ。一八三二年頃に書かれた「革命のエチュード」（『練習曲』Op10－12）が挙げられることがある。しかしショパンの音楽にそうした政治的感情が読み取れるとしても、彼をナショナリズムの作曲家と考えるのは早計にすぎる。その点では先に触れた「この芸術は、内心を包みかくす一つの外装として書かれた」という吉田秀和氏の言葉は説得力を持つ。

ショパンの生まれたポーランドは、一八世紀末にロシア、プロシア、オーストリアによって三分割され、ナポレオンが創設したワルシャワ公国は、フランスの従属国であった。ウィーン会議で成立したポーランド王国では、ロシア帝国の支配に対する不満と怒りが、ポーランド社会の特にエリート層に鬱積し、一八三〇年一一月二九日、ロシア帝国陸軍がフランスの七月革命を鎮圧するためにポーランド軍を投入しようとしたことに対してワルシャワの若き下士官たちが蜂起するという事件が起きた（Cadet Revolution）。この「ロシア・ポーランド戦争」には、リトアニア、ベラルーシ、右岸・ウクライナの兵士達も加わった。ポーランド将兵らが善戦した地域もあったが、一七万の兵力を投入したロシア帝国陸軍の前に蜂起は鎮圧される（渡辺克義編著『ポーランドの歴史を知るための55章』）。

すでに作曲家・演奏家として成功をおさめ、ヨーロッパ全土へと活動の場を広げようとしていた二〇歳のショパンは、蜂起の勃発する約四週間前の一一月二日にオーストリアに向けて旅立っていた。この「ロシア・ポーランド戦争」の敗北が決定的となった翌年九月、ドイツ・シュトゥットガルト滞在中のショパンが記した慟哭のメモが残されている。「モスクワが世界を支配する。おお、神よ、あなたは存在するのか？　あなたはそこにいるのに復讐しようとしないのか。さらにどれほど多くのロシアの犯罪を望むのですか？　あるいはあなた（神）もロシア人なのですか！」（*Chopin's Letters*, No.68, Dover）と痛嘆し、その怒りと悲しみの中から生まれたのが「革命のエチュード」だと言われる。

時期的にはつじつまが合っているが、それほど直接的な感情を描写しつつ作曲されたのかどうかは定かではない。ただ、この時期のショパンの精神状態を反映していることは確かであろう。少し後に作曲された『スケルツォ第一番（ロ短調）』（Op20、一八三三）、あるいは『二四の前奏曲』第二四番（Op28-24、一八三六〜三九）の音楽からも、同じような「ナショナリスティック」な激しい心情と、政治状況への苛立ちが読み取れる気がする。ショパンのナショナリズムは、故郷（ワルシャワ）を離れたことによって生まれた焦燥感に駆られたものであろう。

ポーランド独立への蜂起が敗北に終わったのは、このナショナリズム革命が、ワルシャワの陸軍士官学校というポーランド社会の若いエリート層から巻き起こったという事情も大きい。農民が大勢を占める一般民衆から支持を得たものではなく、彼らの多くはむしろ地主や都市のインテリ層に強い反発を抱いていたと指摘されている。一九世紀前半のナショナリズムは、「エリート達のナショナリズム」であり、大衆運動ではなかったのだ。

歴史的に見ても、ナショナリズムは、バラエティーに富んでおり、デモクラシー、ファシズム、共産主義、いずれの体制の下でも現れる。しばしば一九世紀のヨーロッパは「ナショナリズムの時代」とも呼ばれる。確かに一八一五年以後の中欧、東欧、南欧の政治地図はナショナリズムによって書き換えられていく。しかしポーランドが、再び国家として再生するには、第一次大戦でプロシア、オーストリア、ロシアの三つの「帝政」が姿を消すまで待たねばならなかった。

ナショナリズムは二〇世紀に入ると、ヨーロッパを越えてさらに広がり、「汎ナショナリズムの時代」と言われるほど世界に広く浸透する。特に途上国では、「社会主義革命」という衣をまといつつ、ナショナリズム運動が爆発的エネルギーを発揮するケースが目立ち始める。

郷愁と平等思想

ナショナリズムという概念に、日本語として定着した訳語はない。重要な基本用語ほど、厳密に定義できないのが歴史学や社会科学の常である。概念そのものが無いわけではないが、日本語では、国家主義、愛国主義、国民主義、民族主義と、そのコンテキストによって適宜使い分けられており、書き手によって込められた意味にズレもある。

ナショナリズムを「自己のルーツに対する適度な愛情」と考えると、これを否定することは、人間の根源的な感情を否定するに等しい。人は自国の同胞に対しては、見知らぬ他国の民に対するのとは異なった特別の感情（fellow-feeling）を持つ。同胞が住み、懐かしい山河のある故郷をいとおしむ気持ち（郷愁—ドイツ語の Heimweh）と言ってもよい。シューマンの『リーダークライス』（Op39）の最初の曲、「異郷にて（In der Fremde）」に、「望郷」の思いは見事に歌われている。それは、「過ぎ去った時間と場所への異郷からの思い」とでも言おうか。

人々が抱く、こうした郷愁は、自己愛と人類愛の中間的な存在と位置付けることができよう。人は個別具体的に存在する人間を愛することはできる。しかし「人類を愛する」ということには、観念的な不確かさが付きまとう。すべての人間は平等だというデモクラシーの思想にも、似たような事実と理念の混同を生む危うさがある。

こうしたナショナリズムとデモクラシーの類似性を、一九世紀のヨーロッパ社会という視点から見ると、少なくとも二つか三つの関係が指摘できる。

（1）デモクラシーは人間すべてに同じような自由を与えるという理念を最高価値としているから、生まれや出自を同じくする者たちが、集団を形成して、その利益を主張する力を生み出すことができる。したがって「平等の原理」こそがナショナリズムを刺激するという面。

（2）先に挙げた、ポーランドの「十一月蜂起」が示すように、デモクラシーという体制ではなくても（専制政治の下でも）ナショナリズムは生まれ、ナショナリズムがデモクラシーをもたらす可能性があるという歴史的な事実。

（3）デモクラシーの「境遇の平等化」が人々の関心を自己に向かわせ、人々がばらばらのアトム的な存在と化し、個人主義を徹底する。それは「集団」の結束を求めるナショナリズム運動にとって阻害要因となり得るという関係。

ナショナリズムとは、「政治的共同体の範囲」と「文化が共有される範囲」をどう考えるのかの問題である、と単純化する立場もある。だがその場合、「文化」とは何かという厄介な問題が現れる。具体的には宗教、言語、生活慣習、そして「人種」の違いが関わってくる。

思考の器官としての言語

多様なナショナリズムではあっても、そこに認められる共通要素はある。ひとつには「民族自決」という言葉が示すような、政治的な「自己決定」、文化的な「自己決定」である。だが、その場合「自己」とは何か。その決定が個人から集団へと移行するにつれて、個人の自由と民主的決定の間の対立関係が生まれてくる。

この点をはっきりと意識し論じたのはJ・S・ミル(一八〇六〜一八七三)であった("Vindication of the French Revolution of February, 1848")。ミルは、ナショナリズムが過剰になり始めると、集団の自己決定に強く傾斜するため、言語や民族という要素以外の個人の権利や利害について人間は無関心になると指摘する。「ナショナリティ」への感情が、自由への愛を上回り、自分たちの自由と独立心を圧倒するように支配者をけしかける野蛮な状態を生む危険性があると説くのだ。

ミルが批判したのは排他的なナショナリズムであり、「過剰」なナショナリズムであって、ナショナリズム自体の否定ではない。その点に留意すると、「文化的自己決定」という精神的自由の中核に位置する問題は、最終的には「言語」と人間精神の関係に収斂すると考えられる。その徹底した具体例は、後段で述べるモラヴィア出身の作曲家ヤナーチェクの「発話旋律」である。

言語と国民の問題に、近代の最も早い段階で基本的な視座を築いたのはドイツの文人J・G・ヘルダー（一七四四〜一八〇三）であろう。彼は「創造的な仕事は自己自身の方言・通俗語(Volkssprache)においてのみなされる」と直感し、「偉大な芸術は、常に、自然な国民精神(Volksgeist)の表現であり、その精神から生まれる」と考えた。この考えは、当時主流とみなされていた理性中心の普遍性を前提とする「啓蒙主義」とも、「言語神授説」とも異なるものであった。ヘルダーは、人間は言語を生ける自然の音から継続的に形成し、悟性の目印としたと述べている（I・バーリン『ヴィーコとヘルダー』）。

ヘルダーの思想は、音楽とナショナリズムの問題を考えるとき――特にヤナーチェクのそれを考える場合――重要な示唆を与える。ヘルダーは、言語は、それが使用されている共同体が、考え、感じるための枠組みやパターンを形成することに寄与するとみなす。つまり言語は「思考の器官(organ)」だと捉えるのだ。普通、われわれは「言語はコミュニケーションの手段だ」と考える。確かにそうした「手段」的な性質はあるが、言語は人間が他者を意識して考えるための創造力の表現形であるという点にヘルダーは注目する。そして、言語と文化伝統を、国家・国民を作り上げる「絆」と捉える。その絆には、フォークロア、ダンス、音楽、そして絵画などの文化現象が重要要素として含まれる。

Volk（民族・国民）という概念を深めるために、ヘルダーは民謡（Volkslied—folk song）の収集に没頭する。この「民謡集」は一七七八〜七九年に刊行される（*Stimmen der Völker in Liedern*）。ちなみにこのヘルダーの大著は近年邦訳が出版された（嶋田洋一郎訳『ヘルダー民謡集』九州大学出版会）。手に取ると、その浩瀚さに驚くばかりだ。

デモクラシーが浸透して行く一九世紀ヨーロッパのロマン派音楽、とりわけ歌曲やオペラには、「愛国的な（patriotic）」感情が、言語を中核とする「民族精神」として表現されてくる。チェコの人々にとって、それは主流であったドイツ音楽とドイツ語を自分たちの精神活動においてどのように位置づけるかという問題となる。ボヘミア知識人たちは、彼らのサークルの中ではドイツ語を話し、チェコ語を完全に操れるものは多くなかったという実情は、後で触れるようにカフカやヤナーチェクの文学や音楽にも反映されている。複数言語という環境、言語による統一という問題を抜きにしては、普遍性へと向かうチェコのナショナリズムを理解することは難しい。その一端を知るために、一九世紀のボヘミア、モラヴィア、そしてロシアの音楽におけるナショナリズムの多様性を振り返る必要がある。

2　ドヴォルザークとチャイコフスキーを結びつけた絶対音楽

ふるさとは遠きにありて思ふもの

一九世紀のロマン派の音楽をナショナリズムとの関連で考える場合、いくつかの「区別」が必要になる。たとえばショパンのマズルカ、ポロネーズなどの作品は、ポーランドの民族舞曲を素材としており、「ナショナリスティック」な感情のあらわれであることは否定できない。だが、それらの作品をナショナリズムの観点から論ずるのは適切ではないだろう。と言うのは、ショパンの作品は政治的心情の発露以上の「高み」をわれわれに示してくれるからだ。

ヨハネス・ブラームス（一八三三〜一八九七）の『ドイツ民謡集（Deutsche Volkslieder）』についても同じであろう。ブラームスに「ドイツ的なもの」を感じても、彼をナショナリズムの作曲家とはみなさない。フランツ・リスト（一八一一〜一八八六）の『ハンガリア狂詩曲』にジプシーのメロディー・ライン、テンポとリズムが多用されていても、リストの音楽をナショナリズムと結びつけて論じるのは、その音楽の芸術性を正当に評価したことにならない。これらの作品には「ナショナルなもの」を超えた普遍的（universal）な芸術美――筆者の見方では、それが「真のナショナリズム」ということになるのだが――を聴き手は感じ取るからだ。

音楽史家のドナルド・J・グラウト（一九〇二〜一九八七）は、ショパン、ブラームス、リストらの音楽は、イタリアとフランスの音楽がバロック期以降のドイツ的な理論展開を遂げる中、それぞれの国で伝統的に引き継がれてきた音楽を同化させたものであって、マズルカのリズムやジプシーの音楽は、国際性のある、あるいは普遍性を持つ音楽（主）への「異国風のかざり（exotic accessories）」（従）だという意味のことを述べている。

しかし、一九世紀も半ばを過ぎると、この「主」と「従」の関係が逆転する。ナショナリステイックな要素を前面に強く押し出す作曲家が、それまで西洋音楽の主流であったイタリア、フランス、ドイツ語圏の外に位置する国々（スカンディナヴィア、オランダ、ベルギー、スペインなど）から現れ始める。こうした作曲家の作品の多くは、クラシック音楽の表舞台、あるいは演奏会やCDで取り上げられる機会はあまりないが、音楽史の書物にその名をとどめている。その中で、しばしば演奏され、音楽史で必ず論じられるのが、チェコ（ボヘミアとモラヴィア地方）の作曲家ではなかろうか。

チェコの作曲家の中で、多くの人々に愛され、現代でも演奏会でしばしば演奏されるのは、ベドルジフ・スメタナ（一八二四〜一八八四）であり、そのあと少し遅れて活動したアントニン・ドヴォルザーク（一八四一〜一九〇四）である。

両者に共通するのは、一時期故郷ボヘミアを離れたという「外国体験」である。ボヘミア出身（モラヴィアにかなり近いが）で、一八四八年のプラハの民族蜂起を二〇代半ばで経験しているスメタナにとって、外国滞在は彼の感性を豊かにし、イメージ世界を広げたはずだ。スメタナは、スウェーデンのヨーテボリで五年間を過ごしている。彼のナショナリスティックな側面はこの「故郷を離れた」という事実とも関係しているのではないか。ヨーテボリ滞在は、その旅の途中でリストに会う機会ともなった。さらにその間、シェイクスピア、シラーなどの悲劇を読み、音楽と文学の結びつきについてのビジョンを得ている。チェコ圏外の文化に接する機会だけではなく、自分の出自がボヘミアであることへの自覚を強めた時期でもあったと言える。

スメタナはオペラを八曲書いている。その中で興行的に最も成功した作品はチェコの国民的なオペラとも呼ばれる『売られた花嫁』である。彼自身は『ダリボル』を自信作とし、『売られた花嫁』は、自分を「ワグネリアン」(ワーグナー崇拝者)とみなす連中への当てつけに書いたと回想している。ダリボルは、一五世紀末にチェコ民族を悪政から解放しようとして処刑された英雄的な騎士であり、オペラ『ダリボル』の台本そのものは、チェコ語でもドイツ語でも上演可能な形で書かれた。

『売られた花嫁』の台本(カレル・サビナによる)はチェコ語で書かれており、一八六六年五月の初演はプラハのチェコ仮劇場(まだ国民劇場が完成していなかった)、ドイツ語訳詞のヴァージョンは、約四半世紀後の一八九三年四月、アン・デア・ウィーン劇場で初演された。チェコの農村を舞台にしたこのオペラの聴きどころのひとつは、吃音のヴァシェク(テノール)の言葉と音楽の絡み合い(第二幕第二場)であろう。この作品の中ではボヘミア民謡のメロディーは使われていない。

同じくボヘミア出身のドヴォルザークは、プラハ音楽院の作曲科教授に就任した直後に、ニューヨークの国立音楽院(the National Conservatory of Music of America)創設者のジャネット・M・サーバー夫人から院長となるよう要請を受け、一八九二年秋から一八九五年春まで、三年近く米国で生活し、夏にはチェコ人が多く住むアイオワ州のスピルヴィルで過ごしている。

この米国滞在中に、『交響曲第九番』(「新世界から」、Op95、一八九三)、『弦楽四重奏曲第一二番』(「アメリカ」、Op96)、『弦楽五重奏曲(変ホ長調)』(Op97)、『チェロ協奏曲(ロ短調)』(Op104、一八九四〜九五)など、多くの傑作が生まれた。特に「アメリカ」の第一楽章冒頭のヴィオラで演奏される五音階の第一主題のメロディーは、われわれ日本人の心にも強く訴える「懐かしさ」に溢れている。ドヴォルザークはこの傑作を二週間で書き上げる。米国滞在中の作品に、黒人霊歌やジャズの影響が認められることは専門家の指摘する通りだ。

人は「他者の中に自己を見る」というが、同じように外国にあってはじめて、自分の故郷を知る、という経験をした人は珍しくない。米国に比較的長く滞在してナショナリストになった日本人も意外に多いのではなかろうか。米国滞在は、ドヴォルザークに強くボヘミアを意識させたに違いない。「ふるさとは遠きにありて思ふもの　そして悲しくうたふもの」という詩（室生犀星「小景異情」）も、こうした気持ちを詠ったものなのだろう。

「ロシア五人組」のナショナリズム

音楽の世界でのもっとも力強いナショナリズム運動はロシアで生まれた。これまで主流であった西ヨーロッパの音楽、特にドイツ音楽から自らを解放したいという明確な意思によって、ロシアの作曲家たちは政治的な信条を帯びた文化運動を展開する。その手法として、主にオペラや交響曲において国民的な（スラブ的な）テーマを選び、作曲においては民謡の調べを取り入れた。調性、メロディー、リズム、和声などにスラブ的要素を持ち込んでいる。

音楽におけるロシア・ナショナリズムの中心となったのは、ピョートル・チャイコフスキー（一八四〇〜一八九三）と、いわゆる「ロシア五人組（mighty handful）」である。一八五〇年代後半から六〇年代にかけて生まれた「五人組」は、バラキレフ、キュイ、ムソルグスキー、ボロディン、リムスキー゠コルサコフの五人を指す。この中で、キャリアのはじめから音楽だけを専門としたのは「五人組」の纏《まと》め役、ミリイ・バラキレフ（一八三七〜一九一〇）だけであった。ツェーザリ・キュイ（一八三五〜一九一八）は軍人、モデスト・ムソルグスキー（一八三九〜一八八一）は役人、アレクサンドル・ボロディン（一八三三〜一八八七）は医師・化学者（彼の名にちなんだ「ボロディン反応」という科学用語があるそうだ）、そしてニコライ・リムスキー゠コルサコフ（一八四四〜一九〇八）はもともと海軍軍人であった。

「五人組」という言葉は、当時のロシア音楽批評界の重鎮ウラジミール・スターソフ（一八二四〜一九〇六）が使い始めた。この五人は、「反西欧」、「反プロフェッショナリズム」、「反アカデミズム」を運動の共通目標としていた。

彼らの代表的な作品にはロシアの歴史をベースにしたものが多い。ロシアの「国民文学」の父とも呼ぶべきA・プーシキン（一七九九〜一八三七）による原作が目立つ。「五人組」のムソルグスキーとリムスキー゠コルサコフ、そしてチャイコフスキーがプーシキンを使い、他にも多くのロシアの作曲家がプーシキンから霊感を得た曲を書いている。むしろプーシキンを用いなかった作曲家を挙げるのが難しいほどだ。

中でも、最もロシア色を強く出したのはムソルグスキーであろう。プーシキンの原作を台本に用いた『ボリス・ゴドノフ』（一八六九）は彼の最も成功したオペラだ。ただ筆者は聴くたびに、台本の時代背景を十分理解していないため、ある種の精神的な壁（mental block）を感じてしまう。筆者は中学時代、音楽の時間に『禿山の一夜』（一八六六〜六七）を聴いて、その標題と音楽の結びつきが分からず戸惑ったことを憶えている。その戸惑いは、歌劇『ホヴァーンシチナ』(一八七二〜八〇、未完)を、一〇年ほど前にマリインスキー歌劇場の日本公演で聴いた時にも感じたものだ。一七世紀に帝政ロシアで起きた史実を基にした台本は、ムソルグスキー自身が書き上げている。音楽自体、迫力はあったが、わたしが求める「音楽の美しさ」ではなかった。「別の国」の音楽という印象が余りに強かったのだ。ユニヴァーサルではない、ロシア文明特有の洗練と野性味の混じった「ナショナリズムの芸術」のように感じるのだ。

リムスキー＝コルサコフはオペラと交響詩で傑作を残している。筆者は原作プーシキンの『金鶏』の上演史に関心を覚えたことがあった。この作品は、体制批判がはっきりと表に出ていたため、検閲をなかなか通らなかったと言われる。筆者の持っているCD(一九八八年五月二六日のボリショイ劇場のライブ録音、エフゲニー・スベトラーノフ指揮、TEICHIKU)の一柳富美子氏の解説によると、結局、リムスキー＝コルサコフが狭心症の発作で亡くなった翌日の一九〇八年六月二二日に、やっと検閲を通過したとある。ただし、台本と楽譜に大幅な修正が加えられたまま上演され続けるという不幸な情況が続いた。オリジナル版がロシアで上演されたのは一九八八年で、CDはこの時の録音だ。作曲されてから実に半世紀以上の歳月が経っていた。

もう一人の「五人組」のメンバー、ボロディンはどうだろうか。プーシキン原作ではないが、自ら構想した交響詩『中央アジアの平原にて』(一八八〇)、「ポロヴェッツ人の踊り」で馴染みのある『イーゴリ公』(一八九〇年初演)などが思い出される。前者には、具体的に「ロシア人のテーマ」と「東洋人のテーマ」が示されており、両者の交流が描かれている。確かにボロディンは、情景や物語を描写する「標題音楽」も作曲している。しかし、彼はむしろ絵画や文学と直接結び付けない器楽音楽、すなわち「絶対音楽」を中心に西欧と対抗するような傑作を書いたのではなかろうか。筆者の聴いたもので印象深いのは、『弦楽四重奏曲第一番（ニ長調）』だ。ソナタ形式に忠実という点では、モーツァルトやベートーヴェンの弦楽四重奏曲と楽曲上の形式はほとんど変わりがない。ややエキゾティックな旋律と豊かな和声にロシア風な味付けをしている点に喩えようのない魅力がある。

このように「五人組」に、日本人の筆者の渇望をいやしてくれる何があるかと言われれば、答えに窮するというのが正直なところだ。むしろ「五人組」の西欧への「抵抗の精神」の逞しさが、彼らと同じナショナリストの音楽家として出発したチャイコフスキーを「普遍性の探求」へと向かわしめたところに、皮肉にも「五人組」の貢献を感じるのだ。

チャイコフスキーの伝統的な立場

「反西欧」を掲げた「ロシア五人組」と比べ、チャイコフスキーはどのような立場を取り、「五人組」との間にいかなる摩擦や軋轢を生んだのだろうか。一八七三年一月、チャイコフスキーの『交響曲第二番（ハ短調）』（「小ロシア」、Op17）の終楽章は、ペテルブルクのリムスキー゠コルサコフ邸で（全曲初演前に）聴いた人たち（「五人組」も含め）に多大な感銘を与えた（D. Brown, *Tchaikovsky: The Early Years 1840-1874*）。『交響曲第二番』は各楽章（特に終楽章）でロシア民謡、ウクライナ民謡のメロディーが使われている。この時期、「五人組」もチャイコフスキーもむしろ共通の志で結ばれていたのだ。

その後、「五人組」は往時の情熱とエネルギーを失い始める。「反プロフェッショナリズム」と「反アカデミズム」が影響したことは否定できない。キュイは批評専門、バラキレフは音楽界からほとんど引退同然、ボロディンは化学の教授の仕事に忙しくなる。ムソルグスキーはアルコール依存症が深刻化し、リムスキー゠コルサコフのみが作曲活動に専念するようになる。

そのリムスキー゠コルサコフも、「反西欧」を強く主張するグループから、チャイコフスキー同様、西欧の形式と作曲技法への強い傾斜を批判され始める。「五人組」の同志であったキュイの辛辣な批評はもちろん、ロシア音楽批評界で大きな影響力を持ったスターソフも沈黙を決め込んで、意見を表明しない（つまり、賞賛しない）という状況になった。一八七〇年代半ばから、

「五人組」の結束は壊れ始めるのだ。

「五人組」の紐帯が弱まっていた点については、リムスキー゠コルサコフの自伝 *My Musical Life*（初版一九二三、Faber and Faber, 1989）の訳者・編者である Judah A. Joffe の脚注（一五五頁）に、ボロディン、キュイ、ムソルグスキーの手紙についての興味深い言及がある。要約・紹介しておこう。

ボロディンはリムスキー゠コルサコフの「変節（apostasy）」については、「多くの人は、今やコルサコフが逆行し、音楽考古学の勉強に熱を上げていることを悲しんでいる。私は悲しいとは思わない。理解できる……」。ここでいう音楽考古学とは、リムスキー゠コルサコフが対位法やコラールの勉強を本格的に始めたことを指している。この西欧古典音楽の徹底した修得が、彼の弟子のストラヴィンスキーという革新的な作曲家を生んだと言えよう。

ムソルグスキーが示した、コルサコフの伝統への回帰に対する排撃の態度はさらに厳しかった。『『五人組』は魂の無い裏切り者（soulless traitors）へと堕落した」と。その尻馬に乗るかのごとく、スターソフも「彼（コルサコフ）は六一のフーガと一〇ほどのカノンを書いた。それについて、わたしは何も言わない。De mortuis」。ちなみに、この最後のラテン語は、de mortuis nil nisi bonum「死者については良いことのみを言え、死者を鞭打つな」という意味の箴言からの字句である。

強く結ばれていたと思っていた同志が、バラバラになるという例は、政治運動でも、学問・芸術の世界でも、あるいは単なる友達仲間でも起こりうる。利益で人は結びつき、好みや趣味で結びつくことがある。理念や理想で結びついても離反と離散は起こる。一般に宗教であれ、政治思想であれ、学問や芸術の理想や方法であれ、観念的なもので結びついている場合ほど離散は激しい敵対感情を生み出すようだ。「友情は常に点検・修繕されねばならない」と言われるのは、「何によって結ばれているのか」を意識することが時には必要だということであろう。

最終的に「ロシア五人組」には「反西欧」というネガティブな目標だけが残り、ドイツ音楽を中心とする西欧音楽を越えて進もうという前向きの力を失って行く。その点で、チャイコフスキーの西欧古典主義をベースにした国民音楽的な色彩を持つ音楽には、「命を長らえる力」があった。チャイコフスキーの二つの有名なオペラ、『エフゲニー・オネーギン』（一八七八）、『スペードの女王』（一八九〇）はいずれもプーシキンの作品を原作としているが、音楽そのものは西欧の伝統の中にあり、ヴェルディやビゼーの様式から大きくは離れていない。チャイコフスキーのオペラは、ロシアの国民文学をベースに、西欧音楽の伝統に沿いつつスラブ固有のアクセントを加えたものと捉えることができる。

その点で、チャイコフスキーとドヴォルザークの作曲家としての姿勢・立場は、西欧音楽との距離の置き方という点ではきわめて近かった。それは二人の堅い友情を示す手紙のやり取りから読み取ることができる。幸いにして、ドヴォルザークの主要な手紙は英訳されている（*Antonín Dvořák Letters and Reminiscences*, Da Capo Press／彼らはそれぞれチェコ語とロシア語で文通しているため、常に翻訳者を必要としていたようだ）。その友情と強い信頼関係を示す手紙を二、三紹介しておこう。

まずチャイコフスキーは、プラハでドヴォルザークが自分を歓待してくれたことに感謝し、その後、パリとロンドンでの演奏会が成功裡に終わったことを報告、これからロシアに帰ると告げる。追伸では、ロンドンのオーケストラが非常に良質なこと、奏者たちの譜読みが速いことなどにふれた後、皆（チャイコフスキーもロンドンの人々も）、ドヴォルザークの交響曲を待ち望んでいると書き添えている（一八八八年三月二七日付、ウィーンから）。

一八八九年一月の手紙では、ドヴォルザークの方から、前年一一月末、プラハで初演された『エフゲニー・オネーギン』を絶賛し、「これほど深い印象を受けた作品はない。あなたの他のどの作品からもこれだけの感激を味わったことはない」とまで言っている。それに対して、チャイコフスキーは、ドヴォルザークから評価されたことを大変喜び、「それを誇りに思うし、幸せだ」と応じている。そして同じ年の三月、チャイコフスキーは、ドヴォルザークをモスクワに招待したいと申し出る。「あなたに来ていただけるのなら、モスクワ音楽協会にとってこれほどの名誉はない、可能な日程を教えてほしい、不十分な謝金（八〇〇ルーブリ、約一〇〇〇グルデン）についてどうかご理解いただきたい」と記している。この招聘は実現した。一八九〇年三月にドヴォルザークはモスクワのツァーリスト音楽協会のコンサートで『スターバト・マーテル』を上演、ペトログラードでも『交響曲第六番（ニ長調）』（Ｏｐ60）を指揮して大きな成功を収めた。

こうした手紙のやり取りから、二人が相手の音楽観に深い敬意を抱いていることがうかがえる。ドヴォルザークとブラームスの間の相互の敬愛はよく知られているが、ドヴォルザークとチャイコフスキーはともに、「絶対音楽」を基盤としてそれぞれチェコ人、ロシア人としての心情を表現するという姿勢においては、同方向を向いて進む間柄であったと言えよう。二人は、二〇世紀のベラ・バルトーク（一八八一〜一九四五）やゾルターン・コダーイ（一八八二〜一九六七）が試みたように、民族楽器を用いる音楽を作曲しなかったという点でも同じであった。

3　ヤナーチェクが追求した普遍性

ヤナーチェクが注目した「発話旋律」

すでに触れたスメタナとドヴォルザークは、チェコ・ボヘミアを代表する国民的作曲家である。チェコは、大きく西のボヘミアと東（スロヴァキアにより近い）のモラヴィアに分かれる。ポーランド国境のスレスコ（シレジア）も含めると、チェコには三つの地方が存在することになる。二〇世紀以降のモラヴィア人は、どれほどモラヴィアへの帰属意識を持っていたのか。彼らがボヘミア人に対して自分たちが少数派であることを意識していたことは確かであろう。

チェコにおける宗教の問題を考えるとき、「宗教を持たない人たち」が多いということは重要だ。それは一四一九年から二〇年弱続いたフス戦争の影響が未だに残っているためだとされる。一五世紀ボヘミアのヤン・フス（一三六九？～一四一五、カレル大学学長）は、イギリスの教会改革者ジョン・ウィクリフ（一三二〇？～一三八四）の影響を受けて教会改革を敢行する。しかしコンスタンツの公会議（一四一四～一八）で異端と宣告され、焚刑に処せられる。これを機にフス戦争と呼ばれた大反乱がボヘミアで勃発する。その結果、チェコでは、カトリック教会に行かない人々の数が増加する。ハンガリーやポーランドに支配された時期を経て、三十年戦争でボヘミアのプロテスタント貴族は没落し、ハプスブルク家の属領となった。一八四八年の革命を経て生まれたオーストリア＝ハンガリー帝国も、チェコの人々の民族意識を満足させるものではなかった。

ドヴォルザークは、一八八一年六月の柿落《こけら》しの二か月後に大火災に見舞われた、プラハ国民劇場再開のガラ・オープニング（一八八三年一一月）のために、『劇的序曲「フス教徒」』（Ｏｐ67）を作曲している。チェコ国民にとってヤン・フスがもつ意味を示す象徴的な作品だ。筆者がこの曲の存在を知ったのは最近のことだ。ドヴォルザークの『交響曲全集』（ヴィトルト・ロヴィツキ指揮、ロンドン・シンフォニー、Decca）のＣＤの一番最後に「うめ草」のように付け加えられていたのだ。静謐な序奏ではじまるものの、次第に激しさを増し、ハープ、金管、シンバルなどが時に甘美に、時に暗く力強い音を響かせる小品だ。

チェコの歴史は、教会改革に対する弾圧と他国による侵入と支配の歴史であった。近代に入ってからも、ヒトラーの侵略、戦後は冷戦下でのスターリンの強烈な干渉による上からの共産主義化（一九四八年の「二月革命」）があった。その過酷な有為転変は文字通り悲劇の歴史としか言いようがない。共産主義下でのプロテスタント教会と信者の間の密告による不信感は、多くの人々をさらに教会から遠ざけることになったとされる。そして、教会とは距離を置く宗教感情は、モラヴィアが生んだ重要な作曲家、レオシュ・ヤナーチェク（一八五四〜一九二八）の音楽にも認められる。

ヤナーチェクは、民族の言語と音楽の関係に強い関心を向け、発話の抑揚や音律の形状について徹底した探求を行なった。チェコ語の音を、将来世代にいかに伝えるかを強く意識し、民謡を収集するだけではなく、発話旋律（speech melody）を記録するという仕事に熱心に取り組んだのである。発話から聞き取れるイントネーションやメロディー・ラインなどを集める仕事だ。それはある種の民族誌的、言語学的な研究とも言い得る作業であった。ヤナーチェクは自分の愛する娘が死の床で発するうめきの言葉の抑揚をも書き留めたと言われる。発話が話者の心理や情念を示すと考えたのである。

ヤナーチェクは「歌は発話によって、発話の中に生きている。チェコ人の全精神は、その発話の中にあらわれる。かれらが話すすべての言葉は自然な生活の一部である。だからこそ人々の発話のメロディーは詳細にわたって研究されねばならないのだ」と述べている（*New York Times*, 13 July 1924 —— *The Janacek Compendium* から引用）。

スメタナやドヴォルザークが、ボヘミア民謡（風）のメロディーを断片的であれ、そのまま曲の中に取り入れたのに対して、ヤナーチェクは発話旋律をそのままの形で曲中に用いてはいない。彼が注目したのは発話のメロディーやパターンであって、歌のメロディーではない。したがってヤナーチェクの作品に、彼の故郷、モラヴィアの民謡のメロディーがそのままの形であらわれることはない。ここにスメタナ、ドヴォルザークと、ヤナーチェクの作曲家としてのナショナリズムの性格の違いがある。ヤナーチェクは、「人間の言語的多様性という宿命性」(B・アンダーソン『想像の共同体』)に注目しつつも、その宿命性の中に普遍性を見出そうとするナショナリストであったと筆者は考える。この点は、先に触れたヘルダーの言語形成観(生ける自然のさまざまな音が形成してゆく言語)に通じるのではなかろうか。

数年前、若いヴァイオリニスト石上真由子さんが、京都でヤナーチェクの『ヴァイオリン・ソナタ』を演奏したのを聴いて心を揺さぶられたことがあった。石上さんのヤナーチェクのソナタがCD(Opus One 日本コロムビア)で発売されたのを知り、早速手に入れて何度も聴いた。それはチェコ・ナショナリズムという次元ではとらえられない、普遍性を持つ自然な人間感情の炸裂とでも言えようか。

ヤナーチェクの作曲したオペラで生前大成功を収めたものは、チェコ語ではなく、ドイツ語で歌われたものであった。彼自身、チェコ語で歌われることを必ずしも望まず、ドイツ語や英語で上演されることに満足したと伝えられる。音楽自体がナショナリスティックな感情ですでに出来上がっているからだろう。言い換えれば、気分や感情を音で表したのではなく、「音の中に心が宿ってくる」(吉田秀和)のだ。

『イェヌーファ』以降のヤナーチェクの後期のオペラ（『カーチャ・カバノヴァー』『利口な牝狐の物語』『死の家より』など）のドイツ語訳を担当したのが、ユダヤ系チェコ人のマックス・ブロート（一八八四～一九六八）であった。ブロートは、同じくユダヤ系チェコ人の作家フランツ・カフカ（一八八三～一九二四）の伝記（*Franz Kafka: Eine Biographie*）で知られるが、ヤナーチェクの最初の伝記（原著はドイツ語）も書いている。

ちなみに非ユダヤ系の「無神論者」とされるヤナーチェクは、グラゴール・ミサ（Glagolitic Mass）を作曲した。グラゴールというのは、古代スラブ語に用いられた文字だが、やがてキリル文字に圧倒されてほとんど使われなくなったという。幾多の改訂を経ながら、ミサ曲の作曲を強く勧めたモラヴィアの地方都市オロモウツの大司教、レオポルト・プレカンに捧げられている。完全なスコアが刊行されたのは、彼の死の翌年、一九二九年のことであった。死を迎える際に、果たして彼はカトリックに帰依したのであろうか。

この点について面白いエピソードが *The Janacek Compendium* に紹介されている。ボーカル・スコアを担当した音楽家、ルドヴィーク・クンデラ（作家ミラン・クンデラの父）が、「ヤナーチェクは今や老人となり、堅実な信仰者となった」とコメントしたのに対して、「老人ではない、信仰者でもない、若造が！」というハガキをクンデラに送り付けたという。

このミサはラファエル・クーベリック指揮、バイエルン放送交響楽団の演奏のレコード（ドイツ・グラモフォンからCD化されている）で聴ける。信仰が何を意味するのかは難しい。教会に行くことだけが信仰なのか。このミサ曲はヤナーチェクの、人格神とは言えないまでも、汎神論的な信仰を表現しているように聴こえる。第一次世界大戦後の不安定な世相の中で、信仰の方が音楽に救いを求めているかのようだ。形式と内容は、カトリック教会のミサ次第に沿ったものだが、ところどころに典礼文の改変がある。

マックス・ブロートのチェコ・ナショナリズム

ヤナーチェクとマックス・ブロートとの友情は、チェコへの愛国心を媒介としつつも、さらなる高みを目指す芸術の理念と深く結びついている（*The Janacek Compendium*）。ブロートは詩人であり、翻訳家であり、作曲家でもあった。カフカの未刊行作品についての「遺言執行人」としても知られる。

カフカは終生の友マックス・ブロートに、死の直前、自分の未公刊の全草稿を焼却するよう頼んだ。カフカの死後、ブロートはこの要請に従うことなく、遺稿も含めて編集し『全集』を刊行したのである。今日われわれが二〇世紀の最も良質な文学を読むことができるのは、このブロートの「誠実な裏切り」による。ブロートの「裏切り」はカフカの自己否定的とも言える「完全主義」から、世紀の傑作を守ってくれたことになる。ここにはカフカらしいひとつの逆理が存在するように思える。

カフカ自身、二〇代に社会主義、無政府主義、チェコ独立運動などに深い関心を寄せていた。彼の作品は「非政治」的だとみなされがちだが、その曖昧さに潜む政治的意味は見逃せない。『流刑地にて』『万里の長城が築かれた時』などを、それぞれヨーロッパ・ヒューマニズム論と社会主義論、あるいは官僚制論として読む人は少なくない。ナチス・ドイツがカフカの作品を嫌ったのは、単に彼がユダヤ人であったからだけではない。その作品の政治的意味に大きな不都合があったからであろう。

カフカが創り出した言語世界は、宇宙的広がりと、未来への黙示を感知させるような奥深さを秘めている。この測り難いほどの広さと深さは、カフカがチェコでイディッシュ訛りのドイツ語を話すユダヤ人（つまり少数派の中の少数派）であったこと、独身であった（三度も婚約破棄をしている）こととと無関係ではあるまい。少数派であることが普遍性を獲得するためのエネルギーを生み出し、それが創作のバネとなったのではないか（F. R. Karl, *Franz Kafka*）。ドイツ語を話さない多数派のチェコ人は、少数派の上流階級のドイツ人に対しては親近感を持たない。ユダヤ人はたとえドイツ語を話してもドイツ人ではない。つまりチェコのユダヤ人は、ドイツ語のハンディキャップと非キリスト教徒であるという差別意識から自由になれなかった。

『変身』にも、『ある犬の探究』にも、このカフカの複雑な文化的背景が影を落としている。物語集『村医者』に収められた掌編「家父の気がかり（Die Sorge des Hausvaters）」も、カフカ自身の言語問題と引き裂かれた文化状況を曖昧かつ簡潔に描いている。この分裂は、彼の「たとえ話」や「パラドックス」の中でもみごとに言葉として結晶した。

このように、カフカの作品を、彼自身の置かれた文化的あるいは家庭状況に照らして解釈することはできる。しかし彼の作品がそうした個人的な状況を超えた普遍性をもっているのも確かだ。彼の三つの長編（いずれも未完）『アメリカ』『審判』『城』は、いずれも細やかで明晰な描写とシユールレアリスティックな発想だけでなく、ユーモアと逆理に溢れている。カフカのドイツ語は、文体・語彙いずれから見ても単純明快である。にもかかわらず、読む者は各人の読み取る力に応じて、「何か」を汲み取ることができる。うわべの単純さ（deceptive simplicity）の奥には、モーツアルトの音楽のように存在の深い淵が秘められているのだ。その「何か」こそ、すべての読者がそれぞれ読み取る力に応じて汲み取ることのできる普遍的な「何か」なのだ。

マックス・ブロートはヤナーチェクの音楽の熱烈な崇拝者であり伝道者であり、ヤナーチェクを広い音楽世界に押し出すうえで重要な役割を演じた。ヤナーチェクはブロートの自分に対する無私の献身と、作曲をめぐるブロートとの会話から多くのヒントとアイディアを得たと語っている（*The Janacek Compendium*）。

そのブロートは、一九三九年のドイツ軍のチェコ侵攻の直前に妻とプラハを脱出し、ルーマニア経由で（現在の）イスラエルのテル・アビブを定住の地とした。

「懐かしさ」という共通感覚

フランツ・カフカとヤナーチェクは少なくとも二度会っている。ほぼ同じ時期にプラハに居たから不思議なことではないかもしれない。いずれも共通の友人であったマックス・ブロートの仲介による。最初の出会いは、プラハのブロートのアパートで、二度目は、ベルリンの国立歌劇場で一九二四年三月、エーリッヒ・クライバーの指揮でヤナーチェクの『イェヌーファ』が初演されたときであった。どのような会話が交わされたのかは知る由もない。

ブロートは『イェヌーファ』のドイツ語訳をカフカに送っている（一九一七年一〇月）。カフカはその返事の手紙で、ブロートのドイツ語訳を大いに褒め、いくつかの修正を提案した。二度目の出会いの三か月後（一九二四年六月）、ブロートはヤナーチェクに「御存知かと思うが、わたしは最良の友を喪った。小生の家で、そしてつい最近、ベルリンのアンハルター駅であなたも会った詩人のフランツ・カフカです」と書き送っている（*The Janacek Compendium*）。

ヤナーチェク、ブロート、カフカという三者の交流の様子を垣間見ると、チェコ文化圏は単にナショナリスティックなだけでなく、そこからはるかに普遍的な文化価値を創り出した芸術家たちの姿を見出すことができる。ヤナーチェクの作品は、「国民楽派」あるいは「チェコ民族の音楽」という範疇に閉じ込められない普遍性を持つ。その傍証を二つほど挙げておきたい。ひとつは、オーストラリアの指揮者チャールズ・マッケラス（一九二五～二〇一〇）のヤナーチェク作品への献身的な打ち込みかた、いまひとつは、ヤナーチェクとインドの詩人ラビンドラナート・タゴール（一八六一～一九四一）との交流である。

マッケラス自身はオーストラリア人を両親とし、ニューヨークで生まれた。教育はオーストラリアで受け、英国に渡っている。一九四七年からチェコに留学し、ヴァーツラフ・ターリヒに指揮を学び、滞在中にヤナーチェクのオペラをすべて鑑賞、ヤナーチェクへの関心と理解を深めた。そしてヤナーチェクの音楽が英国でほとんど演奏されることがなかった時代に、オペラ『カーチャ・カバノヴァー』の英国初演を実現する。

指揮者としてのマッケラスのレパートリーは広いが、中でもヤナーチェクのオペラの録音は重要な位置を占めている。彼のヤナーチェクへの傾倒ぶりは徹底しており、「発話旋律」を実感するためにチェコ語を習得するほどであった。そしてヤナーチェクの作品を指揮するだけでなく、スコアの不備を補筆改訂する仕事も行なっている。

二〇一〇年七月二三日にコヴェント・ガーデンで執り行われたマッケラスの葬儀では、生前の希望により、彼が最も好んだオペラ『利口な牝狐の物語』の最後のシーンが演奏された。これもヤナーチェクの音楽が一つの国、一つの民族の中にとどまるものではなかったことを示すエピソードだろう。

ヤナーチェクの音楽の普遍性（universality）を示すもう一つの例として、彼とタゴールとの精神的な交わりがある。タゴールは一九二一年にプラハに講演に来た。すでに彼は「非西洋人で最初のノーベル文学賞受賞者」としてヨーロッパでも広く知られていた。タゴールの『ギータンジャリ』はW・B・イェーツ（日本の能の愛好家でもあった）の紹介文を付けた英訳が刊行されていたからだ。タゴールの講演はヤナーチェクに強い印象を与えた。タゴールは英語でもチェコ語でもなく、自分の母語で講演している。「われわれには理解は出来なかったが、彼の声の調子からその魂の苦い痛みを認識できた」と書いている（*The Janacek Compendium*）。科学や学術の世界ではありえない現象であるが、芸術の世界では言語を超越したところでの直観的理解が成り立つということであろう。これはヤナーチェクの「発話旋律」の考えを裏打ちする出来事でもあった。

ヤナーチェクの墓石には、彼が曲を付けたタゴールの『さまよえる狂人（The Wandering Madman）』（男声合唱とソプラノ独唱）からの一節、「彼の体軀は押し曲げられ、その心はチリの中、あたかも引き抜かれた木のように」が刻されているという。

このように見てくると、音楽におけるナショナリズムは、どのような作品において強い生命力を保ちえたのであろうか、という問いが浮かび上ってくる。ナショナリズムという概念は強弱だけでなく、かなりの広がりや幅を持つ。しかし音楽では、「ナショナルな」という衣を纏《まと》った国家や民族の固有性（vernacularity）が、共通感覚に訴えうるような喜びや痛み、あるいは過ぎ去った時間や場所への「懐かしさ」へと昇華され、はじめて普遍的な美しさを持ち得る。そのことに気付かせてくれるのが、スメタナ、ドヴォルザーク、チャイコフスキー、そして普遍性の最も奥深いところまでボーリングを続けたヤナーチェクの「音の中に心が宿る」音楽ではなかったか。彼らの魅力あふれる作品は、体制に対する政治意識と直接強く結びついていたわけではない。音楽家がひとりの人間として、人間と社会に正面から向き合ったときに発出される、地上では得られないものを渇望する息吹のように感じられる。

第四章　体制と芸術における「規模」

1　一〇〇〇人超の大音響

なぜ「規模」は重要か

生産活動や消費者の行動、あるいは市場交換の機能を考える場合、規模（大きさ）という要素を無視することはできない。生産や市場取引を組織化するにあたって、企業の規模、市場の大きさは重要なファクターとなる。

演奏芸術の場合、例えば数多くのアーティストたちの協業として上演される大曲では、どのようにして優れた演奏者を集め、リハーサルを重ね、コンサートとして実現させるのか。大規模の作品を演奏するには、人件費だけでなく、会場の使用料を含め莫大なコストが必要なはずだ。会場の規模や入場料の設定の問題もあろう。超大作の演奏会はどのような条件が整えば可能なのだろうか。

政治の世界でも同じような問題がある。人口の比較的少ない社会、あるいは小さな集団でデモクラシーを実現する場合と、人口の多い巨大な国家をデモクラシーで統治するのとでは、直面する問題や困難の性質は異なってくる。アメリカ合衆国が独立国家として誕生する直前に激しく論争された国制をめぐる問題（連邦派と反連邦派の対立）も、古代アテネの民主制やローマの共和制を、アメリカのような広大な国家でそのまま実施する際の困難を、いかに克服するかがひとつの争点となった。「直接民主制」が大きな国家で健全に機能しないとすれば、どのように代議制をデザインすればよいのか。ここでも費用と便益の問題が生じる。これは現代のデモクラシーにとっても最重要課題のひとつなのである。

音楽芸術の分野では、規模の問題は、同じ製品をいかに効率よく沢山生産するかという点にではなく、製品そのもの（芸術作品）の本質や特性の問題としてあらわれる。イメージする音楽はどのような楽器編成で演奏されるのが望ましいのか。演奏にダイナミックス（強弱）を持ち込むため、あるいは望ましい音色を出すには、どの管楽器をどれほどの数必要とするのか、作曲家は考えをめぐらすはずだ。あるいは演奏する際に、その演奏を誰が、どのようにリードしコントロールするのかという問題も、作品の規模によってその方式に違いが出てくるはずだ。

絵画でも規模の問題は存在するであろう。ある風景や人物を描く場合、キャンバスの大きさや縦横の比率はどれほどが適当なのか。具象画でなくても、何かを表現するには、適切なサイズというものがある。サイズは強い効果をもち、聴く者、観る者の受け止め方を規定する。

ハイドンの小編成の交響曲を演奏するオーケストラは、その約一〇〇年後に作曲されたマーラーの交響曲のために演奏される大オーケストラとは異なる。こうしたオーケストラの規模と編成の変化を、社会集団や組織における統治の問題と重ね合わせることもできよう。演奏の世界にも、経済や政治の世界と類比的な、規模と秩序、個と全体の調和、あるいはリーダーシップの問題が存在する。こうした点を交響曲の歴史から読み取ってみたい。

ジャンルや形式の分類は難しい

交響曲はオーケストラのためのソナタだと言われる。ではそのソナタとは何なのか。音楽用語もときに定義があいまいなものがある。作品がまず先にあり、それを一定の基準で分類し名前を付けて行くわけであるから、どうしても例外や変種あるいは亜種が生まれる。加えて、芸術の世界の創造物は、伝統的な形式を多少とも「破る」ことによって生まれるから、近代音楽の長い歴史を通してすべてに妥当するような分類が難しいのは当然であろう。

器楽曲のジャンルとしての「ソナタ」、あるいは楽曲の形式（form）としての「ソナタ形式」とは何かと問われても、水も漏らさぬ定義を与えることは難しい。ただ、「ソナタ」はフーガとともに、西洋のクラシック音楽における二つの重要な形式をなして来た。筆者も、モーツァルトのやさしいピアノ・ソナタ（K545）を例として、第一楽章の「ソナタ形式」はどのような構造なのか、楽曲としての「ソナタ」がどのような複数の楽章から成り立っているのかを説明された記憶がある。しかし、その原則に当てはまらない「ソナタ」にも沢山出合った。ひとりの発明者が生み出した形式ではなく、徐々に発展してきたわけであるから、歴史的変化を論ずるだけで、優に一巻の書物となる（C・ローゼン『ソナタ諸形式』）。筆者自身の復習も兼ねて、次の二つのパラグラフで、教室口調の簡単な用語解説を加えておこう。

ウィーン古典派のハイドンやモーツァルトの「ソナタ形式」は、概略次のような構成になっている。まず提示部（A）では二つの主題が示される。第一主題はドラマティックで、第二主題はリリックなメロディーが多い。第一主題が長調であれば、第二主題は属調、短調の場合は平行調になる。続く展開部（B）では、一般に主題をダイナミックに変形させて転調を重ねつつ緊張感を高め、再現部（A'）で二つの主題が再び現れ（第二主題は第一主題と同じ主調になり調性の解決を見て）緊張を緩和した形で、終結部（コーダ）で締めくくられる。

この（序奏）・A・B・A'・（終結部）という形を基本とする「ソナタ形式」は、さまざまな変種を見せる。一般に「ソナタ」と称される楽曲は、第一楽章がこの「ソナタ形式」で書かれ、アレグロなどの速さで演奏され、続いてゆっくりとしたテンポの楽章、そして舞曲（メヌエット、あるいはベートーヴェンではスケルツォ）、最後の楽章は速いテンポのロンド形式などで終わることになっていた。

鍵盤楽器用に書かれた「ソナタ」でも、ホロヴィッツやクララ・ハスキルの演奏で知られる、ドメニコ・スカルラッティ（一六八五〜一七五七）のソナタ（五五〇曲あまり作曲している）はどうだろうか。乾いた響きであるが、時に典雅で、時にメランコリーな雰囲気をかもす魅力的な作品群である。二つのテーマを組み合わせた二部形式の単一楽章の小品だ。このスカルラッティのソナタと、ベートーヴェンのピアノ・ソナタ、例えば最後の『第三二番（ハ短調）』（Op111）とに、形式上の共通性はどの程度あるのか。「ソナタ形式」という点に限っても、完全な共通要素を取り出すことは難しい。その最大の理由は、「ソナタ」と一言で言っても、そもそも歴史的にいくつかの発生源（出自）があり、時代とともにかなり変容を遂げてきたからだ。

戦前の日本では、ピアノ・ソナタは「洋琴奏鳴曲」と訳されていた。洋琴はピアノのことだ（ヴァイオリンは提琴）。ソナタの日本語訳、「奏鳴曲」がいみじくも示すように、元来ソナタはsound-pieceという程度の意味であった。一七～一八世紀によく演奏された声楽曲「カンタータ」が、アリアとレチタティーヴォが交互に「歌う」形式の曲を指したのに対し、「ソナタ」は楽器のみで「奏する」器楽曲を指す言葉として用いられた。バッハやヘンデルもソナタと題する器楽曲を書いているが、その形式に完全な一致が見られるわけではない。包括的な説明は専門家が解説した楽典や音楽史のテキストに譲りたい。

小編成オーケストラ――ハイドンのミニマリズム

では、オーケストラによって演奏されるソナタともいうべき交響曲はどのようにして生まれたのか。ハイドンが、ソナタのひとつの理想形を目指しつつ作曲していたのは、むしろ弦楽四重奏曲であったのかもしれない。器楽曲としてのソナタが一定の完成形に到達したのはハイドンやモーツァルトの「ウィーン古典派」の時代であった。教会で活躍した「人の声」はオペラという形で劇場へと移動し、演奏会の舞台では器楽曲が優位を占め、ピアノとヴァイオリンだけでなく、合奏曲としての三重奏、四重奏、五重奏、交響曲、と「ソナタ」が全盛の時代に入るのだ。

ハイドンは一七六〇年前後から一七九〇年代までの四〇年間に、一〇八もの交響曲を作曲している。これらの作品中、弦楽五部に加えて使用された管楽器は、はじめの頃はほとんど、オーボエ二本、ホルン二本であった。やがてファゴット（バズーン）二本、トランペット二本が加わり、『交響曲第七〇番』以降はフルートが必ず入るまでに膨らんだ。基本は、二管編成と弦楽五部という小さなオーケストラのソナタとして作曲された。そして、歌う「カンタータ」ではなく、楽器が鳴り響くのが「ソナタ」であるから人間の声は入っていなかった。編成の拡張から見ると、ハイドンの交響曲は、弦楽四重奏曲を宮廷や家庭から、公開のコンサート・ホールへと解き放つ音楽であったと見ることもできる。人々は聖堂の外で、ハイドンの交響曲を聴いて、その純朴さと温かさ、知的でユーモアと深みのある透明感に、心洗われるような気持ちで自己の「信仰」を再確認していたのかもしれない。

ハイドンの交響曲はほとんどすべて、「急・緩・舞曲（メヌエット）・急」という四楽章の構成をとり、弦楽合奏に多彩な表現力を持つ管楽器を加えたため、弦楽四重奏曲より多くの楽器と演奏者を必要とする音楽となった。特に「ザーロモン交響曲」と呼ばれる九三番から一〇四番の後期の作品は、ハイドンが一七九一年から九五年にかけての二度のロンドン訪問で、ドイツ人ヴァイオリニストであり、音楽興行師でもあったJ・P・ザーロモン（一七四五〜一八一五）の求めに応じて作曲し初演されたものである。甘美に過ぎず、大袈裟でもなく、堂々とした作品だ。理路整然としていながらも、いくつかの仕掛けや機智を忍び込ませた独創的な傑作ぞろいだ。

個人的な思い出だが、ブルーノ・ワルター（一八七六〜一九六二）が一九五四年秋にニューヨーク・フィルと演奏した『九六番』（「奇跡」）を昔LP版で聴いたのが懐かしい。悠揚迫らぬ自然な流れ、真率さ、そしてメヌエットにおけるオーボエとトランペットの響きは、ピアノ・ソナタや弦楽四重奏曲の編成では表現できない色彩豊かな世界だ。

ちなみにこの「奇跡」と呼ばれる作品がロンドンで初演されたとき、演奏が終了した直後に会場の天井のシャンデリアが落下するという事故が起きた。確かに音波の衝撃は予想以上に大きいことがある。旧約聖書の「ヨシュア記」(第六章)にも、イスラエルがヨルダンの谷のエリコの町を攻略したとき、祭司たちの角笛(ラッパ)の音と人々の鬨の声が鳴りひびくと城壁が崩れ落ちたという記述がある。ロンドンの演奏会場では、エリコの町のような大混乱は起こらなかったため、『交響曲第九六番』に「奇跡」という名が付けられたと伝えられてきた。演奏が終了した直後に、聴衆が、感激して舞台周辺に集まっていたため難を逃れたからだ(もっとも、近年は、このシャンデリア落下事故は一七九五年二月の『一〇二番』の初演の際の出来事だと言われている)。

いつのことであれ、この作品が「奇跡」と呼ばれるにふさわしい傑作であることに変わりはない。この作品を聴くと、曲の内部に秘められた晴朗さ(serenity)を、ワルターが憧れる「美」のイデアとして聴く者に示してくれているように感じる。最小限の数の木管、金管、打楽器、弦楽五部の小編成で生み出すハイドンの「ミニマリズム」の技は見事というより他はない。

ハイドンの膨大な数の交響曲は、その後、ベートーヴェン、シューベルト、シューマン、ベルリオーズ、リスト、ブラームス、ブルックナーを経て、大編成のオーケストラが、ソロと合唱の人声と共演するグスタフ・マーラー(一八六〇~一九一一)の巨大な規模の交響曲へと膨張を遂げてゆく。同じジャンルの音楽とはみなし難いような作品へと「進化」して行くのだ。ハイドン死して約一〇〇年後に作曲され、膨大な楽器の編成と演奏者、合唱とソリストを合わせて、総計一〇〇〇人を要するマーラーの『交響曲第八番』を、ハイドンが聴いたらどう反応するであろうか。

マーラー『交響曲第八番』(「千人」)のスペクタクル

筆者自身、熱心に努力をすれば、早くにそのチャンスは訪れたはずだが、ながく、マーラーの『八番』を内外のコンサート・ホールで聴くことはなかった。しかし、ついにその機会は訪れた。二〇一七年三月二五日、京都市交響楽団の定期演奏会で、広上淳一指揮で演奏されたときだ。昔の職場の同僚が第一コーラスのバスで出演していたからだ。

この作品は、音楽芸術における「規模」の問題を考えるためのヒントを与えてくれる。マーラー本人は、この音楽は、「大宇宙が響き始める様子」であり、自分のこれまでの作品は、この『八番』への「序曲」に過ぎなかったと語っている。筆者は、マーラーのいくつかの交響曲の緩徐楽章や歌曲(例えば、『リュッケルトによる五つの歌曲』の第三番「私はこの世に捨てられて」など)には心に沁みるものを感じてきた。しかし『八番』に対するマーラー自身のコメントには、何か過剰なものを感じてしまう。ハイドンの「ミニマリズム」の対極にあるような、過剰さと建付けの不統一感が気になるのだ。

スペクタクルとも呼ぶべき『八番』は二部構成になっている。楽器編成は弦だけでも第一、第二ヴァイオリンそれぞれ二五、ヴィオラ二〇、チェロ二〇、コントラバス一八で、すでに一〇〇名を超えている。(詳細は省くが)木管・金管を合わせると約一七〇名。独唱者八名、合唱は児童合唱団を含めて八五〇名。初演時の出演者は総計一〇〇〇名を優に超えた。演奏時間は約九〇分。内容（楽曲構成）がまた複雑で、とにかく盛りだくさんだ。第一部はソナタ形式。二つの主題は主音からの四度の下降や七度のジャンプなどを含む不安定なものだ。展開部には重たいフーガが含まれる。テキストの中世の賛歌「来たれ、創造主なる聖霊よ」はラテン語である。第二部ではゲーテ『ファウスト』第二部の最終場面がドイツ語で歌われる（筆者が聴いたコンサートでは、「マリア崇敬の博士」を歌うアメリカ人テノールが体調不良で来日できず、急遽日本人歌手が代役を務めた。重要なソロをいくつか歌うこの大役の代役を務めた日本人歌手の力量にも驚いた）。

終結部（コーダ）で、悔悛して心穏やかなすべての者に、「乙女よ、母よ、女王よ、女神よ、ずっと慈悲深くいらして下さい」と祈った後、「すべて移ろいゆくものはあくまで比喩のようなものに過ぎない。（中略）永遠に女性的なるものが、私たちを高みへと引き上げるのだ」（三ヶ尻正訳）と『ファウスト』第二部最後の「神秘の合唱」で締めくくられる。

この時点で聴く者すべて、音楽が信仰へと収斂するような「信・望・愛」の世界へと吸い込まれてしまう。音楽を聴きに来た者が、信仰の神秘的世界へと投げ込まれるのだ。その力は、この恐ろしいほど大掛かりな楽器編成のなせる業なのだろう。聴く者は音楽に酔いつつ、「生」への強い肯定を受け入れるのだ。

規模からいって、この大曲に匹敵する作品と言えば、同時期、すなわち第一次世界大戦の少し前にアルノルト・シェーンベルク（一八七四〜一九五一）が完成した『グレの歌』であろうか。しかしマーラーに強い影響を受けたこのシェーンベルクの大作を演奏するには、マーラー『交響曲第八番』と同じ位の数の演奏者を動員しなければならない。スコア（総楽譜）はときに五三段必要だというから、聴く者は（指揮者も？）、もはやすべての音を聴き分けることは不可能に近い。

こうした巨大なスケールの音楽は、いずれも第一次世界大戦少し前のヨーロッパに現れている。そしてオーケストラの「規模」の最大値を記録した後、今度は規模縮小へと方向転換が起こる。こうした大規模な作品の出現は、いわば、第一次世界大戦直前のヨーロッパ社会における人間精神の痛々しい「爆発」ででもあったかのようだ。シェーンベルクも『グレの歌』の後、小振りの「室内交響曲」の作曲へと向かっている。パウル・ベッカーは名著『オーケストラの音楽史　大作曲家が追い求めた理想の音楽』で、シェーンベルクがこうしたオーケストラの巨大化に批判的反省を加えた経過を、

「手始めによけいだと思われる声部、すなわち、音と音の隙間を埋めてハーモニーをかたちづくり、デュナーミクと音色の変化をもたらすためだけに存在している声部を取り除いた。冷徹な知性を駆使して音の『洗濯』と『掃除』を繰り返すうちに、オーケストラのサイズはどんどん小さくなり、新しいタイプの室内楽が姿を現わした」（松村哲哉訳、二五四頁）

と述べている。

もちろん大交響曲の大音響は、第一次世界大戦前に突如現れたわけではない。ベッカーも指摘するように、エクトル・ベルリオーズ（一八〇三～一八六九）が思い描いている理想のオーケスト

ラは、「五〇〇人ほどの奏者に四〇〇人ほどの歌手が合唱団として加わり、総勢九〇〇人にものぼるものだった」（同一二六〜一二七頁）。実際、ベルリオーズの『レクイエム』は、メイン・オーケストラと四つのバンダ（金管別動隊、計三八人）を東西南北に配置し、ティンパニも八対（計一〇人）必要とした。メイン・オーケストラはマーラーの『八番』での楽器編成とほぼ同じ規模であった。

マーラーの音楽は、交響曲の理想的な姿を追い求めたロマン派から後期ロマン派までの滔々たる音楽芸術の流れが辿り着いた姿であり、それを演奏するオーケストラと人声の可能性を探り尽した最終的「飽和」の姿を示しているかのようだ。その後も、ジャン・シベリウス（一八六五〜一九五七）、セルゲイ・プロコフィエフ（一八九一〜一九五三）、ドミトーリ・ショスタコーヴィチ（一九〇六〜一九七五）など、交響曲のジャンルで傑作を残した作曲家はいる。しかし、規模の拡大、楽器編成の革新において、新たな「進化」を遂げることは——良きにつけ悪しきにつけ——なかったようだ。

2　弦楽四重奏曲と「共存」の精神

正しい音があるはずだ！——クレンペラーとの対話から

マーラー『交響曲第八番』は、作曲者自身の指揮によって、一九一〇年九月、ミュンヘン博覧会の開幕行事として初演された。この作品の上演にどれほど多くの人間が関わったのか。一七九〇年代初頭にロンドンでハイドン晩年の「交響曲」を聴いた音楽愛好家が想像しうるような数ではなかった。初演時は、総計一〇〇〇人を超す演奏者と歌い手、聴衆は三〇〇〇名を超えたという。多くのお歴々の音楽家、文学者（ツヴァイク、ホーフマンスタール、トーマス・マンなど）が列席している。

二五歳の指揮者オットー・クレンペラー（一八八五〜一九七三）は、ハンブルクで『ローエングリン』を振るため『八番』の初演には臨めなかったが、リハーサルには立ち会っている。クレンペラーが語る『八番』へのコメント、マーラーの音楽への評価を簡単に記しておく。

クレンペラーは、ハンブルクの少年時代、すでにマーラーに会っており、彼が指揮者として二二歳でデビューできたのもマーラーの推輓によったといわれる。マーラーの音楽へのクレンペラーの歯に衣着せぬコメントは、英国『オブザーバー』紙の音楽担当批評家ピーター・ヘイワースによるインタビュー『クレンペラーとの対話（*Conversations with Klemperer*）』(revised edition, Faber and Faber, 1985) で知ることができる。

ミュンヘンでの『八番』初演のリハーサルには、合唱団はまだ加わってはおらず、ソリストとオーケストラだけで行なわれた。ソリストの選定と音合わせはブルーノ・ワルターが担当した (Bruno Walter, *Gustav Mahler*)。完全主義者のマーラーはリハーサル途中でも、スコアを書き換え、絶えず不満足な様子を見せた。更なる明晰さ、より多くの音、より幅のあるダイナミックスを常に要求した。そしてある時には指揮台から、リハーサルを見ている関係者の方を向いて、「わたしが死んだ後、もしどこか音がおかしかったら変えなさい。あなたたちはそうする権利があるだけでなく、義務がある」と言ったという。

先人の曲の音符を一つたりとも変えてはならない、「原作への忠実さ（Werktreue）」という姿勢をマーラーは採らなかった。クレンペラーも、基本的には「変えてもいい」という立場であったが、程度問題であると考えており、ワーグナーがベートーヴェンの『第九』に手を入れたこと（第二楽章スケルツォの第二主題は木管だけであったところにホルンを加えた）は「やり過ぎ」と見ていた。マーラー自身も、C・M・v・ウェーバー（一七八六〜一八二六）のコミック・オペラ『三人のピント（Die drei Pintos）』を補筆完成し初演しており、ベートーヴェンの交響曲のオーケストレーションにも手を加えている。しかしマーラーがベートーヴェンの『交響曲第七番』（Op92）に加筆してウィーンで演奏した時に、聴衆が激しく怒るという「事件」もあった。聴衆は、あたかも『聖書』に加筆や削除をされたかの如く、自分たちのベートーヴェンへの「瀆聖」だと感じたのだろう。このエピソードは、ベートーヴェンという作曲家が、聖なる崇拝の対象となっていることを示している。

マーラーには「正しい音」というものがあった。正しい音があるという信念は、絶対信仰のようなものだ。詩人にとって、ある事柄や気持ちを表現する言葉はただひとつしかないのと同様、音にも同じように唯一の適正な音があると考える。マーラーは試行錯誤を重ねながらその音（音程、音量、音色、強弱などを含め）を模索し続けたのだ。

このようなマーラーの作品をクレンペラーはどう評価していたのだろうか。マーラーの交響曲の中では、『八番』ではなく、『九番』が一番偉大だ（the greatest）と『対話』の中で明言している。聞き手のヘイワースの「マーラーは宗教的であったのか、宗教的であろうと熱望していたのか」という問いに対して、クレンペラーははっきり「極めて宗教的だった（"Absolutely religious."）」と答えている。

ユダヤ人家庭に生まれたマーラーは、ハンブルク時代にはプロテスタントの洗礼を受け、ウィーンの宮廷オペラの総監督になる時にはカトリックへと改宗している。彼の信仰はひとつのドグマに帰依するものではなかった。しかし必ず「正しい音」があるという思いは、第二章で述べたアダム・スミスの言葉を借りると、「適宜性」と「完全性」への確信、その音が自分の音楽の「本質」と一致するはずだという堅い信念から出ていたと考えられる。

『交響曲第八番』で巨大なオーケストラと合唱が生み出す音楽を創り出した後、マーラーはわずか一年足らずでこの世を去っている。『八番』は、『大地の歌』と比べても、必ずしもマーラーの最高傑作とはみなされなかった。マーラーに親炙したワルターも、『八番』が寺院のような構造（temple-like structure）を持つ熱情溢れる「生の肯定」の大曲であることを認めつつも、『大地の歌』や『九番』の方を評価する口ぶりだ。

音楽にとって「規模」は内容と様式の基本要素のひとつである。だが「過大さ」や「音符の多さ」は、ときに内容を深めるための阻害要因となる。マーラーの『八番』は図らずもそのことを示した象徴的な「事件」であったと言える。何かを表現するためには「沈黙」も重要な意味を持つ。ハイドンの交響曲のように、感動させようとする意図を感知させない静かなささやきも、聴るのだが。

き手に強い感情を呼び起こす。マーラーはこの点を、数々の美しい歌曲の中ですでに証明してい

演奏家の集団としてのオーケストラ

ウィーン古典派の時代から二〇世紀初頭までの一〇〇年間で、オーケストラの「規模」、楽器の種類と数、演奏者の数が膨れ上がって行った点を、ハイドンとマーラーの交響曲を例に挙げて比較した。

こうした量的な膨張は、単なる比例的な拡大という形で進行したわけではない。オーケストラ全体の中で、楽器の編成に変化が起こり、消えて行った楽器もあれば、新たな位地を獲得した楽器もある。楽器それぞれの役割や位置づけにも変化が起こった。この問題は「指揮者」という専門職の登場とも深く関わっている。一八世紀後半から一九世紀の作品から筆者が重要だと考える点を二つ挙げておきたい。

第一は、歌唱から器楽演奏へと演奏の優位性がシフトしたことである。ミサ曲にしろ、カンタータにしろ、教会音楽では器楽演奏は原則として歌唱の伴奏であり、器楽合奏が独立の作品として教会や修道院内の聖堂で演奏されるということはまれであった。あくまで歌が主役であり、器楽は伴奏（従）の位地にあった。この「主」・「従」の関係が、オーケストラの形成と膨張の過程で逆転して行くのだ。

「カンタータ」（歌う）と「ソナタ」（奏鳴する）が、音楽の基本的な二つの演奏形態であること

についてはすでに触れた。音楽が拠点を教会や宮廷から次第に大きなコンサート・ホールでの有料演奏会へと移す過程で、同時に進行したことは、単声音楽への人気の移行であった。もちろん、この移行が完遂したというわけではない。「主役」が交替したというべきだろう。

ハイドンやモーツァルトの交響曲には歌や合唱は現れないが、ベートーヴェンの『交響曲第九番（ニ短調）』（Op125）では、最後の第四楽章で四人のソリスト歌手と合唱が登場する。シューベルト、シューマン、ブラームスは「歌曲（Lieder）」ないし「合唱」という形で、詩と歌を結合させながら声楽の沃野を（教会とは離れたところで）切り拓いて行く。こうした声楽曲は通常、ピアノが「伴奏」というよりも、声とピアノの二重奏のように、そして両者が対話するように演奏される。モーツァルトのコンサート・アリアや、リストらによるシューベルト作品の編曲などを別にすれば、オーケストラとの協演という形で書かれた歌曲作品は多くない。ソナタとしての交響曲が、歌とオーケストラの協演という形に定着するのはマーラーの交響曲であったと見てよい。言い換えれば、一九世紀の歌曲は一つの独立した分野としての地位を確立する一方、「ソナタ」としての交響曲を演奏するオーケストラは器楽合奏の主役として演奏世界の中心に位置付けられるようになる。

「通奏低音」の役割とその後退

第二に注目すべき点は、宮廷や教会で演奏される歌唱や器楽合奏における「通奏低音（basso continuo）」の果たした役割とその後退である。「通奏低音」は、字義としては、ひとつの楽曲を

「通して奏する低音楽器」ということになるが、どの楽器を使用するのかという指定はほとんどの場合なされなかった。低い音域の楽器であることは確かだが、鍵盤楽器であればチェンバロ、オルガン、和声を奏でることのできるハープやリュート、そして弦楽器のチェロ、コントラバス、管楽器のファゴットなどが加わることがあった。

この「通奏低音」が楽曲の構造と演奏上で重要な役割を占めるのは、一七世紀から一八世紀半ばまでのバロック期であった。バロック時代、合奏が大掛かりになるにつれて、「通奏低音」を担当する演奏者が、和声の知識や即興演奏の技量を発揮するようになってゆくのには理由があった。

バロック時代の楽譜を見ると、バス・パートは低音の音符が一つだけ記され、（通常）その下に数字が一つから三つぐらい（時に臨時記号と共に）列記されている。通奏低音は、数字付き低音（figured bass）とも呼ばれ、これらの数字がその低音に対する和音を指定している。音符に付された数字・記号の意味を読み取るには一定の熟練が求められる。低音から何度上に音があるか指定されてはいるが、それをどのオクターブで演奏するのかの自由が与えられている。もちろん和声的に適切でなければならないが、多声音楽であれば、どの音を選ぶか、いかなる装飾音符を施すのかの「自由の余白」があるのだ。したがって「通奏低音」担当の楽器は和声と対位法に関する力量のある者が受け持った。

このような演奏時の慣行は、バロック音楽の場合、「通奏低音」を担当する楽器（例えばチェンバロ）の奏者が、古典派時代以降の音楽演奏における「指揮者」的な役割を一部担うことを意味した。実際、ハイドンは、『交響曲第九八番（変ロ長調）』の終楽章のコーダにチェンバロのパートを加え、彼がチェンバロに座って指揮をして聴衆を喜ばせたという。現代でも、バロック音楽やバッハ作品を中心に演奏活動をして、多くの録音を残したカール・リヒター（一九二六〜一九八一）、グスタフ・レオンハルト（一九二八〜二〇一二）といった指揮者が、優れたオルガニスト、チェンバリストであったことはバロック時代の演奏形態の名残りとも言える。

先に書いたように、弦楽四重奏曲は、「オーケストラのソナタ」としての交響曲の、ある種「パイロット・スタディー」ともなった。ハイドンは弦楽四重奏を、二本のヴァイオリン、ヴィオラ、チェロという形に定着させた作曲家だ。ハイドンの作品履歴が示すように、弦楽四重奏曲における彼の実験の精神が、交響曲を生み出す道をほぼ同時に整備していたと考えることができる。

ハイドン以前にも、二本のソロ楽器をチェロなどの低音楽器や鍵盤楽器と共に演奏するという形態（バロック・トリオ・ソナタ）はあった。しかし一八世紀に入ってから三番目のソリストが加わり、鍵盤楽器（チェンバロ）を削除し、チェロがベース・ラインを支えるという形の演奏が多くなった。この変化の持つ意味は大きい。

一八世紀の初頭に、アレッサンドロ・スカルラッティ（先に言及したドメニコ・スカルラッティの父）は"Sonata a Quattro per due Violini, Violetta, e Violoncello senza Cembalo"（二本のヴァイオリン、ヴィオラ、チェロの四重奏のソナタ）と題して六曲の作品セットを書いている。重要なのは、通奏低音楽器としての「チェンバロ無しの（senza Cembalo）」と断っている点だ。ここに、四本の弦楽器が通奏低音を担当してきたチェンバロのコントロールから独立した「ソナタ」が生まれたと見ることができる。弦楽四重奏曲の萌芽的な姿である。その最初の形を実験的に示したのはA・スカルラッティであり、試行錯誤を重ねてそれをさらに進化させ、深めたのがハイドンであった（*The Cambridge Companion to the String Quartet* のD・W・ジョーンズの論考）。

演奏者の自律性と対等な立場

「四本の弦楽器によるソナタの合奏が、鍵盤楽器からの独立でもあった」ということは、四つの弦楽器がほとんど対等にひとつのソナタを演奏することを意味する。楽器だけでなく、同時に演奏者の間の「対等な関係」を示す局面が生まれたのである。

もちろん合奏において各楽器が完全に平等であることはまれである。有機的な構造を持つ音楽においては、部分は部分としての役割を担当し、それぞれが全体へ奉仕し貢献するわけであるから、「完全な平等」ということはその有機性を壊すことになる。大事なのは、人体の各部位がそれぞれの構造と機能を持ち、ひとつの統一体としての人間の活動を可能にしているのと似たような関係である。

バロック期の合奏では通奏低音の楽器として用いられていたチェロは、ハイドンやモーツァルトの弦楽四重奏曲においても、それほど活躍しているという印象はない。モーツァルトの弦楽四重奏曲でチェロが目立つのは、「プロシア王セット」（Ｋ５７５、Ｋ５８９、Ｋ５９０）と呼ばれる三曲であろう。このモーツァルト最後の弦楽四重奏曲のセットは、プロシア王フリードリヒ・ヴィルヘルム二世からの依頼で作曲されたと言われる（明らかな証拠はないが）。特にK590の第一楽章のチェロの美しさ！　チェロが「動き回る」のは、チェロを嗜んだプロシア王へのモーツァルトのサービスではなかったかという説もある。いずれにしろチェロがヴァイオリンやヴィオラと対等な会話をしているのだ。

もっとも、モーツァルトで、チェロが存在感を示すのはこの「プロシア王セット」に限らない。最晩年の『クラリネット協奏曲（イ長調）』（K622）は、基本的にはクラリネットの独壇場と言えるが、要所要所でチェロ（とコントラバス）が低音で全体を調和的に支えているのが聴き取れる。音楽評論家の吉田秀和氏はこのモーツァルト最後の協奏曲を、「何らの企みも全くもたない音楽、およそ一切の目的意識から解放された音楽」と表現し、「心はたしかに踊っている。しかしそれは、よろこびのためではない」というシェイクスピアの台詞を引用して、この曲の不思議な調和の静謐さを表現している（『私の時間』）。

クラリネットの音色の奥深さだけでなく、チェロの楽器としての表情の豊かさを晩年のモーツァルトは実感したのだろうか。チェロが通奏低音楽器としてのポジションから解き放たれて、弦楽四重奏の中で自律的な役割を果たすようになったのは、「プロシア王セット」を聴けば明らかだ。

「通奏低音」のコントロールから離れ、四本の弦楽器がそれぞれ自律性を保ちつつ、対等な立場から「合わせる」という仕事を、最もシンプルに示したのが、「弦楽四重奏曲」というジャンルなのだ。弦楽四重奏が、「器楽の弁証法的な形態（the dialectical form of instrumental music）」と呼ばれるのも、演奏者の間の対話（dialogue）という性格に注目するからである（*The Cambridge Companion to the String Quartet* のR・ストーウェルの論考）。対話をしようとしない、自己主張の強すぎる演奏者が弦楽四重奏の中に入ると、全体の調和が失われる。そのことは、来るべきデモクラシーの時代への重要な示唆を含んでいると考えられる。器楽合奏の構造の変化は、デモクラシーにおける自由と秩序の関係を考える上で重要なヒントを与えているのだ。

自律的な演奏家が「全体に合わせる」

オーケストラ演奏の全体のテンポを選ぶのは指揮者だ。リズム、フレージング（楽句の区切り方）、音色、ダイナミックスや旋律にどのような表情を付けていくのかも、誰かが決めなければならない。この仕事に責任をもって当たるのも指揮者である。交響曲という「オーケストラのソナタ」を演奏する場合、指揮者はそれぞれの楽団員が全体に「合わせる」ように仕向け、そのような気持ちを引き出す必要が生まれる。楽団員が、進んで全体のために「合わせる」という気持ちを持つことは、よき演奏にとって不可欠なことは言うまでもない。

独奏楽器の優れた演奏者ばかりを集めても、よい演奏が生まれるわけではない。素晴らしいアンサンブルの演奏家集団（例えば弦楽四重奏団）のメンバーが、ソロ活動で活躍するというケースはあまりない。かつて、コルトー（ピアノ）、チボー（ヴァイオリン）、カザルス（チェロ）のピアノ・トリオが高い評価を受けた時代があった。ケンプ、シェリング、フルニエのトリオも印象深い。しかしこうしたケースはまれと言ってもいい。ソロの演奏者としての経験を積んだ「名人」

が集まっても、優れた室内楽の演奏が生まれるわけではないのだ。

「東京クヮルテット」は一九六九年秋に結成された。メンバーが四、五度交替したと記憶する。どの時期のメンバーの演奏も素晴らしかったが、第三期（ピーター・ウンジャン、池田菊衛、磯村和英、原田禎夫）のメンバーが演奏したドヴォルザーク『弦楽四重奏曲第一二番（ヘ長調）』（Op96）は、「もうこれ以上望むものはない」と思いたくなるような演奏だ。それぞれのプレーヤーは、みなソリストとしての演奏を聴きたいような名手である。しかし、各々の奏者の間の「やり取り」の微妙さ、巧みさ、そして自然な対話の流れは、この弦楽四重奏団が一体感を保ちながら、それでいて各々の演奏者が自己を品よく主張するという自律性に満ちた姿勢を示しているように感じる。性格や考えの少し異なった者たちが、さらなる高みと調和を求めて「共存」しようとする精神の結晶の如き演奏であった。

音色と音域が異なった楽器が、自分の職分を守りつつ全体としてひとつの芸術美を生み出す。これこそ、リベラル・デモクラシーが理想とするような、秩序と美の形成を可能にする「個と全体」の理想的な関係ではなかろうか。

3　指揮者に必要な能力は何か

指揮者は専制君主か調整役か

これまで述べてきたところを、政治体制としてのデモクラシーとの類比で考えるとどうなるであろうか。共同体とそのリーダーという図式で捉えると、合奏あるいはオーケストラの演奏は、集団とリーダーシップの枠組みで考えることができる。誰かが演奏を全体として方向付け、各プレーヤーはその方向（理想）に共鳴しつつ、その理想に自分の音楽を「合わせる」という姿である。

一口にリーダーと言っても、さまざまなタイプがあろう。エジプトで奴隷となったイスラエルの民を救い出した旧約聖書のモーゼのような、神に突き動かされる強いリーダーを必ずしも想定する必要はない。軍隊という厳しい目的を持った組織の指揮官だけがリーダーというわけでもない。組織の目的や性格はいろいろあるから、「俺について来い」と叫ぶことだけがリーダーシップではないのだ。いつの間にか心酔し付き従うというケースもあろう。そのためにはリーダーが、皆の憧れるような何か（理念や理想？）を体現していなければならない。

リーダーの出現の問題を、まず器楽合奏の「楽団」のケースで見てみよう。そのために、フランス国王のルイ一四世（太陽王、在位一六四三〜一七一五）の治世に宮廷楽長として活躍したフィレンツェ出身の作曲家、ジャン゠バティスト・リュリ（一六三二〜一六八七）の活動が参考になる。

リュリは、作曲はもちろん、宮廷楽団長・音楽監督として太陽王に仕え、フランス・オペラを独自の分野として開拓した奇才である。自ら舞台に立つバレエ好きのルイ一四世のために、リュリはバレエ音楽を作曲し、台本作家のP・キノー（一六三五〜一六八八）やモリエール（一六二二〜一六七三）とのコラボレーションで多くのコメディ・バレエ（Comédie-ballet）を創作し上演した

（そのひとつ「町人貴族」の音楽〔LWV43、一六七〇〕はG・レオンハルトが古楽器の楽団「ラ・プティット・バンド」を指揮したCDで聴くことができる）。

音楽、バレエ、演劇という舞台芸術を総合化するために、リュリは、弦楽合奏に声楽と合唱を合わせて効果を上げ、さらに木管楽器を加えて管弦楽団として、音の色彩を豊かにした。それに留まらず、楽団における「指揮者」の役割を明確に示した点でも、音楽史上、重要な貢献をした人物とされる。

一八世紀初めのヨーロッパのほとんどの国ではイタリア・オペラが受容されていた。フランスはそのなかではほとんど唯一の例外国であった。フランスが一六世紀から豪華で色彩豊かなバレエの宮廷文化（もとはと言えばバレエもイタリア産なのだが）の伝統を持っていたこと、加えてP・コルネイユ（一六〇六〜一六八四）、J・ラシーヌ（一六三九〜一六九九）などの優れたフランス古典悲劇の作家を生み出していたため、イタリア・オペラをそのまま受け入れる土壌がなかったと音楽史家は指摘する（D. J. Grout）。リュリはこうした伝統を打ち破るべく、バレエと演劇を融合させながら、フランス・オペラの原型となるような音楽作品を創り出したのである。

ルイ一四世は宗教戦争が一応の終焉を見た頃に、二つの野望を抱いて玉座に就いた。ひとつは絶対的な王権を打ち立てること、いまひとつはダンサーとしての芸術的才能を権力の礎の一角とすることであった。リュリは、ルイ一四世の寵臣となり、王の野望を実現すべく王に取り入り、「フランス音楽の独裁者」と言われるような力を宮中で発揮する。彼のいささか奇矯な人物像、「太陽王」の姿、枢機卿マザランやモリエールとの関係は、映画『王は踊る』（ジェラール・コルビオ監督、二〇〇一）に巧みに描かれている。

バレエだけでなく、劇のセリフも融合させたリュリの音楽作品を模倣する者が少なからず現れたことは、彼の芸術の影響力の大きさを示している。こうしたフランス・オペラの独自の発展は、フランス語の持つ音韻上の特質、発声法と抑揚の特徴に関係していると指摘される。イタリア語の母音の簡明さ、音節（syllable）の分割可能性を考えると、イタリアでオペラ音楽が花を咲かせたことが納得できよう。リュリはフランス語の特性に適したオペラ、抒情悲劇（tragédie lyrique）、音楽悲劇（tragédie en musique）と呼ばれるジャンルを開拓した。

注目すべきは、リュリが楽団の「指揮者」という役を務めた最初の音楽家だと言われる点だ。彼はどのように楽団を指揮していたのか。それは彼の「死因」から推測できる。リュリは自作の「日曜・祝日の朝課の最後に歌われる聖歌（Te Deum）」をリハーサル中（演奏中という説もある）に、夢中になりすぎて金属の杖で自分の足をドンと突いて大けがをするのだ。指揮は重い杖で床をたたくという方法だった。その時の傷が化膿し、壊疽で数か月後に亡くなったという。

オーケストラと指揮者という関係の成立

このエピソードからも、彼が自分の率いる楽団をどのように「指揮」していたかが想像できる。リュリはヴァイオリンを弾いたが、鍵盤楽器で通奏低音を担当することはなかった。先に述べたように、チェンバロやオルガンを受け持つ者が、「指揮者」のように様々なサインを他のプレーヤーに送るということはバロック期にあったはずだが、チェンバロやオルガン以外のプレーヤーが、「指揮者」として演奏全体を統括するというのは一八世紀半ばごろまでは珍しかったようだ。

教会で神への賛歌を捧げてきた声楽が、オペラとして劇場へとウエイトを移し、教会の外の演奏会場では楽器に主役の座を譲る。そして通奏低音を担当していた鍵盤楽器も合奏の舞台の前面から後退してゆく。弦楽器と管楽器による器楽合奏（オーケストラ）が演奏の主流になると、首席ヴァイオリン奏者が弓で、あるいはリュート奏者が楽器のネックを動かすなどして、テンポ、リズム、音量、表情などについてサインを送るというスタイルが見られるようになった。

通奏低音楽器が主役の座を降りて合奏集団としての「オーケストラ」が大きくなっていくと、全体を統括する指揮者がどうしても必要になる。そして演奏がより高度の技術を必要とし、音楽が複雑度を高めるにつれて、指揮者なしには専門化した演奏家集団であるオーケストラの演奏に秩序とハーモニーをもたらすことが難しくなる。それは社会が大きくなれば統治（government）が問題となり、国家が大きくなればなるほど、統治のルールが明確化される必要が生じるのと同じことである。演奏者の集団も大きくなれば全体を統御する主体が必要になり、その適切な（過多でも過少でもない）コントロールによってメンバーたちから自発的な調和の精神を引き出す仕事が不可欠になる。いかにこの自由と秩序を両立させるかが指揮者に問われるようになるのだ。

その点では、オーケストラによる演奏は、一つのコミュニティーがいかなる自律性と調和を生み出すのかという問題と類比的に見ることができる。学生時代、ＬＰレコードを聴きながら、オイストラフ、リヒテル、ロストロポーヴィチなど、当時のソ連には傑出したソロ奏者はいても、目立って優れたオーケストラの話をあまり聞かないのはなぜだろうと思ったことがあった。それは自律性を保持しながら全体の調和を生み出すという「オーケストラ」のスピリットが、ソビエトの政治体制と合わないからだろうか、などと想像したものだ。

指揮者の仕事は何なのか

多数の人間から成る共同体には必ず「統治」が必要になるように、合奏や合唱も、グループの人数が大きくなると、全体を統括する人物が不可欠になる。そう考えると、指揮者は昔から、多数の人々が演奏する際に必要とされた存在だったはずである。しかし問題は、どの程度専門化した仕事であったのか、そして一体何を期待される職分だったのかということだ。

「国家」という、共同体のもっとも発達した形は、歴史の特定の段階にあらわれた。例えば土地の私有制度が生まれ、複雑な生産過程が職業を分化させ、職業間にある種の依存関係が発生し、対立関係が激しくなると恒常的な保護的権力が求められるようになる。そのために複雑な法秩序が形成される段階になって、国家統治があらわれる。ここで注目したいのは、「複雑な生産過程が職業を分化させ、相互依存の関係を生む」という現象である。

たとえばデモクラシーの下では、統治をする主体としての国民、その国民の代表としての議員、政策の決定に責任をもつ政治家と、それを実施する行政機構が発達してくる。そのおのおのの機関には主従と依存の関係が存在する。音楽演奏においても、作品の規模が大きくなり、演奏の技術が高度化してくると、演奏という「生産過程」は次第に複雑になり、主従関係や依存関係が生じ、秩序ある統治が求められるようになるのだ。

「音楽」が何かを表現する芸術だとすれば、音程やテンポはもちろん、ダイナミックス（強弱）、音色、声や楽器の間の音量バランスなどに関する解釈が生まれ、それによって聴く者の心が動く。一九世紀に入るまでは、指揮の専門家ではなく、作曲家が担当する楽器を弾きながら指揮をする、あるいは「通奏低音」の担当者が指揮者的な役割を担っていた。しかし「主張やメッセージを含む大曲」が作られ出すと、その解釈を一手に担う指揮者という専門職が解釈者として誕生する。

一九世紀のロマン派の時代には、C・M・v・ウェーバー、メンデルスゾーン、ベルリオーズ、ワーグナー、リストなど、作曲家が指揮をすることは珍しくなかった。しかし一九世紀も後半に入ると、作曲家と指揮者の仕事は分離し始める。その分化を示す代表的人物が、リストとワーグナーを師と仰いだ優れたピアニスト、ハンス・フォン・ビューロー（一八三〇〜一八九四）である（ちなみにビューローの妻はリストの娘、コジマであったが、のちにワーグナーと結ばれる。*Letters of Hans von Bülow*, 1972）。

ビューローの指揮は単に拍子を数えるというものではなく、（恐らくワーグナーの影響であろう）曲を解釈し、表現を重視する、というダイナミックなものであった。そのビューローの指揮を観て、すでにピアニストとしてデビューを飾っていたブルーノ・ワルターは、指揮者への転職（職種転換）を決意している。それほど熱のこもった指揮であったようだ。ビューローが何を指揮したのかは、「古典音楽のプログラム」であったこと以外は残念ながらわからないが、ワルターの決心はあたかも天からの啓示を受けたかのようであった。そのことを彼自身、次のように述べている。

「大ピアニストとしての未来を思い描いた私の夢は、ハンス・フォン・ビューローを聞いたその日から、すっかり色あせてしまった。私はフィルハーモニー・ホールの舞台後方にしつらえられた席に坐り、ティンパニのうしろの高い所から、彼が古典音楽のプログラムによってフィルハーモニー管弦楽団を指揮するのを、聞きかつ見たのであった。（中略）この日の私は、ビューローの顔に精神の充実と意志の緊張を見た。その動作には圧倒的な力を、そしてそのオーケストラ演奏には、入念と献身、表現のエネルギーと厳密さを感じとった。同時にまた、演奏しているのはこのひとりの男なのだ、彼はピアニストがピアノで演奏するように、百人の奏者をひとつの楽器に仕立て、その楽器で演奏しているのだ、ということをはっきりと悟った。——この演奏会の夕べが、私の将来を決定したのである。いまや私は自分の定めを知った。私にとっては、もう指揮以外のどんな音楽活動も問題にならなかった。交響的な音楽以外のなにものも、私を真に幸福にすることはできなかった。（中略）さいはきょう投げられた、きょう私は自分の人生の目的をはっきり知った——私は指揮者になろうと決心したのだ、と」（『主題と変奏　ブルーノ・ワルター回想録』内垣啓一・渡辺健訳）

伝統と合理性を体現するカリスマか

このワルターの堅い決意の言葉には、リーダーとしての指揮者の理想的な姿が要約的に描かれており、「支配（Herrschaft）」を内的に正当化する根拠を論じたマックス・ウェーバーの言説を想起させる。政治学や社会学で解説されるように、ウェーバーは支配の内的な正当化の根拠と外的手段とを次の三つの純粋型に分けて論じた（『経済と社会』第一部第三〜四章「支配の諸類型」世良晃志郎訳)。

ひとつは、「永遠の過去」が持っている権威で、古い型の家父長や家産領主のおこなった「伝統的支配」がこれに当たる。西欧のクラシック音楽自体が過去の伝統の「上書き」として生き続けた面があるから、選ばれてその作品を指揮する者には伝統的支配の要件は基本的に備わっているると言えよう。

もうひとつは、ある個人に備わった非日常的な天与の資質(カリスマ―神の恩寵)が持っている権威で、その個人の啓示や英雄的行為その他の指導的資質に対する、まったく人格的な帰依と信頼に基づく支配である。ウェーバーは、偉大な政党指導者やデマゴーグの支配を念頭に置いている。指揮台に立った指揮者が放つある種の「オーラ」に惹きつけられて、プレーヤーたちは手や体の動き、タクトの動きに「魔法にかかったように」つられて演奏してしまうということもあろう。筆者は、二〇一九年一〇月一〇日、NHKホールで上演されたトン・コープマン指揮のモーツァルト『レクイエム』(K626)がその後テレビ放映されたのを観る機会があった。NHK交響楽団のプレーヤーはもちろん、ソリストも合唱団も、みな「魔法にかかったような」熱演であった。この作品の神々しい迫力を最高レベルにまで引き出し得たのは、指揮者の「カリスマ性」ゆえだと感じた。

三つ目の「合理的支配」は、制定法規の妥当性に対する信念と、合理的につくられた規則に依拠した客観的な「権限」とに基づいた支配を指す。西欧音楽という数理的な形式と理論を背景に持つ芸術の形の基本を守る、楽譜に忠実に、そして作曲家が指定する楽器によって演奏されることなどの基本事項はそのまま守られねばならないという信念が生まれる。もし指揮者の恣意性の幅が大きくなり出すと、彼はこの「合理的支配」の正当性を失うのだ。

こうしたウェーバーの「支配の諸類型」の論を、指揮者とオーケストラとの関係にそのまま置き換えることで指揮者の仕事が説明できるわけではない。ウェーバーの論じる「支配（Herrschaft）」（英語に訳すと dominion か rule）は、服従することに対する利害関係が存在することが要件となる。その利害関係には信頼しうる基礎が必要になる。さらに信頼のベースはつまるところ正当性であるから、循環論法となり、こうした置き換えが「支配」の本質を完全に解き明かしたことにはならない。ただ、指揮者に求められる要件を、「要素」別に理解する手助けにはなろう。

この正当性が崩れる時もある。指揮者がオーケストラ楽団員やソリストと、曲の解釈をめぐってトラブルを起こすような場合だ。そのほとんどは、これらの支配の正当性の根拠を失ってしまうことから起こるようだ。

もちろん対立はありうる。例えばグレン・グールドとバーンスタインは一九六二年四月六日のカーネギー・ホールでのブラームス『ピアノ協奏曲第一番』（Op15）の演奏の際、テンポや強弱をめぐる解釈の違いでトラブルを起こした。しかしバーンスタインは実に説得力のあるやり方で、「大人の歩み寄り」を示している。演奏が始まる前に、バーンスタインが聴衆の前で行った、「コンチェルトでは、指揮者とソリストのどちらがボスなのか」、「グールドの正統ならざる解釈を自分はなぜ受け入れて指揮をするのか」を語る「前口上」は、いまもYouTubeで聴くことができる。これは言葉豊かな素晴らしいスピーチだ。

教育する力を持ったリーダー

A・トスカニーニ（一八六七～一九五七）が専制君主的な指揮者だと言われたのに対して、ワルターは、自分は「教育的指揮者」だと『回想録』の中で述べている。その「教育的指揮者」という表現は、指揮という仕事の中核部分をついているように思う。「ワルターは道徳家だ」とクレンペラーが皮肉混じりに述べたように、ワルターは奏者を怒らせたり、不快感を与えるような言葉を発することは決してなかったと言われる。他方クレンペラーは、自分の望む音を意のままに引き出せなかったとき、瞬間湯沸かし器のように怒りを爆発させた。クレンペラーの短気さを示す逸話は少なくない。その点で、ワルターは（もちろん熱することはあるのだが）余計なものを取り去った純正さ、中庸から外れない均整感を重視する芸術家であった。それは『回想録』からもうかがえる。ワルターの「相手の立場に身を置くことができる」という意味での教養の深さが随所に示されているのだ。

ワルターの言う「教育的指揮者」という言葉は、P・ベッカーが『オーケストラの音楽史』で「教育的能力を持った第一人者」と性格付けた指揮者のイメージと重なる。ベッカーの所論を要約すると次のようになる。

合唱団もオーケストラも共通の目的を達成するために集まった個人の集団であるという点では

同じだ。しかしそこには大きな違いがある。合唱団のメンバーが発する音（つまり人間の声）にはそれぞれ違いはあるもののその差は小さい。しかし器楽アンサンブルにおいて各々の楽器の奏者の出す音は、異質であり、人声にくらべるとその違いの幅は実に大きい。そのため、ベッカーは「多彩な個性を持つ集団をひとつにくくり、各個人をオルガンのストップ（音栓）やチェンバロのキーボードのキーのような存在、つまり歯車のひとつに変えてしまわなければならない」と言う。ワルターの言葉を借りれば「ピアニストがピアノで演奏するように、百人の奏者をひとつの楽器に仕立て、その楽器で演奏」する、オーケストラという「個を超越した新たな楽器を創造するためには、構成員ひとりひとりの個性を犠牲にする必要」が生ずるのだ。

この重要な作業を行うためには、「教育的能力を持った第一人者」が必要である、とベッカーは言う。そして最初にこの点に気づき、その解決策を提示したのが、先に挙げたルイ一四世の宮廷指揮者で、パリ王立オペラの監督ジャン＝バティスト・リュリであったと指摘する。リュリはこうした視点から、絶対的な権力を手にして、王室オーケストラを教育し、訓練したのだ。

自由と秩序をどう両立させるか――朝比奈隆の感慨

大阪フィルハーモニー交響楽団を長年にわたって指揮した朝比奈隆にわたしは長く敬意と親近感を抱いてきた。友人のM君から京都大学交響楽団（京大オケ）のＯＢであった朝比奈についての逸話を聞く機会がたびたびあったことにもよるが、その指揮ぶりから「自分の好みを静かに語る」熱意になんとなく好感を持つようになった。教養と品の良さ、適度なスター性のある人間的魅力が生み出す彼の音楽は温かい。日本だけでなくドイツや米国の著名なオーケストラを指揮してきた経験から、朝比奈が、晩年語ったオーケストラについての感想は滋味に満ちており、結局、豊かな音楽世界を切り拓くのは、人格とセンスと努力、そして音楽への愛情以外の何物でもないという当たり前のことを教えられる。朝比奈は指揮台でやたらと動かない。アルトゥル・ニキシュやピエール・モントゥーはもっと動かなかったそうだ。筆者が幾度となく指揮ぶりを見たカール・ベームもほとんど動かなかった。その方がプレーヤーたちは指揮者に注意を向けるという。

朝比奈は言う。一〇〇人近い人間の仕事だから、心の通い合いがなければならない。棒を見てその通り演奏しているだけでは大して面白いものが出来ない。大きなきれいな音を出せるかという点が重要で、そのためにはいい呼吸をすること。そうすれば次に非常に柔らかい音が出る。暗い影の部分があると、そこも美しく聴こえる。その例示としてマーラー『交響曲第三番』の終楽章を挙げている。

体力と技術も関係してくるので、オーケストラの能力が急に上昇するということはない。その能力を引き出して、プレーヤーたちが伸び伸びと自分の思う通りに演奏できるようにするのが指揮者の役目だと語る。その「伸び伸びと自分の思う通りに」ということを、朝比奈は若い頃練習した乗馬に喩える。オーケストラは生き物だから、無理に手綱を引かない。また乗馬では「拍車」の使い方が一つのポイントになる。「拍車」とは、馬に乗る時に靴のかかとに着ける金具だが、ひとつの端に歯車があり、それで馬の腹部を刺激しながら馬をコントロールする。朝比奈は、非常の時以外は「拍車」を使うなと戒める。使うにしても合図だけであるべきで、たまに馬の腹を傷つけるような奴がいるが、あれはいかん、と言う。いい姿勢でバランスよく乗っていれば馬も乗せ心地がいいはずだと考えるのだ（『朝比奈隆　わが回想』）。

朝比奈の文章を読んでいると、彼のよく指揮したブルックナーを聴いてみたくなる。筆者は「長い」という理由からブルックナーを敬遠してきたが、気持ちを改めてブルックナーの『九番』を聴いてみた。死の病に侵されたブルックナーの未完に終わった遺作の第一楽章の表情指定は、Feierlich（厳かに）misterioso（神秘的に）とある。厚い和音の進行、長いメロディー、金管楽器の華やかな響き、それらが一体となって、マーラーとはまた別の形で、ブルックナーの熱い宗教的感情が音楽に導かれ、音楽を超え、そして音楽に別れを告げているように聴こえる。大きくなりすぎてしまった交響曲が、オーケストラのソナタとしての交響曲に、最後の挨拶を歌っているようにも感じてしまうのだ。

第五章　技術進歩がもたらす平等化

1　技術進歩は音楽の何を変えたのか

技術革新の影響

技術革新が個人の精神や社会風土に与える影響は途方もなく大きい。しかし変化を経験した瞬間の衝撃がいかに強くとも、「人間は慣れる動物だ」と言われるように、その衝撃はいつの間にか日常生活の単調さの中に吸収されて行く。新しい技術環境での生活や社会風土の変化を客観的に観察できるのは一部の人間だけであり、多くの人々は変化に対する意識を持続させることはない。

例えば、土木・建設技術の進歩は多くの高層ビルを生み出した。高層マンションに住めば「向こう三軒両隣」という付き合いは生まれにくい。音楽の世界も同様だ。いまや音楽も、教会や劇場で一緒に演奏したり聴くよりも、最先端の複製・再生技術が生み出すYouTubeや自宅の高級オーディオ・セットで独り楽しむことが多くなった。新技術がフェイス・トゥ・フェイスの接触の機会を奪うという例は、経済生産の現場でも、消費者の日常生活においても多く見られるようになった。技術は人々の紐帯を弱める力を持つ。

新技術が人々の繋がりを弱める傾向と相俟って、デモクラシーにも、人間を社会の中で孤立させ、人々を先祖からも同時代人からも切り離し、バラバラにする力がある。そして連携への意思と公共的な事柄への関心を弱め、自分と家族という私的世界に引きこもらせる。こうした力が、専制と画一主義を生み出す危険性をはらむことを、すでに一八三〇年代の米国社会を観察したフランスの思想家トクヴィルは指摘している。

演奏芸術と技術革新の関係を考えるとき、少なくとも二つの側面を分ける必要がある。ひとつは、楽器の機能面での進歩（特に自動化や電子化）である。確かに楽器が弾きやすく改良され、その表現力が増すと、より多くの人が手に取りやすくなる。演奏者がひとりで伴奏を付けることが可能だとして人気を博した、エレクトーン（電子オルガン）への需要は一時大変な高まりを見せた。しかしこの楽器の日進月歩の機能向上にもかかわらず、人気は一部愛好家の間に留まっているようだ。エレクトーンの経済社会的な衝撃はさほど大きくはなかった。

もうひとつは、音楽演奏を「商品」として提供するための再生技術・複製技術の影響力の強さである。この問題を考えるとき、演奏芸術の市場における供給の側だけでなく、需要の側にも注目しなければならない。優れた複製技術が市場を支配し、聴衆から自律性を奪い、市場に現れる「音楽商品」を無批判に受け入れさせ、彼らの嗜好さえ変えてしまうようなこともある。したがって市場経済とデモクラシーにおいて、複製技術が持つ商品を社会に広く浸透させる力の意味合いは大きい。

楽器の性能の向上

まず、楽器の機能面での進歩、改良について簡単に触れておこう。例えばピアノという楽器の場合を考えてみたい。ピアノは、パドヴァに生まれフィレンツェの工房でチェンバロ（ハープシコード）を製作していたバルトロメオ・クリストフォリ（一六五五〜一七三二）の創意と工夫によって生まれた。チェンバロは音に強弱をつけることができない構造になっている。クリストフォリは、鍵盤をたたくとその力がハンマーに強弱の差を持って伝わり、ハンマーが弦をたたく力の強弱として伝達される構造を追究した。一七〇九年、彼の工房で生み出されたピアノは、gravicembalo（'harpsichord'）col piano e forte と名付けられた。強い音も弱い音も出せるチェンバロ、という意味である。

そのピアノの音域（compass）は、時代とともに広がっていった。クリストフォリの頃は、四オクターブであったが、モーツァルトの時代には五オクターブに広がる。例えばモーツァルトがピアノのために書いた幻想曲（ハ短調、K475／通常、K457のソナタと組み合わせて演奏される）などは、現代のピアノで弾ける最も低いF音まで広がっている。さらにベートーヴェンのピアノ・ソナタになると、『第二九番』（「ハンマークラヴィーア」、OP106）以降は六・五オクターブのピアノが想定される。そしてショパンやリストのピアノ作品が多くの聴衆を魅了して以降、一九世紀も後半に入ると、七オクターブにまでピアノの音域は広がった。ちなみに現代のベーゼンドルファー・インペリアルは全長二九〇㎝、九七鍵盤、実に八オクターブを超えている。

音域が広がると表現の幅も広がる。ペダルの機能も高まった。弱音用のソフト・ペダル、サステイニング（ラウド）・ペダル以外に、（踏んだ時点で押していたキーの音だけ保持できる）ソステヌート・ペダルなど、現代のピアノには基本的に三つのペダルが備わっている。かつてはビブラートをかけるペダルなどもあったという（どのような構造だったのか⁉）。こうした技術改良以外に、アクションの構造・機能自体の改善も、表現の幅や豊かさを増すことに貢献した。

ただ、楽器の技術改良に対する演奏者や聴き手の評価は、必ずしも一致しているわけではない。いわゆる古楽器演奏についての考え方の違いはその一例だ。バッハの鍵盤楽器用の作品の演奏は、彼の時代のチェンバロで弾かれるべきだと考えるのか、それとも、機能の高まった現代のピアノでの演奏の方が、バッハの時代のチェンバロでは表現できなかったことを表現できると考えるのか。これは即答できる問題ではない。W・ランドフスカ（一八七九～一九五九）がチェンバロで弾くバッハの『平均律クラヴィーア曲集』に魅せられるのか、ペダルをほとんど使わないグレン・グールド（一九三二～一九八二）のピアノでの演奏を採るのかは、好みの問題だ。ロザリン・テューレック（一九一三？～二〇〇三）の弾くバッハもいい。ピアノの機能を十分生かした豊かな抒情性と、ときにチェンバロを想いださせるような乾いた響きのバランスが絶妙なのだ。

先に触れたように、楽器の自動化、電子化によって新たな可能性が生まれた。ただ、自動化や電子化を「異なる楽器の誕生」と考えれば、ピアノ音楽そのものに本質的な変化をもたらすものではなかった。例えば、アップライト・ピアノで圧搾空気を用いた「プレーヤー・ピアノ」などの自動演奏楽器も、興味本位の対象として喜ばれたにすぎなかった。「プレーヤー・ピアノ」は米国の企業が一八九七年にパテント（特許）を取り製造を始めている。作品が、穴の開いた紙のロールに記録され、穴の開いた箇所には空気が送り込まれて、その圧がピアノのハンマーをたたくという仕組みだ。このアイディアは、一七世紀、一八世紀のオルガン（たとえばバレル・オルガン）に組み込まれたものと原理的には類似している（A. Baines, *The Oxford Companion to Musical Instruments*）。

実際、ハイドンもモーツァルトもこの機械仕掛けや空圧システムを用いた自動オルガン（mechanical organ）のための作品を書いた。モーツァルトは、最晩年に『自動オルガンのためのアダージョとアレグロまたは幻想曲』（K594）、『自動オルガンのための幻想曲』（K608）、『小さな自動オルガンのためのアンダンテ』（K616）の三曲を残している。K594を作曲しているとき、彼は妻への手紙（一七九〇年一〇月三日付、フランクフルトから）の中で、「これは僕が嫌悪する類の作曲で」、「退屈だ」と言い、自動オルガンの音は「僕の趣味からするとかん高すぎて、子供っぽすぎる」と嘆いている。この三曲のうちの二曲は後に自分でピアノの四手連弾用に書き換えている（クリストフ・エッシェンバッハとユストゥス・フランツの連弾で聴くことができる）。モーツァルトの「自動オルガン」に対する不満は、現代の電子楽器になじめない保守派音楽ファンの気持ちと似ているのではなかろうか。

作曲家は、具体的な楽器、ときにはその楽器の演奏者を念頭において作曲することがあった。しかし、J・S・バッハは、まだ普及していなかったピアノではなくチェンバロで、と指定しているわけではないので、彼の鍵盤楽器用の作品をチェンバロで弾くことにこだわることはないだろう。ちなみにバッハの作品の中には、どの楽器で演奏されるべきかを指定していない曲もある。例えば、『フーガの技法』はチェンバロでもオルガンでも弦楽四重奏でも演奏される。アマチュア演奏家たちによる木管五重奏で聴き、素朴な深みに感動を覚えたものだ。楽器の音色や音量・音質といった形而下の世界を超越した、何か崇高な「必然の世界」の音楽のように感じたのである。

複製技術の問題

既に述べたように、楽器そのものの技術的な改良は、その楽器を親しみやすくしたが、それほど本質的な社会的意味を持つわけではなかった。より根本的なのは、「複製技術」をどう考えるかという問題だ。複製技術自体が生まれるのは、人間の好奇心と利益追求の欲求からであろう。しかし複製の芸術品が社会に広がり愛好されるのには、ひとつの重要な前提条件がある。それは複製品を求める人が常時多く存在し、「市場」を形成しうるということだ。需要がなければ、複製品を製造する職業や産業が存在し続けることはない。大量の需要の存在は、複製芸術にとって決定的に重要な条件となる。映画が産業として、そして映画の製作が職業として成り立つためには、多数の観衆を受け入れられる大きな劇場と、そこにやって来る映画愛好家が「マス（mass）」として存在しなければならない。そうした人々には、複製の芸術を楽しめるだけの所得と知識が必要であろう。市民社会の成立と工業化の進展で豊かになった中間層の誕生である。複製芸術はデモクラシーと市場経済の中で繁栄するのだ。

芸術における複製は昔からさまざまな形で存在した。手工業の時代にも「贋作」はいずこの国にも存在した。しかし多くの人々がその芸術を味わえる形で複製芸術が登場したのは、経済がある程度の成熟に達した大衆消費社会からである。その代表的な例が二〇世紀の初頭から急速に発展した写真と映画である。その写真と映画を念頭に置いて複製芸術の本質を初めて本格的に論じたのはドイツの哲学者ヴァルター・ベンヤミン（一八九二～一九四〇）であった。彼の所論は後段で取り上げることとし、ホンモノとニセモノの違いの意味が比較的分かりやすい「絵画」における複製技術の問題を考えてみたい。

絵画の場合

徳島県鳴門市の大塚国際美術館は、世界の名作絵画の陶板複製画を蒐《あつ》めて展示しためずらしい美術館である。一〇〇〇点近くの名作が原寸大で、高度な特殊技術により陶板に焼き付け複製されている。この美術館の全作品をゆっくり観るには一日では足りない。知人に「一見の価値大いにあり」と勧められてこの美術館を訪れたことがある。

実際に行って観て、驚きと感動を覚えた。ミケランジェロ『最後の審判』、修復される前のダ・ヴィンチ『最後の晩餐』、ボッティチェリ『春』などの大作はもちろん、フェルメールやレンブラント、シャルダンなどの珠玉の名品が色鮮やかに原寸で陶板に焼き付けられ、簡潔な解説とともに整然と展示されている。

最初の訪問から二年ほど経って、複製技術について考えるためにもう一度同美術館を訪れることにした。感動に変わりはなかった。日本で終戦の年に芦屋で焼失したゴッホ『ひまわり』が復元されているのにも驚いた。

大塚国際美術館の作品はすべて複製である。オリジナルを「ホンモノ」とすれば、これら複製画は「ニセモノ」と分類される。ちなみに複製であることと、同じ作家の「同じ」作品が複数存在するということはもちろん別問題である。たとえばゴッホの『医師ガシェの肖像』も、ルノワールの『ムーラン・ド・ラ・ギャレット』(いずれもかつて競売で日本人が競り落としたことのある作品)も、同じ画家の手になるものがそれぞれ二点ある。この事実が芸術的価値を損なうわけではなかろう。写真で複製されたものとなると、数えきれないほど存在する。では、写真集で気軽に(散漫な気持ちで)楽しむことと、美術館でオリジナルを(精神を集中させて)観ることとの本質的な違いをどう考えればよいのか。

東山魁夷の絵も、魁夷自身の監修を得て、リトグラフ、セリグラフなどによって版画として複製されている。その技術があまりにも精巧なので、元の絵との違いは、わたしのような素人にはほとんど判別不能だ。

そもそも版画におけるオリジナルの意味をどう考えればよいのだろうか。ニュルンベルクのアルブレヒト・デューラー・ハウスを訪れた時、版画の精巧さと表現の思想性に心打たれるとともに、そうした傑作を生み出したデューラーの透徹した科学的精神に感心したものだ。写実のために彼が考案したさまざまな道具や器械も展示されていた。その後デューラーの版画をゆっくり観る機会はなかったが、二〇〇三年秋から翌年春にかけて名古屋ボストン美術館がデューラーの版画展を開催したときに『メランコリアI』などの傑作に再会した。リトグラフは同じ作品が複数存在するが、それらの作品には「真贋」の概念は無縁であろう（「正規」の作品かどうかは問題になる）。

大塚国際美術館の陶板画は光による色彩の劣化がほとんどなく、絵画の保存のひとつの可能性を示していると聞く。「ホンモノ」が劣化して修復されたものは、「オリジナル」と言えるのかという問いもありうる。一〇年ほど前のことだが、スペインのある村の教会のキリスト画が傷んできたので修復を依頼したところ、ほとんど別の画になって物議をかもしたことがあった。スペインでは、聖母マリアの肖像でも同様の問題が起こった。第三者の手が加われば「オリジナル」とは言い難いというのも一理あろう。では「自然」が加えた変化はどうなのだろうか。風水害や火災も作品の色や形を変えてしまう。となると陶板画の複製には「修正」問題を回避するアイディアが込められているとも言える。

こうした絵画における真贋やオリジナル問題に比べると、音楽の世界の複製は日常生活の中に大した違和感もなく浸透している。一部の専門家を除き、われわれは生の演奏とレコードやＣＤとの違いを正面から論ずるほどの問題意識を失ってしまったと言ってもいいほどだ。

音楽における録音と再生

しかし音楽の場合も、「オリジナル」、あるいは後に論ずる「ホンモノ（authenticity）」とは何かが問われてもよい。厳密にいえば作曲家が創作したものを、作曲家自身が演奏したものだけが

「オリジナル」なのかもしれない。例えばモーツァルトのピアノ協奏曲をモーツァルト自身がピアノ・パートを弾きながら指揮した（いわゆる「弾き振り」）演奏のように。

レコードが登場してから、作曲家本人が演奏した「オリジナルの複製品」も出回るようになった。ベラ・バルトーク自身がソロで、あるいはディッタ夫人と演奏した『ミクロコスモス』のLPもある。ジョルジェ・エネスク（一八八一〜一九五五）の指揮するエネスク『ルーマニアン・ラプソディー』も、野趣と繊細の美が見事に結合した傑作だ（最近聴いた、木琴奏者の通崎睦美さんと仲間たちの『ルーマニアン・ラプソディー』の演奏も素晴らしかった）。

作曲と演奏という仕事が職業として分離せず、同一人物がこなしていた時代には、このような「オリジナル」概念は意味を持ちえた。しかし演奏が別の人間に委ねられる時代になると、「オリジナル」の意味は曖昧になり、音楽は何かを「表現」するものであるという考えが強まり、演奏家の「解釈」の「オリジナリティ」が問題とされるようになる。写真や映画だけでなく、空中に跡形もなく消え去る音を保存する手段としてレコードが開発されて以来、「複製芸術論」が美学・哲学のひとつの研究テーマとなった。ＣＤやＤＶＤが大量に出回るようになり、「生の演奏」は、演奏芸術という独立の芸術カテゴリーとなるほどに、現代では音楽鑑賞の形態が一変してしまった。音楽作品における「オリジナル」は、演奏の場合、写真で絵画を観るのとは少し異なる意味を持つようになったのだ。

海外ではカトリックのミサがテレビ中継されており、そのテレビを観ていればミサに行ったことになるらしい。教会の中に漂う「焼香」や「霊気」はテレビで伝わるはずはない。現代のアメリカでも、テレビ伝道師（televangelist）による日曜礼拝は多くの信徒を集めている。また、米国のメトロポリタン歌劇場で上演されたオペラが映像収録され、世界の多くの劇場で毎年一〇本ほど「METライブビューイング」として上映されている。宣伝文句には、「臨場感あふれる5・1チャンネルサラウンドの音響と高精細な映像、多彩なカメラワークによるライブ撮影」とある。筆者も映画館で楽しむことがあるが、オペラ作品への理解を深めてくれる点でも有難い。しかしこうしたミサやオペラの上映は実演とは「似て非なる」ものであり、同じではない。

生演奏では、集中力と緊張感を持って臨む演奏者と聴衆が同じ空間にいる。CDやDVD、あるいはオペラの映画の上映は、過ぎ去った緊張感が音と映像の缶詰となって鑑賞者に届けられる。生演奏は、鑑賞者も精神を集中させながら張りつめた空間に投げ込まれるのが魅力のひとつなのだ。後に述べるように、カナダのピアニスト、グレン・グールドは、この緊張感と、聴衆が演奏者を見世物のように見つめる視線に堪えられないとして、一切のコンサート活動から退いた。

複製芸術においてはその緊張感はただ想像されるだけであり、演奏も鑑賞も、確実性が支配する世界での行為であるから「完全性」を作りあげることはできる。劇作家ウィリアム・コングリーブ（一六七〇～一七二九）の「不確実性と期待は人生の悦び。安泰は味気ないもの」という言葉は、オーディオ技術がいかに発達しても、人々が「生」の演奏を求めようとする理由を言い当てているのではないか。

2　グールドが夢想した「平等性のユートピア」

オリジナルの持つアウラ

絵画の世界では不確実性の問題が中心を占めることはない。画を観るものは完成品と対峙するのがほとんどだ。もちろん油絵の何度も重ね塗りされた痕跡を見たり、構図に加えられた変更をX線で読み取ったりすることはできる。しかしそれは美術研究者の関心を誘うことはあっても、われわれ一般の鑑賞者にとっては単なる好奇心をそそる情報に過ぎない。

ではなぜ絵画については「オリジナル」にこだわるのだろうか。おそらく「オリジナル」に付きまとう「有難さ」と、それに付された莫大な経済価値と無関係ではあるまい。ではその経済価値を裏打ちしている「オリジナル」の唯一性の有難さは、どこから来るのであろうか。廉価な複製品ではなく、ひとつしかない高価な「ホンモノ」を見てみたいという好奇心だけからなのか。あるいは、オリジナルが持つ何か霊気を帯びた価値からなのだろうか。

こうした「オリジナル」と複製品の違いについて、最も早い段階で哲学的思考のメスを入れたドイツの哲学者ベンヤミンの分析を、これまで本書で論じてきた「音楽の教会から劇場への移動」という現象と重ねて考えてみたい。それは芸術品における霊性や神々しさが失われる、「世俗化」のプロセスと見ることができる。

「オリジナル」と複製品はどこがどう違うのか。複製品であると知っている場合と知らない場合とでは、鑑賞者の意識と反応は異なるであろう。特にその複製品が大量に製造されたものである場合は、鑑賞者（受け手）が価値を見定める姿勢、すなわち評価の中身は異なってくる。

ベンヤミンは『複製技術時代における芸術作品』（一九三五）で、石器時代の洞窟の壁に模写されたオオシカから現代の映画に至るまでの芸術表現の展開プロセスを、その社会的な機能に注目して、「礼拝価値」と「展示価値」という対概念で把握した。オオシカが一つの魔術の道具であったように、芸術の原初的な形態が魔術、ないし宗教的なものと結びついていた点に注目しているのだ。

宗教そのものが次第に組織化されてくると、魔術的な要素は後退し、典礼（liturgy）としての要素が強まり形式化して行く。典礼としての形式が確定してくると、時と場所の制約から解き放たれて、いつでも、どこでも、その形式を反復することが可能になるのである。

キリスト教（カトリック教会）の「ミサ聖祭」は、元来、イエスとその弟子たちが最後の晩餐において「パンとぶどう酒」を食したことを記念として、使徒たちにその記憶を蘇らせるために儀式化された。イエスの十字架上の死を「忘れないため」「記念するため」に企てられた典礼なのだ。一回限りの出来事であった最後の晩餐において、イエスが、「パンをわたしの体として食べ、ぶどう酒をわたしの血として飲むように」と指示したことによって、「ミサ聖祭」として反復可能な形式が生まれた。単に普通のパンとぶどう酒を最後の晩餐の記念として食するのではなく、「聖餐」のパンとぶどう酒を司祭がキリストの肉と血へと「聖変化」させるという点がミサ聖祭の核心部分なのだ。

オリジナルの歴史的事件としての「最後の晩餐」と、それに続く「イエスの十字架上の死」は、人々を圧倒的な力で捉え、畏敬と崇拝の気持ちをもたらした。しかし典礼としてのミサ聖祭は、その事件を想い起こすためにデザインされたものであるから「オリジナル」の持つリアルさはない。だからこそ「聖変化」を秘跡（神のみわざ）としているのだ。

ベンヤミンが概念化した「礼拝価値」と「展示価値」がそのまま、イエスと弟子たちとの「最後の晩餐」とミサ聖祭と類比的な関係にあるわけではない。ミサ聖祭自体には依然として「礼拝価値」は存在する。しかしミサが「一回性」を失っているという点で、オリジナルのコピーであることは確かだ。このオリジナルが持つパワーを、目に見えない流動物、Aura（現代の日本語でも使われるオーラ）と呼び、「複製物」にはオリジナルと比べるとAuraが少ないとベンヤミンは捉える。技術展開が手工業的複製から工場生産の複製へと進展するにつれ、芸術作品が、初めて創り出されたときに持っていた「オリジナル」としてのAuraはコピーにおいては消え去る。

言い換えれば、芸術作品は複製されることによって、「礼拝価値」から「展示価値」へとその社会的機能をシフトさせる。技術の力によって複製された芸術品は、いまや多くの人間が、いつでも、どこでも、近づくことができる「展示物」と化すのだ。

ベンヤミンは、この過程が、「民主化」のプロセスとほとんど並行して起こってきたことに注目している。そこに彼のマルクス主義者としての面目があると言ってもよい。「礼拝価値」から「展示価値」への移行を、一部の特権階級の独占物であった伝統芸術が、大衆へと門戸を開いていく過程と見ているのだ。彼が複製芸術の例として取り上げている映画は、Auraを消失させることによって多くの鑑賞者を獲得する。それは展示物を観るときに持つ気晴らし（divertissement）の散漫さを伴う。高度の写真技術で撮影・印刷された『世界名画全集』で名画を眺めるときに持つ「気晴らし」の気分である。

こうした気晴らしの気分を誘うための音楽は、西洋音楽の中にも存在した。王宮で音楽を楽しむ王侯貴族は、生の演奏を聴きながら食事を取り、歓談していたこともあったかもしれない。一八世紀半ばに流行し、モーツァルトも多くの作品を残した喜遊曲（ディヴェルティメント Divertimento）K１３６、K１３７、K１３８などはその最たるものであろう。ただ、晩年のモーツァルトが生活の資を得るために作曲し、プフベルク（フリーメイソンの同志）に献呈した大曲、『弦楽三重奏の喜遊曲』（K５６３）はとても気晴らしで聴けるような曲ではない。それは器楽曲として「形式が自由だ」という視点からの分類であろう。

コンサート・ホールの聴衆は、生の演奏をバックグラウンド・ミュージックとしてではなく、一回限りの演奏として、全精神を「集中」させて聴き入る。ＣＤの場合、何かをしながら散漫な気分で聴くことが多いのは、一回限りではなく、いつでも、どこでも、聴くことができる複製品だからだ。

演奏芸術におけるデモクラシー――グールドの問題

演奏が一回限りであること（non-take-twoness）への疑問を呈し、録音技術の登場と進歩により、ライブ・コンサートはその意義を失ったと主張したのはグレン・グールド（一九三二～一九八二）

であった。自分自身を「コンサート・ドロップアウト」と称し、一九六四年三月二八日のシカゴ・リサイタルを最後に、グールドは三一歳にして一切のコンサート演奏から身を引いた。それ以後二〇年近く、結局コンサート会場で演奏することはなかった。

グールドにとって「ホンモノ（authenticity）」とは何を意味したのか。この問いは、録音・再生の電子技術が目覚ましい発達を遂げた二〇世紀末葉には、もはやそれほど重要な意味を持たなくなっていたのだろうか。例えば、ベンヤミンが論じた映画芸術を考えてみると、新技術の時代における「ホンモノ」に関する議論には、微妙な質の変化が認められる。

スタジオで編集された映画のフィルムを考えてみる。それが高度な技術を用いて精緻に編集されているがゆえに、「ホンモノ」性が低下していると言えるだろうか。グールドはしばしばこの点について、スタジオ録音を映画制作のプロセスになぞらえて、「ホンモノ」論に疑義を呈している。二時間の映画が二時間で撮影されたとは誰も思わない。映画は、たくさん撮った大量のフィルムを繋ぎ合わせて編集され最終的に完成するのだ。それとスタジオで何度も演奏されたものを編集した音楽を聴くことと、どこに本質的な違いがあるのだろうか。その編集作業では、演奏者、音響技師、聴き手がそれぞれの立場から問題点を指摘しながら、最終生産物を創り出している。このプロセス自体が一つの「創造行為」だと考えられるのではないか。

グールドはコンサート会場で演奏しなくなった理由として、次のような「発見」を具体的に語っている。ひどい低音指向のスタジオ・ピアノで仕事をした後、「低音を百サイクルあたりでカットし、高音を約五千サイクルまで増幅してみたところ、そのピアノが魔法にかかったようにすっかり様変わりしたことを発見した」というのだ。ここで行われた「加工」をグールドは創造プロセスと見る（G・ペイザント『グレン・グールド　なぜコンサートを開かないか』木村英二訳）。

こうした「発見」に基づいて、グールドはスタジオで技術的にコントロールされ、親密な雰囲気の中の共同作業によって自分の演奏が録音されることを好んだ。コンサート・ホールでの演奏は、演奏者が自分の技術を誇示するようで不快であり、競争的スポーツの闘技場のようなものだとして嫌った。闘技場の聴衆は、いつ演奏者は間違えるのかを今か今かと好奇の眼で待っていると彼は感じていた。もっとも、彼の録音が、スタジオの中の編集と呼ばれる「継ぎはぎ作業」から生み出されたと考えるのは早計だと言われる。あるプロデューサーの証言では、彼の場合はほかの多くの演奏家がスタジオ録音をする時よりも、「継ぎはぎ」の程度は少なかったという（K. Bazzana, *Wondrous Strange: The Life and Art of Glenn Gould*）。グールドは、作曲家の遺した楽譜を再現する演奏家は、単なる解釈に留まらず、原曲（楽譜）を技術の助けによって、自分が望む形に創造し直す権利と自由を平等に持っているると主張するのだ。

「芸術家としての聴き手」の自由

さらにグールドは、レコードの登場によって、音楽を聴くという行為も、コンサート・ホールに縛り付けられる制約から解放されたと見る。コンサート・ホールにおけるただ一回の「本番」ではなく、何度でも、都合のよいときに演奏を耳にすることができるようになったからだ。加えて、レコードによって生の演奏会では聴き取れないような多くの音を聴き分けることも可能になった。コンサートでただ受け身となって音楽を楽しんでいた聴き手は、録音・再生技術の進歩によって、芸術への「参与者」となったのだ。ここに、演奏家は作曲家の意図を忠実に再現し、それを与えられたものとして聴き手は受け入れる、という一方的な従属関係は崩れ、「作曲家・演奏家・聴き手」の三者がそれぞれ自律的に芸術活動を担うという「参与の構造」が生まれるとグールドは考えた。

このような構造は、宮廷はもちろん、コンサート・ホールでの演奏会が持つ一方向の従属関係を取り崩した。例えば「ベートーヴェンが作曲した曲を、スター指揮者カラヤンが指揮するベルリン・フィルのコンサートの高いチケットを買って聴きに行く」という、ある種の芸術における通俗的な位階構造を、録音・再生技術が「覆した」と言えるのではないか。いや少なくとも徹底的に弱めたことになる。つまり、音楽芸術が、複製技術によって安価で広く行き渡るという点で、さらなる平等化が進んだだけでなく、市場の選別から生まれる位階構造そのものを弱める「民主化」が進行したとグールドは見ているのだ。

一時流行した Minus One レコード（伴奏だけが録音されたレコード）や「カラオケ」も、この脈絡で考えると、最も身近な「民主化」現象と見ることができる。誰もがソロの楽器演奏者やソロ歌手となれるからだ。

さらにレコードは、別の仕事をしながら音楽を聴くことを可能にした。つまり音楽は聴き手の生活に薄められた形で浸透し、人々の生活の中の装飾物ともなった。この民主化の傾向を推し進めると、支配と従属の芸術は存在しなくなり、世界がユートピアになるとグールドは考えていたようだ。

ここまで来ると、グールドの複製技術のもたらす平等化論も、論理的ではあるがいささか奇怪さを増す。それは彼が「情緒的な二枚舌（pathetic duplicity）」と呼ぶような「主張事実の複合」を生んでいるからである。論文「創造プロセスにおける偽造と模倣の問題」（一九六三）におけるグールドのホンモノと創造性についての理論は、オランダの天才的贋作画家ハン・ファン・メーヘレン（一八八九〜一九四七）が起こした二〇世紀で最もドラマティックな絵画詐欺事件の例を挙げながら、「芸術のないユートピア」論へと発展する（J・ロバーツ編『グレン・グールド発言集』宮澤淳一訳）。

いつ、誰によって制作されたのかは重要か

ハン・ファン・メーヘレンは、ナチス高官（特にヘルマン・ゲーリング）にフェルメールなどのオランダ絵画を高額で売りつけたとして、戦後、ナチス協力者、文化財略奪者としてオランダで裁判にかけられた。彼の画家としての力量、贋作と見破られないための巧妙な工夫、フェルメールが制作活動をしていなかった時期の確定の考証力は、実に驚くほどのレベルであった。裁判の過程で、彼は自分の無実を主張するために、それらの絵画が自分の筆になる贋作であることを告白せざるをえなくなる。その結果ゲーリングたちが完全に「一杯食わされた」という事実が明らかになるのだ（ほとんどドキュメンタリーとも言える『ナチスの愛したフェルメール』〔二〇一六〕はファン・メーヘレンの伝記映画である）。

グールドは、ファン・メーヘレンこそ自分の私的ヒーローだと言う。彼が起こした事件は、個人が制作者としての責任を担うというそれまでの常識に対して、ある種の危機をもたらしたと捉えるのだ。この危機が、電子メディアによる生産活動と同じ問題を含んでいる点に注目しなければならない。グールドは、「紛うことなきニセモノ」を作るということは、メディアの機能についての具体的、歴史的な意味を根底から問い直すものだと考える。技術がもたらす非歴史性と匿名性の中で、贋作（ファン・メーヘレンの作品）自体に大きな価値が与えられたこの事件を、グールドは「ファン・メーヘレン・シンドローム」と呼んで高く評価したのだ。

われわれが芸術作品を評価する場合に重視しがちな要素として、作品の持つ新奇性がある。形式や内容の目新しさ、独創性と言い換えてもよい。例えば、ベートーヴェンの弦楽四重奏曲『ラズモフスキー』（第一番、Op59-1）の素晴らしさは、それがハイドンやモーツァルト、あるいは初期のベートーヴェンの弦楽四重奏曲が生み出し得なかった音楽芸術の新しい地平を切り開いてくれたからだ。もし同じ曲が、シューマンやブラームスが活躍した時代に発表されていれば、その評価は異なったものになっていたかもしれない。作品の評価はその生み出された時代の制約から全く自由なわけではない。

音楽を聴いて評価する場合、どの時代の作品（歴史的要素）、誰の作品という情報に左右されることがある。ファン・メーヘレンの詐欺事件は、歴史や個人といった要素に引きずられた、芸術の「評価のシステム」が惹き起こした出来事と考えることができる。芸術の評価はもっと自由で自分本位のものでいいというのが、グールドの目指す平等な芸術鑑賞のイメージなのだろう。

しかしこのような見方を徹底すれば、芸術は、ベンヤミンのいう「展示価値」しか持たないものになってしまうのではないか。そこには作品が発するAuraは完全に消え去り、音楽が日常の消費財のように使い捨てられ、音楽そのものに正面から向き合うという姿勢が消え去り、単なる「気晴らし」、あるいは装飾品に過ぎなくなるのではないかという疑問がわく。この点は後に論ずるように、集中力を欠いた聴き手が、音楽に対する自律性を失い、音楽を全体性の下で把握・理解することがなくなるという、テオドール・アドルノ（一九〇三～一九六九）の指摘につながる。

こうした傾向によって、音楽は商業的な取引対象としての性格を強め、（グールドが予測したような）技術によってもたらされるはずの作曲家、演奏家、聴き手の三者の平等性はむしろ弱まる可能性がある。特に、演奏家の世界に入り込んでくる商業メディアによって、気が付くと聴き手は最も受け身の立場に追い込まれてしまうかもしれない。かえって聴き手の自律性が失われる可能性が大きくなってしまうのだ。

複製技術は音楽を楽しむ人々の数と機会を増やした。技術は芸術世界にも民主化をもたらした。しかし同時に、逆説的なことだが、その民主化が極めて強い「隷属の精神」を生み出すかもしれない。それは政治の世界において無制約な平等化の進展が、強力な独裁権力と、その権力に追随する隷属の精神を生み出す現象と軌を一にしていることは言うまでもない。

3　自律した聴き手としての中間層——グールドとアドルノの見方

所得の上昇が需要増加を生み、新技術が需要を開拓した

一八世紀のヨーロッパの演奏芸術を社会経済的に支えていたのは教会と宮廷であった。宮廷はいかに上質の歌手や器楽奏者を獲得するかに熱心であった。しかしモーツァルトがザルツブルクの大司教と袂を分かち、ウィーンでフリーランスの作曲家・演奏家としての生活を始めたように、フランス革命期前後から教会・宮廷の芸術家庇護者としての立場は後退し、音楽家たちはより自由で内発的な創造活動に従事する時代になった。そのような状況で生まれた作品への需要を支えたのは、所得の上昇を享受し始めた中産階級である。

フリーランスの音楽家が登場するまでの宮廷は、音楽家にとって最も重要な雇用機会の提供者であった。しかしその宮廷での音楽活動は、芸術家の自由な創造への衝動を十分に満たしてくれるものではなかった。例えば、J・S・バッハは、一七一七年にワイマール大公との雇用契約を違えた廉《かど》で、四週間ほど投獄されている（*The New Bach Reader: A Life of Johann Sebastian Bach in Letters and Documents*, 1998）。モーツァルトも一七八一年に許可なくコロレード大司教の元を離れていたため、一七八三年に父に会いにザルツブルクに戻ることについて、投獄される恐れありと、二の足を踏んでいる（ウィーンからザルツブルクの父への手紙、一七八三年七月一二日付）。それほどに、教会や宮廷で雇用されていた音楽家の創作活動は不自由なものであった。

そこに生まれたのが、中産階級の経済的勃興による音楽芸術への需要の増大である。工業化の進展で、製造業者、銀行業者をはじめとする中産階級は、数においても富と所得においても社会階層として膨張を遂げ、私邸や公共のコンサート・ホールでの演奏会が、教会や宮廷での音楽演奏に取って代わるほどの活況を呈するようになる。この間の状況、特に一八三〇年から一八四八年のロンドン、パリ、ウィーンなどの大都市の演奏会の実情、演奏会に通う人々の数、その社会層、彼らの求めた音楽の種類などの社会史的な構造については、ウィリアム・ウェーバー『音楽と中産階級 演奏会の社会史』（城戸朋子訳、法政大学出版局）によって数量的に把握されている。「雇われ音楽家」から市場で活動する「フリーランスの音楽家」へのシフトがもっとも顕著であったのはオペラ部門であった。

こうした音楽市場の歴史的変化を示す研究はいくつかあるが、ここでは音楽家の社会的特性の変化に目を向けてみたい。米国の産業組織論の研究者F・M・シェーラーは、一六五〇年から一八四九年の間に生まれた六四六人の作曲家について興味深い研究を発表している。これら作曲家を選び出す際の基準は、*Schwann Opus*（Fall, 1996）にリストアップされているか、*The New Grove Dictionary of Music and Musicians*（Sadie, 1980）に項目があるか、という二つの基準によっている（Scherer, "The Evolution of Music Markets," in *Handbook of the Economics of Art and Culture*, 2006）。選ばれた作曲家を一六五〇年から五〇年ごとに生年で四つの期間に区切り、一四一人（一六五〇〜一六九九）、一四八人（一七〇〇〜一七四九）、一六八人（一七五〇〜一七九九）、一八九人（一八〇〇〜一八四九）のグループに分け、それぞれの音楽家について、出生地、家族の背景、教育、主たる収入源、地理的活動範囲をデータとしてまとめ、その社会的特性を抽出している。

雇用形態別にこの四期の音楽家の割合を見ると、次のような点がはっきりと観察される（カッコ内の数字はいずれも一七世紀後半から一九世紀前半までの変化を示す）。

（1）宮廷で雇用された音楽家の大幅な減少（四六％から一一％）。これは一九世紀前半に宮廷そのものが存在する国が減少したわけであるから、当然の数字であろう。

（2）教会に雇われていた音楽家についても、（宮廷ほどではないものの）同様の減少傾向（五四％から二一％）が観察される。

（3）それに対して、フリーランスの作曲家（二三％から六二％）と演奏家（一七％から三七％）の割合は大幅に増加している。

（4）一九世紀に入るとコンサーヴァトリー（音楽院）での教育に従事する者が（約五％から四〇％以上に）増加している。この時期に音楽院が数多く開設されたためである。

（5）私的なオーケストラで演奏していたものは（二七％から五二％へと）倍増している。

複製技術が拡大させた芸術家の所得格差

それでは演奏芸術が生み出す商品とサービスの自由市場は、その需給の構造にいかなる変化をもたらしたのだろうか。複製技術の発達が、現代の音楽家、特に演奏家の経済状況に及ぼした影響は大きい。一部の「スーパースター」と呼ばれる演奏家が、多額の報酬を得、そのほかの芸術家は低所得に苦しむという、所得分配の大きな歪みが一般に指摘されてきた。例えば抜群の人気を誇る少数の指揮者の演奏会のチケットやCD・DVDは爆発的に売れる。そこまで「能力」の差があるとは思えない他の指揮者の演奏会のチケットやCD・DVDの売れ行きとの間に極端な「格差」が生まれる。こうした現象を経済学の論理だけで説明するのは簡単ではない。ひとつの有効な回答を与えたのは、経済学者シャーウィン・ローゼンの論文、"The Economics of Superstars" (*The American Economic Review*, 1981) である。

ローゼンが注目したのは、芸能・芸術の世界のごく少数のアーティストが巨額の所得を稼得しその活動分野を支配するという、現代社会で目立つ「スーパースター現象」である。一部の人たちに「生産」(演奏や上演) が集中し、アーティスト間の所得分配が目立って歪み、トップ層のみが膨大な所得を得ていることだ。この点をデータで示すのは難しいが、次のような事実が指摘できる (この論文が公表された四〇年ほど前の観察例である)。

(1) 米国には二〇〇人のフルタイムのコメディアンがいる。この数はボードビリアンの時代と比べると確実に少なくなった。かといってこうした軽喜劇への需要が減ったわけではない。むしろ、テレビなどで活躍する一部のコメディアンの収入増加は顕著である。

(2) クラシック音楽関連の市場が、現代ほど大きくなった時代はない。しかし「フルタイム」でソリストとして活動する演奏家の数は米国では二〇〇から三〇〇人程度に過ぎない。声楽、ヴァイオリン、ピアノ以外となると、数はさらに少なくなる。その中の少数のスター演奏家が高い収入を得ている。

クラシック音楽だけでなく、これらと類似の例は、プロスポーツをはじめとして多くの分野と職種で見られるが、（1）個人の報酬とその分野の市場規模の間に密接な関係があること、（2）市場規模も報酬も、ともに最も才能がある者の方に歪む傾向が強いことがはっきり観察できる。

しかしそれ以上に、圧倒的な人気を誇るごく一部のスーパースターが放つ"box office appeal"と呼ばれる「客を呼び込める捉え難い力」に、十分な分析の光を当てねばならない。この力こそ、ベンヤミンが言うアウラ（Aura）として、「礼拝」の対象となりうる威力であろう。ローゼンはこの力の性質の分析を深化させたわけではないが、その重要性を指摘したのである。分析はローゼンの専門論文に委ねるとして、そこで明らかにされた主要点のみを簡単に要約しておこう。

才能のわずかの差は報酬では拡大される

元来、芸術や芸能で発揮される才能は人々の間に均一に分布しているわけではない。その分布には大きな歪みがある。少数の抜きんでた才能を持つものがおり、その他大勢は、ほどほどの才能を持つ平均人である。芸術や芸能の世界、そしてスポーツの世界も、その平均人が楽しみのために練習を重ねて技能を習得していくのが普通だ。抜きんでた力を持つものはごく少数の「例外者」で、彼らの間での熾烈な競争が芸術や芸能に活力を与え、伝統が保持されて行くと考えられる。

所得分布に現れる歪みのもうひとつの大きな原因は、彼らの才能が「代替性を持たない」点にある。例えばオペラ歌手たちは、相互に代替できないような固有の卓越性を持つ。一人のスター的存在のプリマドンナ歌手がいたとして、技能や存在感において彼女にわずかに及ばない歌手を何人集めても、このプリマドンナに取って代わることはできない。それがこのプリマドンナの出演料を高め、彼女のCDやDVDが大量に売れる原因となる。売れるから大量に複製される。他に優れた歌手がいても、スター歌手への不十分な代替物でしかないため、スター歌手への「プレミアム」は異常に大きくなる。これがスーパースター現象発生のひとつの重要な原因なのだ。

スーパースター現象を生み出すもうひとつの要因として、ローゼンは、複製技術（再生可能性）を挙げる。かつて複製技術に頼ることがなく、「実演」のみが演奏芸術の形であった時代には、一人の音楽家や役者がいかに優れていても、その演奏や演技を提供できる機会は限られていた。したがってスーパースター以外でも、それぞれ需要（聴き手や観客）を見つけることができた。ところが今や、CDやDVDの登場によって音楽が大量に複製可能になり、劇場での演技や演奏は、映画やDVDで置き換えられることが多くなった。"box office appeal"のあるスター性を備えた演奏家の優れた演奏を、廉価で楽しめるようになったのである。

このような場合、最も優れたアーティストは供給の独占者となるわけであるから、自分の演奏（サービス）を低価格で多くの人に提供するのか、高い価格でごく少数の人に売るのかを選択することができる。

ちなみに、このスーパースターを生み出すのは供給側の要因だけによるのではない。消費者側の要因も大きい。消費者には他の人々が消費するものを自分も消費したいという心理が働くからだ。さらに芸術の「消費」は一瞬の行為ではなく、「知れば知るほど、さらに楽しむことができる」という「資本」の形成とも呼ぶべき過程を含む。消費が同時に投資にもなっているのだ。この資本が大きければ大きいほど、それぞれの消費者が贔屓の芸術家から得る喜びは大きくなる。

芸術に接する機会が増えるにつれ、同好の友人知人とその芸術について語り合うことによって、あるいは新聞や批評誌などを読むことによって、この消費における「資本」要素は大きくなる。かくして、有名な演奏家の演奏はますます人気を呼ぶようになる。実は、この勢いは恐ろしいほどの力でもって音楽産業を席巻し、スーパースターを生み出す一方、力ある他の多くの地味な芸術家を表舞台から追いやってしまうことがある。つまり、「popular でなければ good でない」という人気第一主義が芸術の世界を支配することになるのだ。

複製技術は芸術鑑賞を散漫にする

ここで今一度ドイツの哲学者、T・アドルノを引きながら、先に説明したグールドの言う「メーヘレン・シンドローム」について考えてみたい。複製芸術は、グールドの言う「生活を芸術化す」ような、鑑賞者の参加による芸術創造の作業を本当に生み出しているのだろうか。グールドの考えと対立するかの如き論を展開したアドルノは、複製技術の登場によって聴衆の持続力や集中力は退化し、もはや音楽にじっくり耳を傾けなくなると指摘した。テクノロジーは、最も抽象的な芸術とみなされてきた音楽を、レコードやCDという物質に具象化することによって、物神的性格を強め、その結果グールドが唱えたのとは逆に、聴衆は受け身になり、音楽に対して無批判的になる。文化商品となったレコードはその自己完結性ゆえに（演奏者と聴き手との）相互性と有機的繋がりを失い、音楽を自律的に聴くという行為を人々から奪い去るとアドルノは強調する。

いまから六〇年以上も前のことになるが、筆者が中学生時代、レコードがそれほど思うように手に入らない時代には、自分が買えなかったレコードを友人の家で聴かせて貰ったり、学校の「レコード鑑賞会」などが待ち遠しかったものだ。外国のオペラ座の日本への引っ越し公演となると、一生に一度観られるかどうかという時代であった。まれに行けた演奏会のことは、今でも記憶の中にある。アドルノの言葉を借りれば、「聴き手がまだ受け身にはなっていなかった時代」のことである。

アドルノは言う。

「権威づくの規範に対するかつての反対の急先鋒が、いまでは市場における成功という権威の証人におさまってしまった。瞬間と目もあやな表構えの興趣が、元来その要請が正しく聞くことのなかに含まれているはずの全体の考察ということから聞き手を逸らすための口実となり、こうして聞き手は彼の抵抗線のもっとも弱い虚をつかれ、唯々諾々たる買い手の立場になり下ってしまう」（「音楽における物神的性格と聴衆の退化」三光長治・高辻知義共訳『不協和音　管理社会における音楽』所収）

アドルノの言葉は、聴き手が、精神を集中させて音楽に向かい合うことが珍しくなった時代の姿を、簡にして要を得た形で表現している。

アドルノのエリート意識

こうしたアドルノの視点は、グールドが描いたような、作曲家、演奏者、聴き手の三者が共同して関わる芸術の創造過程とはほとんど背馳しているように見える。しかし両者は決して相容れないわけではない。それは聴衆に何を期待するのか、聴衆のどこに危うさを見てとるのかによって、すなわち「聴衆」の性格付けによって論の性格が異なっているだけなのだ。

それはちょうど、デモクラシーの存立にとって、分厚い中間層の存在が果たす役割に期待するか否かという議論にも通じる。ここでも見方は二つにわかれる。ひとつは分厚い中間層が、教養と良識を備えた自律した個人として、みずからの感性と知性に基づいて適切な政治判断を下すことができるとする立場である。いまひとつはトクヴィルのように、経済的豊かさとともに社会的に肥大した中産階級は、公的な事柄に無関心になり、権利と教育と財産に関心を集中させて、似たような欲求、慣習、趣味を持つようになると考える立場である。つまり、中産階級の人々は対象を同じ側面から見るようになり、精神はおのずと類似した観念や好みに傾斜し、政治への関心や能力を失ってしまうと見るのだ。

例えば、前者の立場に立つアリストテレスは『政治学』で次のように言う。

「幸運の賜物にしてもその中間的な所有が何ものにもまして最善であるということは明らかである。何故ならその程度の所有は理性に最もたやすく従うが、過度の美しさとか、過度の強さとか過度の善き生れとか過度の富とか、或はそれらと反対に、過度の貧しさとか過度の弱さとか非常な賤しい地位とかをもつ者は、なかなか理性についていきにくいからである」（山本光雄訳、岩波文庫、二〇三頁）

さらに、「中間的な人々」から組織された国で最も善き政治が行われるとアリストテレスは考えた。国家という共同体も、「中間的な人々」によって構成されたものが最善であり、中間的な部分が多数で、統治する人々が十分な財産を有しているということは、この上もなき幸いなのである。あるグループは非常に多くのものを所有しているのに、他の人々は何一つ所有していないところでは、極端な民主制か、生粋の寡頭制か、あるいはこの両方の極端なものを通じて僭主制が生まれることをアリストテレスは看破していたのである。

「ほどほどに所有している人々」、すなわち社会の中間層が「広く、厚く」形成されているかどうかが重要なのである。教養とほどほどの富を持つものが政治に参加し、善き政治を支えて行くことが必要なのである。

アリストテレスの「中間層」の議論は、「中間層」の安定性のみに注目する点で楽観的かもしれない。確かに堅実な中間層の存在は、善き社会の必要条件ではあるが、十分条件ではない。ポピュリズムの問題が示すように、「中間層」は常に社会秩序にとってプラスの要素だけを秘めているわけではない。トクヴィルの指摘するように、安易に多数の専制、ポピュリズムに流れる危険性と隣り合わせであることは十分推測がつく。「中産階級」が富や経済的な利益に執着する結果、政治への関心を失い、（アドルノの言葉を用いれば）「市場における成功という権威の証人」となって「唯々諾々たる買い手の立場」に堕する可能性が予想されるのだ。

このように見て行くと、グールドの議論はアリストテレス的、アドルノの推論はトクヴィル的だと、それぞれ重ねることもできる。一八三〇年の七月革命時にはルイ・フィリップを擁立して「七月王政」を樹立させ、のちの第三共和政の成立に力を発揮したアドルフ・ティエール（一七九七〜一八七七）と、政治的無関心に陥り高貴な精神を失った中産階級をトクヴィルは厳しく批判した。そのトクヴィルの中産階級批判とアドルノのそれには共通するところを見出すことができる。

ただ、アドルノの中産階級批判には、中間層の聴衆に対するアドルノ自身の優越感が潜んでいるようにも見える。彼がアルバン・ベルクの下で音楽理論を本格的に学び、作曲や編曲を行ったことから推量すると、この貴族主義的なエリート意識は自然なものかもしれない。筆者がアドルノの作品で演奏として聴けたのは、シューマンのピアノ曲集『子供のためのアルバム』（Op68）から六曲を選び出し小オーケストラ向きに編曲したものだけである（Sechs Stücke aus Op.68 von Robert Schumann, für kleines Orchester gesetzt）。確かにこれは哲学者の余技とは思えない。音楽に何かを懸けたものにしか生み出せない迫力を感じる。

第六章　パトロンと批評家の応援

1　芸術家にパトロンは必要か――バッハとモーツァルトの悩み

公の援助の限界

数年前、友人夫妻に誘われて長岡京室内アンサンブルの演奏会（「望郷に寄す」）に出かけた。プログラムは、林光が映画につけた音楽（『裸の島』より「裸の島のテーマ」、『真田風雲録』より「下剋上の歌」）、中村滋延、武満徹の弦楽合奏作品、C・M・v・ウェーバーの『クラリネット五重奏曲』（Op34、J182弦楽合奏版）、そしてドヴォルザーク『弦楽四重奏曲第一二番（ヘ長調）』（「アメリカ」、Op96、B179弦楽合奏版）という構成だった。

若いプレーヤーたちの自律的な姿勢が、結果として霊妙なハーモニーを生み出す見事なアンサンブルだった。指揮者がいなくとも、目指すところに齟齬がなければ、フレーズと音色とハーモニーが「自然と一つになっていく」というのがこのアンサンブルの原点だという。意図的に「合わせる」ことに熱心になると「うそ臭く」なる。むしろ他のメンバーたちの音を聴き取りながら、その音の向こう側にある美しいもの（美のイデア）を求めるという姿勢を大事にする。これは外からの指示で均質的な音を作りあげるというものではない。第四章で「リベラル・デモクラシー」の理念との類比で論じた、多様性と自律性を重んじながらも生まれ出る秩序形成のメカニズムと似ている。

終演後、ロビーで森悠子さん（長岡京アンサンブルの音楽監督）の本『ヴァイオリニスト　空に飛びたくて』が販売されていたので入手して早速読んだ。自伝でもあり、演奏芸術についての考え、教育哲学が分かりやすく書かれている。森さんの音楽への愛、若い芸術家に大事なことを伝えようという熱意にあふれる本だ。

同書の中で改めて気づかされたことがいくつかある。それはこの合奏団の、「公の機関からの援助は控えている」という運営方針だ。合奏団のオーナーは、森さんと意気投合した歯科医の戸渡孝一郎氏ただひとり。戸渡氏が森さんの音楽家、そして教育者としての抜きんでた力量に魅せられて、自由な発想でプログラムを組んで演奏活動する場を提供している。公の機関からの援助がベースになると、毎回、ヴィヴァルディの『四季』のような人気作品ばかりを演奏しなければならなくなる。市民の税金を使っていると、沢山のお客さんを喜ばせるために選曲も強い制約を受けざるを得ない。人気や流行にとらわれて、自主的な運営が難しくなってくるのだ。

公の援助を受けないという方針は、作曲、演奏などの音楽活動に課せられるひとつの大きな制約から解放されることを意味する。しかし芸術活動には資金が必要だ。ではその資金を誰から、どのような形で獲得していくのか。これは容易な問題ではない。歴史的に見るとバッハもモーツアルトも、ベートーヴェンもワーグナーも、パトロンをどこに求めるかという問題に悩まされ続けている。

国あるいは公的機関が資金をふんだんに投入したからといって、モーツァルトやゴッホが生まれるわけではない。パトロンと一言で言ってもいろいろなタイプがあり、その時代の経済社会の構造や政治体制が関わってくる。「公」の力なのか「民」の力なのかという二分法だけで論ずると観念論に終わってしまう。その内実を具体的な歴史事例で見ておくことが問題の複雑さを知る上で必要であろう。重要な音楽家を何人か取り上げて、彼らの経済的基盤、パトロンとの関係が芸術活動に与えた影響を探ってみたい。

世界最初の民営オーケストラ

宗教権力、政治権力、経済権力はときに絡まり、ときに相対立する関係にあり、その実体を純粋な形で取り出すことは難しい。西洋音楽の歴史にあらわれるパトロンはいくつかのタイプに分かれる。商人層、教皇を頂点とするローマ・カトリック教会、あるいは神聖ローマ帝国の領邦国家の行政機構、王侯貴族、市民階層、そして二〇世紀に入ると、社会主義独裁者、資本主義経済の企業家たちと多種多様であり、パトロンという一つの範疇には収まりにくい。援助の形態も様々だ。パトロンが芸術家を給与や年金という定額の収入で支える場合もあれば、単に「お得意様」として作品を注文するという形もあった。芸術家が定額収入を得ている場合、その源が王侯貴族の「私」的財源なのか、教会や地方政府などの「公」的財源なのかによって、パトロンの支援の形態や芸術への影響も変ってくる。そもそも「国庫」のお金を支出する際、王様が使途の会計上の説明責任（accountability）を求められるようになったのは、近代的議会制度が曲りなりにも成立してからであろう。

例えば、バッハの時代の音楽を支えていたのは「プロテスタント教会」だとしても、その教会と領邦国家の力関係がはっきりしない限り、教会が音楽芸術の庇護者であったという言葉に具体的意味を付すことは難しい。バッハが長く（一七二三～五〇）音楽活動を行ったライプツィヒにおける政治と教会の関係、特に音楽関係の人事と予算の実情を知る必要がある。しかしこれは断片的情報に頼るしかない。

神聖ローマ帝国の領邦国家の都市ライプツィヒは、ザクセン選帝侯のバックアップで推進されたプロテスタント運動の一大拠点を成していた。三十年戦争を経て一八世紀に入ると、ライプツィヒはヨーロッパにおける通商の要となる大商業都市としての地位を築き上げていた。商業の中心地ということは、文化と芸術活動を楽しむ豊かな市民階級が生まれる素地があったことを意味する。ザクセン選帝侯の芸術活動の中心地が、首都ドレスデンではなく商都ライプツィヒとなったのは経済の力ゆえであった。それはちょうど、日本で江戸時代、江戸よりもむしろ商都大坂で学問や芸術が栄えたのと同じである。

一八世紀のライプツィヒの市民階級は、自由な音楽活動を楽しむようになっていた。その具体的な例として、一七八一年に創設されたライプツィヒ・ゲヴァントハウス管弦楽団（Gewandhaus-orchester Leipzig）が挙げられる。その四〇年ほど前の一七四三年にGrosses Concertという一種の結社（Verein）による演奏会が誕生しているが、その頃すでに私邸で音楽愛好家たちの演奏会が開かれていた。翌年には演奏会場は「旅籠」（酒場のある宿）に移されたが、聴衆のマナーが悪いというので、市長と市参事会の提案で、一七八一年にゲヴァントハウス（呉服館）に移される。それまで王侯貴族階級が享受してきたオーケストラ演奏であったが、これは一般市民に「開かれた」かたち、すなわち入場料を払うと身分・階級にかかわりなく楽しめるという自主自営のオーケストラの誕生を意味した。ライプツィヒ・ゲヴァントハウス管弦楽団が世界で一番古い民間オーケストラ、とみなされるのはそのためである（*The Cambridge Companion to Conducting*）。

こうした民間によるオーケストラが、工業化が進んでいたイギリスやフランスではなくドイツで誕生したのは、一八世紀のドイツ語圏の音楽活動の伝統が生み出したエネルギーゆえであろう。演奏会場が織物の見本市会場でもあった建物に移ったということは、織物業が当時の産業活動の主役としていかに力があったかを示している。

ゲヴァントハウス管弦楽団は、メンデルスゾーンがシューベルトの最後の交響曲『第八番（ハ長調）』（D944）を初演（一八三九年）、ブラームス自らの指揮で彼の『ヴァイオリン協奏曲（ニ長調）』（Op77）をヨーゼフ・ヨアヒム（一八三一～一九〇七）を独奏者として初演（一八七九年）したことなど、輝かしい歴史を持つオーケストラである。今見られるのは一九八一年に新築されたモダンな建物で、当時の雰囲気を感じさせるようなものはほとんど残っていない。

わたしがバッハの『マタイ受難曲』をゲヴァントハウス管弦楽団と聖トーマス教会合唱団による演奏で鑑賞したのは日本でのことだ。この大作がオペラであり協奏曲でもあることを改めて知った。そして、このライプツィヒで誕生した西洋音楽の最高傑作が、当時、歌手と楽器がいかなる配置で演奏されたのかを推測できたのも貴重な思い出である。

領主の権力は教会のそれを上回る

J・S・バッハの『マタイ受難曲』が作曲され、さらに改訂が加えられたのは、彼が四〇代の頃であるが、それまでの彼の経済生活はどのようにして支えられていたのだろうか。この偉大な作曲家の生活は、教会での音楽活動によってすべて賄われていたわけではなかった。バッハの所得の源泉と額については、バッハがライプツィヒの聖トーマス教会のカントール（教会音楽の指導者）と音楽監督に就任する経緯を語る断片的な資料の中に記載されている（*The New Bach Reader*）。それをまとめて紹介しておく。

一七二二年六月五日に、聖トーマス教会、聖ニコラス教会、ライプツィヒ大学の聖パウロ教会の音楽監督を兼務していたヨハン・クーナウ（一六六〇～一七二二）が六二歳で亡くなった。ちなみにこのクーナウなる人物、途方もない博識家（いわゆるpolymath）で、作曲家、数学者、作家、法律家と多方面の仕事をしつつ、聖トーマス教会のカントールの職務を遂行していた。当時の音楽家が広い知識と教養を持っていたことを示す例である。

ライプツィヒ市参事会は、クーナウの後任を選ばなければならない。二か月後にカントールの採用試験演奏が行われ、自由市ハンブルクのカントールで音楽監督であったゲオルク・フィリップ・テレマン（一六八一～一七六七）が合格した。しかしハンブルク側が数百ターラーの給与引き上げを申し出たため、テレマンは異動を思い止まり、ライプツィヒでの就職を断る。テレマンは、当時はバッハを凌ぐほどの有名な作曲家であったため、バイロイト宮廷やロシアからも誘いがあった。結局彼はそれまでの活動の中心地であったハンブルクに留まり、多くの作品を生み出し続けるのだ。このテレマンの異動についてのエピソードは、音楽家の職業市場も給与による引き抜きや異動があったことを示している。

紆余曲折の後、ライプツィヒ市はケーテンのカペルマイスターであったJ・S・バッハを採用する。記録によると、バッハに採用が決定するまでに三人の音楽家がテストを受けている。すでに人気と名声の高かったテレマンに比べると、バッハはまだ中堅の作曲家とみなされていたらしく、一応採用が決まった後も（試用期間ということであったのか）バッハは厳しいオーディションをさらに受けた模様だ。この時、バッハは二つのカンタータ、『イエス十二弟子を召寄せて（Jesus nahm zu sich die Zwölfe）』（BWV22）と『汝まことの神にしてダヴィデの子（Du wahrer Gott und Davids Sohn）』（BWV23）を演奏したとある。市参事会が採用に慎重であったことから見て、カントール職が政治的にも芸術的にもいかに重要なポストであるかが推察できる。ケーテン公がバッハの辞任を認めたことによって、バッハはライプツィヒの聖トーマス教会のカントールに就任するのである。その際、バッハは神学についても深い理解を有するという証書が、試験官と聖トーマス教会附属学校の校長から発行されている。

バッハがケーテンから赴任したのは一七二三年五月二九日。四つのワゴンに家財道具を載せ、バッハは家族とともに聖トーマス学校の改築された宿舎に落ち着く。そのおよそ二週間後の六月一〇日、バッハは聖ニコラス教会でもカンタータ『貧しきものは饗せられん（Die Elenden sollen essen）』（BWV75）を演奏している。

公務員バッハの所得を推計する

バッハがライプツィヒ市の聖トーマス教会のカントールに採用されてからの収入状況の資料が一部残されている（先に挙げた *The New Bach Reader* より）。バッハの年収のうち四期に分けた固定給として支払われていた分は、一七二三年から一七五〇年まで毎年一〇〇ターラーを少し上回る程度であった。しかしこの定収入以外の所得の方が大きかったようだ。住宅をあてがわれ、教会で執り行われる結婚式や葬式に際しての追加的な謝礼、そして何よりも、選帝侯、市当局、ライプツィヒの富裕階級の特別基金からの定期的な支払も含めると、年収は、七〇〇ターラー程度と推定されている。

当時の生活費（cost of living）から換算して、この額がどれほどであったかを確定することは、通貨制度と金融市場に関する経済史の考察が必要になる。筆者も、当時のライヒス・ターラーの購買力（purchasing power）について調べようとしたことがあった。以前R・シュペートリンク教授がモーツァルトの書簡の新しい英訳をしていた折に、その手伝いとして、モーツァルトの手紙にしばしば登場するクロイツァー、グルデン、フローリン、ドゥカートなどの通貨単位についていろいろ調べてみたのだ（R. Spaethling, *Mozart's Letters, Mozart's Life*, Faber and Faber, 2000）。結論は「正確なところはわからない」ということに落ち着いた。その理由は、同じ通貨が用いられていても、国ごとに、ときには地域ごとにその購買力がかなり異なるということである。バイエルン地方のターラーは大体二〜三グルデン、それが北ドイツ地方でのライヒス・ターラーとなるとその半分の約一・五グルデンの価値しかない。おまけにそのグルデンもターラーも、どこで鋳造されたかによって価値が異なるのだ。例えば、一二ザルツブルク・グルデンは、ウィーンの一〇グルデンの価値しかない。それが現代の通貨でいかほどの価値を持つかの推定は更に難しい。

極めて大まかな推計であるが、モーツァルトの時代の二〇グルデンは、現代の米ドルに換算すると、六〇〇ドルぐらいだろうとするのが一般的なようだ。一・五グルデンが一ライヒス・ターラーと仮定すると、先に挙げたバッハの年収七〇〇ライヒス・ターラーは約一〇〇〇グルデンになる。一〇〇〇グルデンは、六〇〇×五〇で現代のドルで三万ドルになり、バッハは現代の日本円で年収三〇〇〇万円程度ということになろうか。

この額は、子沢山のバッハには十分なものではなかったはずだ。バッハが自分のポストへの報酬に満足していなかったことを示す資料を見る方が分かりやすいかもしれない。幼なじみで、すでに出世を遂げていたゲオルク・エルトマン（ダンツィヒのロシア駐在代表）にバッハがライプツィヒから送った手紙（一七三〇年一〇月二八日付）がある。経済状況の苦しさから、バッハはエルトマンに別のポストを探してもらえないかと頼んでいるのだ（この手紙はシュヴァイツァーの『バッハ』にも引用されている）。自分の職務内容と処遇・報酬が聞いていたほど良くないこと、物価も高い上、定額所得以外の臨時収入が減額され続けていること、当局（市参事会）が音楽に無理解であることなどを挙げて、経済面だけでなく、仕事に関わる精神的環境が悪いことにも慨嘆している。手紙のなかで現在の収入が七〇〇ターラーであると書き、葬儀の際の臨時収入についても、「死亡者が通常より増えれば、それに応じて臨時収入が増える」が、「気候が良くなると（死者の数が減り）収入が減る」とまで嘆いている。

バッハのような「公務員」の音楽家の給与や人事は、教会監督会と市参事会の両者の代表が決めていたようだが、実質的な人事と予算の権限を握っていたのは市参事会であった。皇帝とカトリック教会の二つの権力を焦点とする「楕円構造」を成していた中世的なカトリック世界（バイエルン、オーストリアや南ヨーロッパの国々）とは異なり、ドイツのプロテスタント圏では世俗権力がより優位にあったようだ。

晩年のモーツァルトにパトロンはいなかった

こうしたバッハの経済状況は、モーツァルトがザルツブルク大司教と袂を分かち、ウィーンでフリーランスの作曲家として活動を開始してからの経済的苦境とは性格が異なる。バッハは低額であるが収入は確保されていた。モーツァルトには、多額の借金（少なくとも合計一四一五フローリンはあったと言われる）があり、さらなる援助を願い出ているフリーメイソンの同志ミヒャエル・プフベルク（一七四一～一八二二）やカール・アロイス・フォン・リヒノフスキー侯爵（一七六一～一八一四）のような理解者はいたものの、ウィーンで独立した後、年金収入を約束してくれるようなパトロンはいなかった。したがって、ウィーン時代のモーツァルトはパトロン不在の「経済基盤の端境期」の不運な芸術家であった。革命による貴族制崩壊期の不安定な時代を生きねばならなかったのである。

モーツァルトが少年時代、父に連れられて（時には姉ナンネルも一緒に）何度も続けた旅は、王侯貴族のパトロンや得意先を探す旅であり、就職活動の旅であった。幼少期に書かれたヴァイオリン・ソナタやフルート・ソナタは、フランスやイギリス、あるいはオランダの王様やその子供たちに献呈されたものがほとんどである。一七七〇年から一七七三年の少年期のイタリア旅行中に書かれたオペラ『ミトリダーテ、ポントの王』（K87）も、オーストリア領であったロンバルディアのイタリア人貴族、フィルミアン伯爵の依頼で作曲されたものだ。イタリアにも、教皇クレメンス一四世も含めて贔屓筋はいたが、常勤的雇用契約が結ばれたわけではない。あくまで作品を散発的に注文（依頼）する特権階級のお得意様であった。

その後モーツァルトは新しく選ばれたコロレード・ザルツブルク大司教の下で、既に述べたように、宮廷・聖堂オルガニスト、教会音楽の作曲者・演奏者としての雇用関係を結ぶ（一七七二～八一）。しかし教会向けの作品が少なかったことは、コロレードにとって大きな不満であった。この時期、モーツァルトは幼なじみで元ザルツブルク市長の息子ジークムント・ハフナー（一七五六～一七八七）の求めに応じて、セレナーデや喜遊曲などの作曲に時間を費やしていた。セレナーデ（K250）は八楽章から成り、演奏時間が一時間ほどもある大曲である。

ウィーンに移ってからのモーツァルトの経済生活の惨めさについては多くが語られている。一七八七年にヨーゼフ二世が私的な宮廷楽師（Kammermusicus）という低所得のポストをあたえたものの、彼の活動の多くは、個人的な得意先からの不定期の注文で支えられていた。ただこの一七八七年という年は、芸術家モーツァルトの生涯にとってひとつの転機となった年でもあった。一月にはプラハへ旅立ち、『フィガロの結婚』（K492）を上演し好評を博したため、国立劇場の支配人（パスクワーレ・ボンディーニ、一七三七?〜一七八九）から次の新しいオペラ作曲を依頼されて契約を交わしている。同年秋にプラハで初演され、聴衆から熱狂的な評価を得た傑作『ドン・ジョヴァンニ』（K527）である。

しかし芸術活動においては豊穣であったものの、経済状況は逆境のさなかにあったと言ってもよい。かつて一七八四年三月二〇日付の手紙では誇らしく語っていた彼のコンサートの定期契約者（一七四名！）の数もさらなる増加は見られず、常勤職は得られないまま、英国への移住さえ考えていたようだ。

一七八七年五月、病気がちであった父レオポルトが急逝する。妻のコンスタンツェの健康も芳しくない。家族の状況も経済状況も思わしくない中、彼の芸術家としてのプライドを傷つけるようなことが次々と起こった。モーツァルトが、晩年、いかに教会からも宮廷からも疎んじられ、無視され続けたのかを示す悲しいエピソードをひとつ記しておこう。

一七九〇年二月二〇日に死去したヨーゼフ二世の後を継いだのは、弟の新皇帝レオポルト二世であった。戴冠式は同年一〇月九日にフランクフルトでマインツの大司教の司式で執り行われる。レオポルト二世は、九月末にウィーンからフランクフルトに向かう時、一五〇〇名の随員、一三〇〇名の歩兵、一〇四の荷物馬車、アントニオ・サリエリを含む十数人の音楽家を同行させている。しかしモーツァルトに声はかからなかった。モーツァルトは皇帝からも教会からも完全に無視され、ウィーンのあらゆる音楽行事から締め出されたのだ（R. Spaethling）。

こうした状況は何を示しているのか。パトロンは芸術を生み出すためのエンジン、プロモーターとなることもあるが、そのための必要条件でも十分条件でもないということだろう。事実モーツァルトは、パトロンのいないまま、ウィーンで約一〇年間の歳月をかけて、われわれ音楽愛好家の宝となるような幾多の傑作を生み出している。そしてレオポルト二世の戴冠式の翌年の一二月五日にこの世を去り、ウィーン市門外の聖マルクス墓地に墓標もないまま埋葬された。

2　金銭と多数から芸術を救えるか——批評家シューマンの闘い

革命期のパトロン貴族たち

ベートーヴェンも貴族制から共和制・民主制への移行期に活動した芸術家であった。しかし彼のパトロンとの関係は、モーツァルトの場合とは異なる。そこには社会風土に加えて、それぞれの音楽家の性格や金銭感覚の違いに帰すべき要因もあるようだ。

ベートーヴェンは当時ケルン大司教領であったボンに生まれ、カトリック社会の文化的風土の中で育っている。ボン時代のパトロンには、司教・選帝侯以外に、『ピアノ・ソナタ第二一番（ハ長調）』（「ワルトシュタイン」、Ｏp53）を献呈したフェルディナント・エルンスト・フォン・ワルトシュタイン伯爵（一七六二〜一八二三）もいた。ワルトシュタイン伯爵による主題で、ベートーヴェンは連弾用の八つの変奏曲（ピアノ連弾曲）を書いている（WoO67）。彼にウィーン行きを強く勧めたのもこの伯爵であった。

ハイドンの教えを受けたいと考えたベートーヴェンは、一七九二年秋にウィーンに居を移した。ウィーンに移る前の年に、モーツァルトが貧困のうちに亡くなったことが自分の将来の経済状態への不安を高め、安定した収入源を求めたいと考えたに違いない。ウィーンでの本格的な作曲活動に入った時点で、最初に彼の熱心なパトロンとなったのはプロイセン領シュレージエンの大土地貴族（元はチェコ系）でモーツァルトを援助したこともあるリヒノフスキー侯爵であった。彼は、ザルツブルクの大司教と決裂してウィーンでフリーランスの作曲活動に入ったモーツァルトに、かなりの額のお金を貸与していた。だが、モーツァルトの生存中には返済されることはなく「踏み倒されて」いる。彼はモーツァルトの死後、裁判でその金を取り戻そうとしているから、モーツァルトのパトロンであったとは言い難い。

リヒノフスキー侯爵がパトロンとして本格的に肩入れしたのはベートーヴェンであった。一八〇六年に仲違いするまで、彼はベートーヴェンを援助し続けている。この大作曲家の初期と中期の傑作の多くは彼に献呈されている。『ピアノ三重奏曲第一番』（Op1－1）、『第二番』（Op1－2）、『第三番』（Op1－3）、『ピアノ・ソナタ第八番』（「悲愴」、Op13）、『第一二番』（「葬送」、Op26）、『交響曲第二番』（Op36）などが挙げられる。作品番号1の三つのピアノ三重奏曲は、リヒノフスキー侯爵のサロンで、ハイドン、サリエリなども列席して初演され、リヒノフスキーはその楽譜の出版もバックアップしている。

しかしベートーヴェンのウィーンでの経済生活は不安定で、苦しい状態が長く続いた。生活苦から逃れようとして、ついに彼は誘いのあったカッセル宮廷への異動を考え始める。ウェストファリア王ジェローム・ボナパルト（あのナポレオンの弟）が彼に「宮廷楽長（Kapellmeister）」として高額（六〇〇ドゥカート）の年金の支給をオファーしてきたからだ（一八〇九年一月七日付の楽譜出版社ブライトコプフ＆ヘルテルへの手紙）。

ベートーヴェンのカッセル宮廷への転職計画に驚き、それを思い止まらせたウィーン貴族が三人いた。ルドルフ大公（ルドルフ・フォン・エスターライヒ、一七八八～一八三一）、ロプコヴィッツ侯爵（フランツ・ヨーゼフ・マクシミリアン・フォン・ロプコヴィッツ、一七七二～一八一六）、そしてキンスキー公（フェルディナント・キンスキー、一七八一～一八一二）である。取りまとめ役はルドルフ大公であった。彼らが拠出した年金総額は、残された契約書（一八〇九年三月一日付）には三者合計で四〇〇〇フローリンとある。現代日本の通貨価値にすると五〇〇〇万円を下らないであろう（*Beethoven: His Life, Work and World*, Compiled and edited by H. C. Robbins Landon）。

契約をめぐるトラブルは何を示すか

ルドルフ大公はベートーヴェンの終生の友であり、パトロンであった。ベートーヴェンより一八歳若いルドルフ大公に献呈された曲はいずれも大作だ。『ピアノ・ソナタ第二六番（変ホ長調）』（「告別」、Ｏｐ81ａ）、『ピアノ三重奏曲第七番（変ロ長調）』（「大公」、Ｏｐ97）、『ミサ・ソレムニス（ニ長調）』（Ｏｐ１２３）など後期の傑作が多い。ベートーヴェン最晩年の大曲『ミサ・ソレムニス』は、ルドルフ大公がモラヴィアのオロモウツの大司教に就任したお祝いとして作曲されたが、あまりに熱を入れすぎて、就任式には間に合わず、結局その完成にさらに三年を費やすことになる。ルドルフ大公から受け取っていた年金は、先に触れた契約書では一五〇〇フローリンとある。

ロプコヴィッツ侯爵もベートーヴェンにとって重要なパトロンであった。彼が契約書にサインしている額はルドルフ大公の約半額、七〇〇フローリン。ロプコヴィッツ侯爵に献呈された曲にも傑作が多い。ベートーヴェン初期の六つの弦楽四重奏曲（Op18－1〜6）、交響曲では、『第三番』（「英雄」、Op55）、『第五番』（「運命」、Op67）、『第六番』（「田園」、Op68）、中期の『弦楽四重奏曲第一〇番（変ホ長調）』（「ハープ」、Op74）、そして『ピアノ、ヴァイオリン、チェロのための三重協奏曲（ハ長調）』（Op56）などである。

ボヘミア出身の名門貴族フェルディナント・キンスキーは、ベートーヴェンへ最も多額の年金（一八〇〇フローリン）を支給していたパトロンであった。エステルハージ公からの委嘱で作曲された『ミサ曲（ハ長調）』（Op86）は、エステルハージ公の気に入るものとはならず、出版譜はこのキンスキー公に献呈されている。

ただ、ナポレオンのプロイセン・オーストリア侵攻で、激しいインフレが起こり、ウィーンの貴族たちの中には破産する者も現れ始める。ロプコヴィッツ侯爵もその一人で、一八一二年にベートーヴェンへの年金支払いが不能となった。キンスキーがプラハ郊外で落馬事故で死亡したこともあって、ベートーヴェンの収入は激減する。そうした不運が重なり、ベートーヴェンはロプコヴィッツ侯爵を「年金不払い」の廉《かど》で訴え、有利な判決を得ている（*Thayer's Life of Beethoven,*

Chapter 26)。

これら三者と交わした契約書には、年金給付に対してベートーヴェンに課せられた義務は、三人の貴族たちの住むウィーン、あるいはオーストリア皇帝の支配地の市に居住すること、そして仕事あるいは芸術振興の目的で一定期間当該地を離れる場合、これら三者に出発の予定を伝え、許可を得ることが必要、と明記されていた。

リヒノフスキー、ロプコヴィッツの二人とそれぞれ義理の兄弟の関係にあったのが、ウィーンに長く滞在したロシアの外交官アンドレイ・ラズモフスキー（一七五二〜一八三六）である。彼は優れたアマチュアのヴァイオリニストであり、ベートーヴェンに三曲の弦楽四重奏曲を委嘱した。ちなみに「ラズモフスキー」の名が付されるこれら三つの弦楽四重奏曲（Ｏｐ59－1〜3）は、ベートーヴェン中期の作品群の中でも屈指の名作だ。ただしラズモフスキーはロシア国籍の外交官であったため、一時的な注文者、あるいは「贔屓筋」であって、いわゆるパトロン貴族とは言い難い。

ベートーヴェンのパトロンたちは、大司教の座に就いた者もいたとはいえ、基本的に教会音楽への貢献を求めることのない、自身が音楽を趣味とし、音楽の振興に強い関心を持つウィーンやボヘミアの土地貴族であった。そしてピアノや作曲をベートーヴェンを師として学んでいた生徒でもあった。したがって、経済的・社会的上下関係としてはパトロンであったが、芸術分野での教育に関しては師弟関係にあった人物ということになる。

フランス革命とナポレオン戦争の余波がヨーロッパ社会を覆い始めたことによって、貴族階級の没落が顕著になり、芸術家たちは新たな経済的基盤を求めざるを得なくなっていた。そのひとつの動きが、第五章でも述べた音楽院や音楽大学という一定の規模を持つ教育施設の制度化である。教会とは独立した音楽学校の教育職からの収入で、音楽家たちが後進を育てつつ生活を支えるという形態が生まれた。共和制への移行を早く遂げたフランスでは、革命後、一八世紀末にパリ国立高等音楽院が設立されている。オーストリアでも一九世紀に入ると、主要都市に音楽の高等教育機関が創設される。ウィーン国立音楽院（一八〇八）、グラーツ国立音楽院（一八一六）、ザルツブルク・モーツァルテウム音楽院（一八四一）などである。英国王立音楽院（一八二二）も早い。ドイツのライプツィヒやドレスデンに音楽大学ができたのは一九世紀半ばであり、アメリカで最も古いとされるニューイングランド・コンサーヴァトリーが創設されたのは一八六七年、モスクワ音楽院とほぼ同じ頃である。日本の東京音楽学校は一八八七年、中国で最初の音楽専門の高等教育機関、上海音楽学院の設置は一九二七年である。

封建制から共和制への移行を遂げた社会では、世襲貴族ではなく、公的教育機関と「産業貴族」がパトロンとしての機能を一部果たすようになるのだ。

批評家というパトロン

音楽家にとってのパトロンの機能を考える場合、金銭面での支援者だけに限定するのではなく、批評の世界での援護者、応援者の存在にも注目すべきであろう。批評は、その音楽の本質や価値を論議する過程で、より多くの聴衆の鑑識眼を磨き、作品の魅力を啓発する力となるからだ。現代の音楽世界でも、誰がその芸術的な価値を認めたのかが（少なくとも短期的に）決定的な影響力を持つことがある。いわば「お墨付き」を与えられるというケースだ。もちろんそれが「誰」によるかが問題になる。

この点を強く意識していたロベルト・シューマン（一八一〇〜一八五六）は「音楽は、鶯《うぐいす》を愛の歌にさそうが、狆《ちん》にはほえつかれる。甘い葡萄はまずい酒。——この連中は材木をやたらに鋸で切り刻むものだから、せっかくの誇らしい槲《かしわ》が鋸屑になってしまう。——彼らは、アテナイ人の如く、羊を送って宣戦する」と言う（「へボ批評家」吉田秀和訳『音楽と音楽家』所収）。

シューマンはこの「鶯」と「狆」を見分けることの重要さを強調した。ベートーヴェン、C・M・v・ウェーバー、シューベルトらが世を去って数年という時期、ライプツィヒの法科大学にいたシューマンは、若い音楽家の一団とコーヒー・ハウスで社交的会合を重ねながら芸術的な議論を交わすことが習慣となっていた。

音楽だけでなく文学にも没頭していた二〇歳過ぎのシューマンは、右手中指を痛めて演奏家としての道を断念した後、音楽評論活動に力を傾注し始める。ショパンの才能を見抜き、あの有名な「諸君、脱帽したまえ、天才だ」と述べた批評文「作品2」が、ライプツィヒの『一般音楽新聞（*Allgemeine Musikalische Zeitung*）』に掲載され、批評家としてのシューマンは人の知るところとなる。

彼がこの批評文で取り上げたのは、ショパンの管弦楽とピアノのための協奏曲『「ドン・ジョヴァンニ」の「お手をどうぞ（Là ci darem la mano）」による変奏曲（変ロ長調）』（Op2）である。

ショパンの熱狂的なファンではない者でも、この曲には一七、八歳の若者の作品とは思えないような、卓越した技量と精神の円熟味を感じるはずだ。モーツァルトの同じアリアを素材として、ベートーヴェン、パガニーニ、リストも変奏曲や回想曲を書いている。リストの少し喧しい作品(Réminiscences de Don Juan)よりも、このショパンの変奏曲の方を好む人は多いのではなかろうか。

よき音楽とそうでないものを選別する「趣味のよい専門家」(単なる専門家ではない)の存在がなぜ必要なのか。芸術の評価は、多数決によって決まるものではない。それは学問の世界における「真理」と類比的に考えることができる。学問上の真理も多数決で決まるものではない。美の評価も多数がよいと決めたものが、必ずしもよいというわけではない。とすれば、「趣味のよい専門家」が自発的な組織を作って、そこで、よい芸術、音楽における美を論ずることも必要ではないか。

仮想の批評空間「ダヴィッド同盟」

音楽を俗物たちの悪趣味から護るために、シューマンは一八三四年、音楽批評誌『新音楽時報(*Neue Zeitschrift für Musik*)』を刊行し、若い優れた音楽家たちを支援するための文筆活動を開始する。それはドレスデンに移るまでの約一〇年間続いた。この活動グループに、彼は「ダヴィッド同盟(Davidsbund)」という名を与え、音楽批評雑誌を俗物「ペリシテ人」との戦いのアリーナ(闘技場)としたのだ。旧約聖書でダヴィデが、ペリシテ人の巨人ゴリアテを倒した話(第一サムエル記第一七章)にその名の由来があるのは言うまでもない。シューマンがベルリオーズとともにに、「最初の音楽批評家」と言われるのはこうした彼の批評活動による。

シューマンが一八三五年の新年の『新音楽時報』の「論説」で、「お互いに賛辞を交わし合うという慣習に支配された時代は終わりつつある」「悪い所を敢えて攻撃しないものは、良いものを半分しか護れないのだ」と率直な批評精神の重要さを説き、生気のないこと、些末なこと、型にはまったものこそ、音楽芸術の三つの大敵だと強調する。

「ダヴィッド同盟」は実在しないさまざまなメンバーから構成されている。最も多く登場するのは、前向きで情熱的なフロレスタン（F）、思索的な夢想家のオイゼビウス（E）である。この二人は、いわば主役シューマンの内部にある分裂せる二つの人格を示すと考えられる。シューマンが一八三七年に作曲した『ダヴィッド同盟舞曲集』（Op6）は、一八の舞曲を九曲ずつ二部に分けた構成であるが、曲それぞれの性格によってFとEの記号が付されている。彼の音楽評論にも時にこのFとEが記されている。その他の同志たちもペンネームで執筆していたのは、ドイツの諸邦、特にオーストリアでは検閲制度がかなり厳しく機能していたことも関係しているのだろう。伝統的にウィーンを中心として発展して来た音楽界、文学界、そして思想世界に対して、強い検閲制度が存在していたのだ。

真の芸術のために、同志的な結束によって俗物主義と闘うというシューマンの発想には、当時彼が心酔していたE・T・A・ホフマンの文学の世界における「ゼラピオン結社」の影響、あるいは、音楽家の結社、たとえばC・M・v・ウェーバーの「和声的結社（Harmonische Verein）」などの影響を指摘する専門家もいる（P. Ostwald, *Schumann: The Inner Voices of a Musical Genius*）。当時の工業化と商業主義の影響、すなわち「金銭」と「多数」という二つの力の支配から芸術を救わねばならないという危機意識は、さまざまな分野の芸術家たちによって表明され始めていたのだ。

パトロンとなる貴族の応援もなく、公的な援助も得ていなかったシューマンの「闘い」は容易なものではなかったであろう。彼の苦労は、音楽批評の場として『新音楽時報』を立ち上げた時期に作曲された『謝肉祭』（Op9）のフィナーレにもあらわれている。「ペリシテ人と闘うダヴィッド同盟の行進」と題された行進曲が、二拍子ではなく三拍子であることは、その闘いの「行進」の難しさを示しているのではなかろうか。

批評家の役割と「セクト」の機能

シューマンは、自身が創刊し主宰した『新音楽時報』の編集をフランツ・ブレンデル（一八一一～一八六八）に譲り、一八四四年末にドレスデンへと向かう。しかし後継者のブレンデルが、シューマン自身が評価しないリストやワーグナーを強く擁護する論陣を張り始めたことを嘆くことになる。のちに、プラハ出身の批評家で、ウィーン大学で美学と音楽史を講じていたエドゥアルト・ハンスリック（一八二五～一九〇四）が、シューマンや彼が支持するブラームスを擁護する側に立ちつつ、リスト、ワーグナー、そしてブルックナーへ示した敵意は音楽史で語られる対立の構図である。

ハンスリックは、音楽を聴くことにはもちろん感情が伴うが、「音楽が感情の表出である」という考えを否定する。シューマンやブラームスの音楽は、感情その他のものを音楽で表現しようとしたものではなく、五感で感じ取るものの先にある何か、その向こう側にあるものを知性で濾過して指し示そうとしていると見るのだ。それに対してワーグナーにおいては、音そのものが直接的に感覚に訴える要素が強い。区切りのない無限旋律、特定の人物や想念・感情を結び付けた楽句（ライトモティーフ）を用いることによって音楽に文学的な表現を混入させ、理想を置くべきところに生身の感覚を配し、それをいたずらに刺激するようなことになっていないか。このようなハンスリックの批判は、本来的に抽象度の高い芸術である音楽の本質をめぐって、厳しく対立する二つの姿勢を浮き彫りにした。音楽は感情の「表現」であり、演奏はその「解釈」であるとする立場と、それを否定し、音楽はただ音楽なのだと見る（ストラヴィンスキーが後に提示した）立場である。ここに音楽の世界にも、何を目指すのかに関して「セクト」が生まれる。音楽を感情の描写と考える立場は、後に触れる二〇世紀ソ連の「社会主義リアリズム」ともつながる姿勢と見なすことができる。

「セクト」自体は、物事の発展にとって必ずしもマイナス要素ではない。一人の人間が主張しても達成できないことが、セクトを組むことで実現することがある。そのまま実現できなくても、思想や芸術の力強い発展にとっては、セクトの生み出すエネルギーが必要なこともある。

シューマンの時代の音楽批評界の動きを、同時代の社会風土、政治情勢と重ね合わせて見ると、いくつかの興味深い関係が浮かび上がる。シューマンの空想した「ダヴィッド同盟」という自発的な音楽批評の同志的結合は、芸術における美の問題をめぐって新しい思想運動を生み出した。そしてその運動は、空想上であれ現実の世界であれ、音楽にとって美とは何かを議論する「場」

を作りあげたのである。それは作曲家、演奏家、批評家という職業上の専門家が相互に論を戦わせるための公共性を帯びた空間だった。シューマンが構想したのは、「音楽美」を追求するための専門家集団である。そしてこれら専門家集団が良質の音楽を見分けることで、「応援者としてのパトロン」の機能を果たすことを目指したのだ。

真率なる批評家たちは、直接経済的な支援を行うという意味でのパトロンではない。芸術の質を選別する応援団なのである。この集団は、かつての王侯貴族が持っていた洗練された趣味や鑑識眼を代替するような役割を演じうる。芸術上の創造活動に携わる者は、少数であり、その少数者が生み出したものが、一人一票の投票権をもつ多数の人々によってその内在的価値を判定されるような体制では、真の「美」を守り切ることはできないという認識がそこにはある。

現代の批評世界は、こうした問題に十分応えているだろうか。批評家たちの言論や批判は、彼ら自身の信じる真の「美」を擁護しているだろうか。現代の批評の言説の歯切れの悪さや、礼賛に終始する姿勢は、シューマンが示したような「真率なる批評精神」を衰弱させてはいないだろうか。

3　大衆を酔わせるワーグナーの「毒」

ワーグナーは大衆を興奮させる、とニーチェは見た

ワーグナーが『自叙伝（*Mein Leben*）』の中で、シューマンの指揮者としての力量のなさを惜しむくだりがあるが、シューマンの音楽への評価は決して低くはなかった。むしろ好意的な記述も見受けられる。この『自叙伝』は、一八六五年、ワーグナーがパトロンのバイエルン国王ルートヴィヒ二世（一八四五〜一八八六）の願いによって、ハンス・フォン・ビューローの妻コジマ（リストの娘、一八三七〜一九三〇）に口述筆記させた半生記である。事実に関しても、人物や芸術の評価についても矛盾が見られ、事実（fact）と想像（fancy）がないまぜになっている内容だ。したがって、人間ワーグナーの心理分析には有用かもしれないが、事実を確定するための資料的価値は高くないと言われる。

その点を念頭に置いてではあるが、この『自叙伝』の次のエピソードに、先に述べた二つの「セクト」間の対立の激しさを感知させる記述が見られる。一八四八年の「三月革命」の後、ウィーンから新しい就職先のワイマールに向かう途上のリストは、ドレスデンで『ローエングリン』のスコアを書き上げたワーグナーを訪ねている。ドレスデンに移っていたシューマンを加えて、三人はシューマン宅で演奏や音楽論を交わす機会があった。その折、グランド・オペラの形式を確立したジャコモ・マイヤーベア（一七九一〜一八六四）を評価せずメンデルスゾーンの音楽に深く共感するシューマンと、それに反論するリストとの間で対立が爆発し、シューマンが激昂のあまり席を蹴って寝室に退いてしまったというエピソードが記されている。

シューマンは、ワーグナーが評価するマイヤーベアのオペラ『預言者』の批評（一八五〇年二月二日）で、ただ✝（十字）の印のみを記している。恐らく芸術における「過剰さ」や「はったり(charlatanism)」への反発からであろう。この†を訳者の吉田秀和氏は、「こういうものは早く死ぬことを祈るという意味であろう」と注記している。

『トリスタンとイゾルデ』(一八六五年初演)や『ニュルンベルクのマイスタージンガー』(一八六八年初演)の成功で得意の絶頂にあったワーグナーを、一八六九年五月、若い哲学者フリードリヒ・ニーチェ(一八四四〜一九〇〇)がルツェルン郊外のトリプシェン(現在、この旧邸は改装されてリヒャルト・ワーグナー博物館になっている)に訪ねている。前年一一月にライプツィヒで会ったニーチェをワーグナーが招いたのである。二四歳のニーチェは、『トリスタンとイゾルデ』の迫力に圧倒され、その恐ろしいほどの甘美さに魅せられていた。このニーチェのワーグナー芸術への熱狂は、抑えきれないような激しさがあり、いつかは爆発するような性質のものであったのだろう。

はたして一度は熱烈な「ワグネリアン」であったニーチェは、ワーグナーの音楽とその人格に対して次第に嫌悪の情を抱くようになる。転換点は、一八七六年に落成したバイロイト祝祭劇場での『ニーベルングの指環』の初演の折に訪れた。パトロンのルートヴィヒ二世や新生ドイツ帝国皇帝のヴィルヘルム一世などに囲まれ得意満面のワーグナーに、芸術による救済を求める超俗性ではなく、市民社会の名誉欲に縛られた卑俗な人間をニーチェは見て取ったのである。

その後のニーチェのワーグナー批判の言葉(一八八六年?)は厳しく激しい。自分の若かりし頃のワーグナー評価を全否定しつつ、次のように言う。「天才に関して。たとえばリヒァルト・ヴァーグナーのもとには、なんと天賦の才が乏しいことか! その二十八歳のときに、マイエルベーアを嫉妬したほど、貧弱であった（それほど未発達、未開発ではなくて、それほど貧弱であった）音楽家――おのれの生涯中そのことがしゃくにさわるほど、ひどく嫉妬深かった音楽家が、かつていただろうか？」

さらに次のように言う。少し長いが引用しておきたい。

「もちろんこんにちでは、天分のとぼしい音楽家たちは、また金銭欲や名誉欲にかられた音楽家たちも、困った状態にあるのかもしれない。まさしく彼らにとって、音楽を作るヴァーグナーのやり方のうちには選りぬきの誘惑があるからである。つまりヴァーグナー的な手段や手くだで作曲するのは容易なことであるし、さらにまた『大衆』を興奮させようとするこんにちの芸術家たちの煽動的な要求のもとでは、いっそう報われることであるかもしれない、くわしく言えば、『一層効果的な』、『いっそう圧倒的な』、『いっそう的確な』、『いっそう感動的な』ことであり、かくて演劇賤民と素人的な熱狂家の隠しおおせない愛用語のとおりであるかもしれない。だが、芸術の問題において、『大衆』の喧騒と感激とに結局なんの意義があろう！　優れた音楽はけっして『公衆』をもっていない、――それはけっして『公然たるもの』ではなく、またそうではありえず、それは最も選りぬきの者たちに属し、それはつねにただ――比喩でいえば――『私室』用にのみ現存すべきである。『大衆』は、彼らに最もよくおもねるすべを心得ている者を嗅ぎつける。大衆は大衆流儀ですべての煽動的な才子どもに感謝をささげ、自分たちにできるかぎり彼らにお返しをするのだ」（原佑・吉沢伝三郎

訳『生成の無垢』上巻）

このニーチェの言葉に注釈は無用であろう。ワーグナーの音楽は「大衆におもねり、煽動する可能性のある音楽」だと見抜いたのである。「三月革命」の革命運動に熱心にかかわり、ドレスデン宮廷歌劇場楽長であったワーグナーは、一八四九年の「ドレスデン五月蜂起」に加わったロシアの革命家バクーニンと接触する機会があった。『自叙伝』のバクーニンに関する記述は興味深い。一八四九年の復活祭前に、ワーグナーがベートーヴェン『第九交響曲』のリハーサルをしている最中、バクーニンが警察の眼を逃れて秘密裡にワーグナーのもとに現れ彼を励ましたという。『自叙伝』に盛り込まれた多くのエピソードは、ワーグナーという人間の自己顕示欲の強さ、その音楽が「大衆」の存在を強く意識していたことを示している。

バイエルン国王ルートヴィヒ二世

作曲家が自分の音楽がどのような人々に支持されることを望むのかという問題と、自分の芸術活動を誰に援助してほしいと考えるのかは別の問題である。経済的な支援者としてのパトロンを考えるとき、ワーグナーの熱烈な支援者、バイエルン王ルートヴィヒ二世に触れないわけにはいかない。この王のサポートなしには彼は『ニーベルングの指環』を完成できなかったであろうし、ワーグナー最後の楽劇、舞台神聖祝典劇『パルジファル』を作曲することも恐らくできなかったからだ。これらワーグナーの後期のオペラをバイロイト祝祭劇場で上演できたのも、このバイエルン王の援助があったからである。それだけではない。『トリスタンとイゾルデ』や『ニュルンベルクのマイスタージンガー』の初演も、王の支援なしではままならなかったはずだ。

ワーグナーとパトロンのルートヴィヒ二世の関係を考える場合、当時のバイエルン王国、プロイセン、オーストリア、そして恐らくフランスなどの政治的関係を念頭に置く必要があろう。ルートヴィヒ二世が王位に就いたのは一八六四年の春であった。その二年後にプロイセン王国とオーストリアを盟主とするドイツ連邦は戦争に入っている。七週間という短期決戦であった。バイエルン王国はオーストリア側についたが、オーストリア・バイエルン王国側は敗北を喫する。この一八六六年の普墺戦争によって、ドイツ統一はオーストリアを除く形でプロイセン主導の下で進む。

続いて一八七〇年にプロイセン王国は国内の統一を求めて、フランスとの戦争（普仏戦争）に入る。この戦争ではバイエルン王国はプロイセン側で参戦して勝利を経験し、プロイセン中心に統一されたドイツ帝国に加わることになる。これら二つの戦争がバイエルン王国に多額の財政負担を強いたことは言うまでもない。

財政負担だけではなかった。ドイツ統一によってバイエルン王国のルートヴィヒ二世は、政治的・宗教的に不確かな立場に置かれることになる。バイエルンがカトリック中心の王国であるのに対して、プロイセン王国をはじめとする諸邦はプロテスタントの領邦が多かった。この違いはあらゆる局面に現れた。例えば、ルートヴィヒ二世の同性愛的嗜好に関する道徳や法律は、二つの文化圏では異なっていた。ローマ・カトリック教会はそれを道徳的悪と規定してはいたが、犯罪とはみなしていなかった。しかしプロイセン主導で統一されたドイツ帝国の刑法典（一七五条）は、男性間の同性愛行為を犯罪と規定し、禁錮刑を科していた。そのような状況下で、バイエルンの国王が同性愛者であるということが明らかになれば、バイエルンの人々にとって不名誉になることは避けられなかった。

こうした難しい状況に置かれた国王は、ドイツ帝国に組み込まれた後、次第に政治の場から身を引き、生来強い関心を持っていた芸術、特に音楽の世界に強く没頭するようになったと指摘される。彼の関心と崇拝の対象になったのがリヒャルト・ワーグナーであった。

自己中心の芸術家にとってのパトロン

『ローエングリン』に心酔していた夢想家のルートヴィヒ二世は、王位に就いて、まず国王官房長プフィスターマイスターに命じたのは、借金を踏み倒しながら逃亡生活を送っているワーグナーを探し出し謁見させることであった。ワーグナーはシュトゥットガルト郊外で身を潜めていたところを発見される。バイエルンの王様が自分を探していることを知って喜び、ミュンヘンへと向かったのであろう。謁見してから、ホーエンシュヴァンガウの居館での一週間の滞在がどのようなものであったか、そしてワーグナーがいかに王に催眠術的とも思えるような心理作戦を仕掛けたのかは、関楠生『狂王伝説　ルートヴィヒ二世』に描かれている。

やがてワーグナーは、次第にこの国王が純粋だが賢明ではなく、音楽の素養に欠けることに幻滅する。しかし、国王が自分の音楽に心酔し、自分の芸術活動への援助を惜しまない人間であることは見抜いていた。相手を軽蔑しつつ、なおかつその利用価値を計算したのであろう。こうしたワーグナーの姿を描いた諷刺画がミュンヘンの *Punsch* 誌にしばしば掲載されている。王室の金庫の扉をノックするワーグナー、あるいはもっとあからさまに、ワーグナーが赴任した一八六四年には、次のような光景を描いた漫画も見受けられる。バイエルンの将校が国庫から大きなコインの袋を取り出そうとしている。傍に立っているワーグナーが「おいおい（友よ）、全部引き出さないように、わたしの『未来の音楽院』の費用をカバーできるように数グルデンは残しておけよ」と語りかけている場面である（E. Newman, *The Life of Richard Wagner*, Vol.3）。

国王の精神的な問題を感知していたバイエルン国民は、ワーグナーがミュンヘンにやって来た目的を鋭く見抜いていたのである。彼が一八六四年一〇月にルートヴィヒ二世が用意した大きな邸宅に移り住んだとき、年俸四〇〇〇グルデン（政府顧問官レベルであったと言われる）、就任のための贈与として一万六〇〇〇グルデン、さらに引っ越し費用として四〇〇〇グルデンを与えられている。ルートヴィヒ二世はその見返りとして、『指環』の版権の三番目の所有者となる。

両者の間には多量の手紙のやり取りが残されている。その多くは「おお、わが王よ！　あなたは神々しい」、「愛するただひとりの友」といったような文句で飾られており、ワーグナーの目論見が見え透いていて鼻白む思いがするばかりだ（B. Millington, *Wagner*）。

しかし一八六五年の秋に至っても、ワーグナーの音楽院設立計画にもルートヴィヒ二世の祝祭劇場建設計画にも具体的な進展は見られなかった。宮廷内でも、そしてミュンヘン市民の間でもワーグナーに向けられた猜疑心は強まる一方であった。そのような状況下でも、ワーグナーは八〇〇〇グルデンの年金と、四万グルデンの加給を国王から引き出すことに成功している。国家財政を傾かせるような厚遇はワーグナーの批判者をますます増やしたことだろう。さらに、ワーグナーが普墺戦争の折に政治に口をさしはさみ、国王を操るような挙に出始めたことは、彼の王室内の信望を損なうことになる。

一八七〇年七月、コジマとの同棲生活を続けていたワーグナーに、コジマとハンス・フォン・ビューローの離婚が正式に成立したとの知らせが入る。二人は翌月にルツェルンのプロテスタント教会で結婚式を挙げ、年末の（クリスマスの日でもある）コジマの誕生日にワーグナーは『ジークフリート牧歌（Siegfried-Idyll）』を生演奏で彼女に捧げる。自己の欲望に忠実なワーグナーは、欲しいものをすべて手に入れたのである。

「大衆」の音楽としてのワーグナー――フルトヴェングラーの見方

ワーグナーの性格について、精神分析の立場から疾病学的診断を解説した書物がいくつかある。たとえば福島章『音楽と音楽家の精神分析』では、ワーグナーの性格に関して、「粗野、征服欲、敏感、自己意識の高進、単純性感情肥大症、色情狂、エキセントリック、派手好み、浪費癖、虚言癖、自己陶酔、忘我欲求」などの言葉が続き、彼は強度のヒステリー性の資質の持ち主だったと診断されている。

音楽芸術という創造の世界と、音楽を楽しむ聴衆の世界をひとつの社会現象として見る場合、音楽家という「送り手」個人の性格を問題とすべきか、「与件」としての社会体制そのものを重視するのかは簡単に答えが見つかる問いではない。性格と体制は微妙な相互依存の関係にある。人間の性格のどのような側面が顕在化するのかは、その社会の体制によって異なってくる。人間は社会体制に適合的に行動するよう動機づけられやすい。第二章でも論じたように、全体主義国家では、人はみな同じように考え、同じように行動すると言われる。だがこの命題は必ずしも正確ではない。全体主義国家では、人々の行動は画一化されるが、すべての人々の心までも独裁者が支配することはできない。だからこそ、専制政治の下でも優れた文学や芸術が生まれるのだ。一方、リベラル・デモクラシーの国家でも、「コンフォルミズム（画一主義）」は強い力を持って人々の行動を画一化する。さらに、リベラル・デモクラシーの下では、人々は行動だけでなく、心までも画一化されてしまう可能性がある。「大衆」とは心が画一化されたマスなのだ。

いずれにせよ、同じ体制の下で生きる人間に、さまざまな局面での類似性が現れるのは自然であろう。人間は、通常その行動を内発的な力で動機づけると考えられがちである。しかし実際の人間は「体制」という外的環境に適合するよう考え、行動する動物でもあるのだ。言い換えれば、社会的条件が、人々の意見、感情、感覚、行動目標、尊敬される人間のタイプ、言葉使いなどを規定することもある。

トクヴィルは、『アメリカのデモクラシー』で次のような見事な例を示しながらデモクラシーの下での芸術の運命を見通している。引用しておこう。

「ラファエロが今日のデッサン画家のように人間の身体の細かい仕組みについて深く研究し

たとは思えない。ラファエロはこの点についての厳密性に彼らほど重きをおいていなかった。というのも、彼は自然を超えるつもりでいたからである。人間を人間以上の何かに描こうと欲し、美そのものをさらに美しくしようと試みたのである。

これに対して、ダヴィッドとその弟子たちはよい絵描きであると同時にすぐれた解剖学者であった。彼らは目の前にあるモデルを見事に再現したが、それを超えて何かを思い描くことは滅多になかった。彼らは正確に自然に従ったが、ラファエロはそれ以上のものを求めたのである。彼らはわれわれに人間の正確な肖像を残したが、ラファエロはその作品において神の姿を垣間見せてくれる」(松本礼二訳、第二巻(上)九六頁)

写実における厳密さや正確さを追求することによって、直接的に「視覚」「聴覚」という感覚に訴える芸術は、それだけ人の感情を動かしやすい。この「感覚に直接訴える」という要素が、デモクラシーと親和力を持つことをトクヴィルは強調したかったのであろう。このような魔力は、ワーグナーの音楽にも当てはまるのではないか。先に触れたハンスリックが否定した「感情の表出する」音楽である。感覚に訴える力の強さは、一九世紀のロマン派の音楽にある程度は一様に見られる傾向であるし、もちろんワーグナーの音楽は「感覚に直接訴える」要素だけから成り立っているわけでもない。神話を中心とした文学的想像力によって「美」の世界へと聴き手を誘い入れる力がワーグナーの「楽劇」には確かにある。

ワーグナーの音楽をどう位置付けるのか。「ワグネリアン」になるのか否か。人々の好みは分かれる。しかもこの好みや価値の論争が一〇〇年以上経っても未だに続いているのは、デモクラシーの長所と欠陥、あるいは自由と平等にどのような価値を見いだすのかという問いとも重なる所がある。ワーグナーの音楽は、人間と人間社会が抱える解決のない根本的な問いかけが、音楽芸術の世界に投影されたものだと考えることもできるだろう。

ワーグナーの音楽に秘められた「社会思想」をどう考えるのか。その点で示唆的なのはフルトヴェングラーの「ワグナーの場合」（芳賀檀訳『音と言葉』所収）と題された、ニーチェとワーグナーの関係を論じた文章である。この文章の冒頭で、フルトヴェングラーは、「彼の音楽はこの種のまじめな音楽としてはかつてなかったほど大衆的です。彼はあらゆる階級、あらゆる教養段階にある人々に向って訴えます。彼は最も矜持高い知的なコンサートにも演奏されれば、同じくまた公園の野外演奏会、軍楽団の演奏会にも用いられています」と指摘する。

そしてワーグナーの音楽を、同時代の偉大な音楽家、ブラームスと対比させて次のように言う。ブラームスが深い自己認識と「静かな節度」をもって、自己を作品の中に集中させ、作品の中で自己を告白させたのに対して、ワーグナーは自己を拡散させる。そして、ワーグナーの作品に感銘を覚える人々は、「己れの内心の自立性を守りえない人」であり、「ワグナーの作品に自由な人間として歩み寄ることのできぬ人、それに従属し、それに身も心も引き渡してしまったと思われる人」だと対比させるのである。ワーグナーの音楽が与える「不気味な拡大する感銘」は人の心を支配する。デモクラシーという制度が、自律性のある個人を、「大衆」の中で自己を見失なわせることがあるように、ワーグナーの音楽は「大衆」を酔わせる「毒」を含むということになろう。

言うまでもないことだが、このフルトヴェングラーの見解は、ワーグナーの音楽を決して低く評価したものではない。そのことは、彼が一九五二年にロンドンのキングスウェイ・ホールで録音した『トリスタンとイゾルデ』を聴けば明らかである。

第七章　政治体制と音楽家

1　ショスタコーヴィチの内省的抵抗

経済生活と文化の伝承

芸術活動に携わる者がパトロンを必要とするのは、自分の経済生活を支えるためだけではない。芸術の核心部分を理解し、精神的サポートを恒常的に与えてくれる「趣味のよい応援者」を得て、自分の芸術の到達点を次の世代に伝承したいと考えるからであろう。「美」の追求に生涯をささげる者は、その「美」を、世代を越えて伝えるための制度的枠組みを求めるのではないか。

西洋音楽以外の世界、例えば日本中世の能楽の世界でも、この伝承の枠組みは芸術家の重要な関心事であったようだ。世阿弥が執筆したとされる『風姿花伝』も、芸の継承問題が深くかかわっているという指摘がある。世阿弥を悩ませ続けたのは後継者問題であった。実子・元雅を授かる前に、後継者として弟・観世四郎の子、後の音阿弥を養子に迎えていた。『風姿花伝』は、単なる純粋芸術論ではなく、自分の後継者たちが、文化芸術の第一人者としての地位を保ち続けられるように書かれたマニュアル本だと見る向きもある。将軍・公家といった権力者をいかに惹きつけるかが、その執筆の主要な動機だと考えるのである（北川米喜「運動の芸能」『学際』）。そこには、芸術における様式、形式の確立という問題だけでなく、それをいかに継承して行くのかという文化の根本問題が存在する。政治権力を握るパトロンは、文化にかかわる政策・戦略を決定する立場にあり、その未来を左右する力を持っていたのである。

その政治権力とはいかなる主体なのか。独裁・専制を意味するのか、あるいはデモクラシーのように、国民主権という「全体」の意思を根拠とする権力なのか。その形態・構造によって、影響や力の発揮のされ方は異なってくる。「全体主義」という言葉は曖昧だ。その政治構造や国民への影響は時代や国によって違いがある。すでに述べたように、「独裁・専制」による全体主義は、表面的には「独裁者」に服従することを強いられているが、独裁者が人々の「こころ」の中を支配できるわけではない。しかし、デモクラシーの劣化した形態として現れる「全体が全体を支配する」ような政体は、人々の行動を規制し画一化するだけでなく、人々の「こころ」の中にも入り込み、画一化してしまうことがある。デモクラシーには「多数の専制」の危険性が常に潜んでいるのだ。

このようにパトロンや庇護者の力と影響は多面的で複雑だ。前章で述べたシューマンの評論活動における「ダヴィッド同盟」は、凡庸な多数者の横暴から音楽を守るという趣旨で構想されていた。金銭的な援助だけではなく、優れた鑑識眼を持つ「応援団」としてのパトロンが必要だとの意図から生まれた。

また、政治からの手厚い経済的援助は、芸術活動に関わる人々の行動にも影響を及ぼすだろう。援助が広汎に行われるようになると、二つの相反する効果が生まれる可能性が考えられる。ひとつは、より多くのものが芸術活動に参入するため、その中から「光るもの」を見つけ出すことが難しくなるかもしれない。しかし逆に、より多くのものが参入できるようになると、「光るもの」が入ってくる可能性は高まるはずだ。

性格は政治体制に影響される

こうした論点に加えて、音楽家自身の性格や行動はどの程度、体制からの影響を受けるのかという問いがある。同じ境遇にあっても、その境遇をどう受け止めるのか、その境遇をいかに克服するかは芸術家の性格に左右されるだろう。そもそもある行動が、体制ゆえなのか、本人の性格から来るのかをどの程度区別できるのか。

リベラル・デモクラシーの政治経済体制をとる国々（民主制と市場制度を基盤とする多くの先進国）では、人々の「こころ」のかたちがどのようなものかはある程度推測できる。同じ体制の下で生きる人間には、さまざまな局面での類似性が現れるであろう。先に述べたように、通常、人間の行動は内発的な力で動機づけられると考えがちだが、現実の人間は、「体制」という外的環境に適合するように行動する傾向をもつ。

こうした点を具体的な歴史的事例から理解するために、既に様々な事実が明らかにされ、多くの研究が行なわれている「ショスタコーヴィチとスターリン」の問題をまず振り返りたい。国家権力が芸術の内容に立ち入り、権力への協力者、宣伝者としての役割を芸術家に強いるケースだ。ロシア革命後のソビエト音楽界の重鎮と目されたドミトーリ・ショスタコーヴィチ（一九〇六〜一九七五）の場合は、政治体制と芸術家の性格の問題を考える上でも重要な事例であり、「こころ」を支配されなかった芸術家の抵抗の精神を考える上でも貴重である。またショスタコーヴィチより少し年長のセルゲイ・プロコフィエフ（一八九一〜一九五三）と比較すると、なにがしかのヒントが得られるように思う。両者とも、一級の芸術作品を遺したソビエトの音楽家であるが、政治権力との関係においては明らかな違いがあるからだ。

ショスタコーヴィチの曖昧さと一貫性

ショスタコーヴィチの代表的傑作が多く生み出された時期は、スターリンの独裁体制の時代（一九二四〜五三）と重なっている。ショスタコーヴィチが音楽家として活動を始めたのは、ペテルブルク音楽院の卒業制作として提出した『交響曲第一番』を作曲した一九二五年であった。まさにスターリンがレーニンの後継者としての地位を確立した一年後である。ショスタコーヴィチは、ソビエト連邦の最高指導者として君臨したスターリンが一九五三年に亡くなるまでの二九年間、どのような想いで多くの傑作を生み出して行ったのであろうか。

この問いに彼が答えたとする書物が、一九七九年、ショスタコーヴィチが亡くなって四年後に、*Testimony: The Memoirs of Dmitri Shostakovich, as related to and edited by Solomon Volkov* と題して出版され話題を呼んだ（水野忠夫訳『ショスタコーヴィチの証言』）。著者はソ連出身（亡命）で米国在住の著名な音楽学者ソロモン・ヴォルコフである。同書誕生の経緯は、いくつかの謎に包まれているが、どこを読んでも迫力があり興味は尽きない。

わたし自身はショスタコーヴィチの作品の決して良い聴き手ではない。弦楽四重奏曲やピアノ曲を時々聴くことがあっても、例えばあの三日か四日で書き上げたという『弦楽四重奏曲第八番』（Op110）を聴くと、ある種の戸惑いを覚える。この曲をショスタコーヴィチ自身がピアノで弾き直したときに泣いたというエピソードがある。この曲は「ファシズムと戦争の犠牲者の思い出に捧げる」とされている。彼の涙は、この曲で戦争への思いを完璧に表現できたことに感極まった涙なのか、それとも共産党に入党せざるを得なかった（一九六〇年）自分への涙なのか、それは聴く者の理解を越えている。ほとんどがスローな楽章だが、allegro molto の短い第二楽章の激しさは何を示しているのか。この曲に込められた作曲者の「こころ」の中味は、聴く者の理解の彼方にある。

彼はバッハも驚くであろうほど、対位法を自在に操った。聴き手をドラマティックに刺激する魔力を発する作品を遺したスケールの大きな作曲家であることは確かだ。しかし心静かに聴くと、なんとも暗くて辛くなることがある。かと思うと、諷刺を含んだような明るく冗談めいた作品にも出合う。とらえ切れない意味や本心を推測しようとしてしまい、どうしてもこころから楽しめないのだ。

だが、そこに込められたとされる政治的な意味合いを抜きにして、バーンスタイン指揮のロンドン・シンフォニーによる『交響曲第五番』やハイティンク指揮のアムステルダム・コンセルトヘボウによる『交響曲第一〇番』を聴くと、心底素晴らしいと感じるのも事実だ。同時に、聴いている間じゅう、自分のこころが極北の暗闇を彷徨うような感覚にとらわれることもある。いずれにせよ、ショスタコーヴィチへの関心には抑えがたいものがある。工藤庸介『ショスタコーヴィチ全作品解読』(東洋書店)を読むと、作品解説の中にショスタコーヴィチの音楽活動の背景も記されており、関心の多くは満たされる。ショスタコーヴィチの作品とその演奏について綿密に調べられており、中途半端な政治論や音楽評論には禁欲的だ。工藤氏自身がヴァイオリニストであるため、演奏家としてのコメントも参考になる。以下のショスタコーヴィチ作品についてのデータは工藤氏の書物に依るところが大きい。

ショスタコーヴィチにとっての対位法

政治的な解釈に振り回されないために、ショスタコーヴィチの音楽の中心的な特質が何かを筆者流に考えてみたい。彼の作品の中で具体的な政治背景のない、抽象度の高い、形式が内容を強く規定するような作品について先に触れておくのがよいだろう。

ショスタコーヴィチは、いずれの時期においても、ソ連の政治指導者や国民にとって自国文化を代表する最高の誇りであった。後に述べる「ジダーノフ批判」で、スターリンとの関係の悪化が表面化してからも、国際的な文化会議へのソビエト公式派遣団の一員として米国はじめ西側諸国に渡っている。彼がソ連の看板芸術家であることには変わりはなかった。一九五〇年夏、ライプツィヒで開かれた「バッハ没後二〇〇年記念祭」にソ連代表団の団長として送り込まれ、その折、記念公演のあとの集会で偶然バッハを演奏する機会が生まれ、その演奏の見事さに聴く者は驚き興奮したというエピソードがある。

この記念祭が終わった後、彼は多声音楽を現代に生かす作品として、J・S・バッハの『平均律クラヴィーア曲集』の形式を借りて、自らの多声音楽を創作することを思いつく。その結果、二年をかけて生まれたのが大作『二四の前奏曲とフーガ』(Op87)である(L・E・ファーイ『ショスタコーヴィチ　ある生涯』藤岡啓介・佐々木千恵訳)。

この大作は、バッハと同じように、平均律の一二音それぞれを主音とする短調と長調の「前奏曲とフーガ」を対とする二四曲で成り立っている。配列は、バッハがハ長調・ハ短調に始まり、半音ずつ上昇して長調・短調を交互に並べているのに対し、ショスタコーヴィチの場合は、ハ長調・イ短調から五度の循環で並べて、ヘ長調・ニ短調で終わっている。機械的に半音ずつ上がるより、五度で上がっていくショスタコーヴィチの方が、続けて演奏する場合に音楽的連続性が保持しやすいのか、敢えてバッハとは配列を変えている。

この「前奏曲とフーガ」という作品の生み出す様式美ゆえに感動するという面もあろう。例えば、ベートーヴェンの高弟であったカール・チェルニー(一七九一〜一八五七)が作曲した「四八の前奏曲とフーガ」(『古典的スタイルのピアニスト』、Op856)を聴いても、その美しさに感動する。筆者は神谷郁代さんが演奏されたCDを聴いて、音楽家としてチェルニーをすっかり見直した。チェルニーというと、子供への「指の拷問」のような「練習曲」を思い出してしまうが、チェルニーの対位法にも、三つ、四つの声部が、対話(ときに対立)を重ねながら、究極のところで「ひとつ」に収束するという、なにか神々しいものを感知させるような宗教的な力がある。

そうした対位法の持つ宗教的とも言いうる様式美を割り引いても、ショスタコーヴィチの『二四の前奏曲とフーガ』全曲最後のニ短調の短い前奏曲と長いフーガ（四声）には、二〇世紀における多声音楽の奇跡的な復活を思わせるような力がある。特に、前奏曲の中に、あとに続くフーガの主題を書き込むという構造は素晴らしい。フーガ後半のオクターブの迫力も圧倒的だ。ショスタコーヴィチ自身が「交響曲」でもフーガを多用していることから、対位法に特別な想いを持っていたことがうかがえる。ソナタ形式が主流である時代に（そしてソナタ形式の総括とも言える「交響曲」の中において）フーガの復活を主張している点に、彼の音楽芸術のスケールと深さを感じる。その深さは、最高の道徳であるべき政治に無関心ではいられないという彼の精神の深さと無関係ではあるまい。表面的な暗さと明るさの絶妙の対比の中に、祈りと怒りは表裏一体という宗教性が反映されているようにわたしには聴こえる。

「抵抗の精神」の強靱さと柔軟さ

ショスタコーヴィチの音楽と政治体制の関係を考えることは、その政治体制の苛酷さを経験していない者にある種の「無力さ」を感じさせる。後に触れるように、彼が、バーナード・ショウ、ロマン・ロラン、アンドレ・マルローなど、西側世界の「ヒューマニスト」たちに向けた激しい怒りを考えると、そうした「無力さ」は一段と強まる。言い方を変えれば、独裁者による恐怖の支配が精神的自由に与える打撃を、ショウやロランは推し量るに足る想像力を持っていなかったということになる。

一九一七年の革命と一九四一年に始まる独ソ戦に重ね合わせながらショスタコーヴィチの音楽を聴くことは、その作品への理解を深めることになるだろう。逆に、歴史的背景や文脈から切り離して独立にその作品の芸術的価値を味わうためには、聴き手は相当の想像力が問われるとも言える。

一九二六年五月、ショスタコーヴィチが『交響曲第一番』を発表すると、ソ連に天才があらわれたと国内外に大きな衝撃が生まれた。しかしその後の彼の音楽活動には大きな困難が待ち受けていた。一九三六年一月二六日、彼の二作目のオペラ『ムツェンスク郡のマクベス夫人』を観たスターリンは、この作品に露骨な嫌悪を示し、演奏途中で席を蹴って退出する。二日後に『プラウダ』がこの作品を酷評する「SUMBUR WMESTO MUSYKI（音楽の代わりにカオス）」という見出しの匿名記事を掲載し、ショスタコーヴィチの音楽は「形式主義」であり「人民の敵」だと厳しく批判したのである。バレエ組曲『明るい小川』（Ｏｐ39ａ）に対しても同紙から鉄槌が加えられた。この組曲の中の「ワルツ」、「アダージョ」などのメロディーは、バレエという舞踊芸術からすると当然かもしれないが、なんとも甘い。そこが労働する人民には有害だということなのだろう。「プラウダ批判」は、ショスタコーヴィチが遭遇した、最初の公権力からの脅迫とも取れる攻撃であった。時まさにスターリンの「大粛清」がピークを迎えようとしていた時期である。彼は芸術家としての社会的制裁だけでなく、肉体的生命の危機すら覚えたに違いない。

ちなみに筆者は三〇年ほど前、初めて『マクベス夫人』（ドイツ語版）をハンブルク・オペラで観た。第一幕第三場のカテリーナのアリアは美しいが、レイプ・シーンにショックを受けただけでなく、暴力とグロテスクが目立つ舞台への不快感は長く尾を引いた。スターリンが、途中で席を蹴って出て行ったのは、どのシーンか知る由もないが、スターリンが筆者のような「ブルジョワ道徳観」を持っていたのは意外なことかもしれない。このオペラの芸術的価値を果たしてどれほどの人が直ちに見抜くことができたのであろうか。

対立を避け、沈黙し、皮肉る

「プラウダ批判」によって、ショスタコーヴィチはスターリンとの正面対立を避け、皮肉るという形の内省的抵抗を試みるようになった。スターリンの「大粛清」は、一九三〇年代になると処刑される者は万単位にのぼり、一九三七、三八年には、それぞれ三〇万人以上が犠牲となっている。ショスタコーヴィチが「プラウダ批判」に対して沈黙を続けたのは当然であろう。それまでの交響曲には「十月革命に捧ぐ」(『第二番』、Op14)や「メーデー」(『第三番』、Op20)といった政治的標題がついていたのに対して、一九三六年五月頃に完成していたとされる『交響曲第四番』(Op43)は標題を持つものではなかった。『第四番』はレニングラード・フィルによって上演が決まり、リハーサルが行われていたが、その最中に、ショスタコーヴィチはスコアを撤回し初演中止を申し出る。その後この曲は一九六一年末まで演奏されることはなかった。強制収容所や大粛清の実態は徐々に知られるようになっており、「プラウダ批判」が陰湿な脅迫だと彼は十分察知していたのだ。

「プラウダ批判」の後、一九三七年、ショスタコーヴィチは『交響曲第五番』（Op47、日本では「革命」という副題がつけられる）を発表する。最終の第四楽章冒頭と、同じ楽章の終結部のティンパニによるフォルテッシモのA・Dの連打は人を奮い立たせ、前に進ませるような力がある。初演で拍手喝采が三〇分以上続いたこの人気作品は、形式から見ると保守的な古典的構成を採っている。『交響曲第五番』は、「強いられた歓喜」、権力の干渉への恭順を装う姿勢を示していると言う評論家もいる。解釈は色々あるようだ。だが解釈が分かれるということは平板ではないことを意味する。具体的な写実性を欠く曖昧さ、あるいは真意を隠す技巧に、ショスタコーヴィチの芸術の見事さがあるとも言える。

ショスタコーヴィチ自身の性格と音楽の二面性は、作品の中にそのまま表れているように感じられる。安易にこうだと断言ができないところがある。優れた芸術作品は、平板な一意的な解釈を拒む。「こうも言える、こうも解釈できる」という広さと深さを秘めている。読む者、聴く者、観る者、それぞれに自分の理解力の程度に応じて、そこから何かを汲み取る自由を与えてくれるのだ。「曖昧さ」にこそ、彼の偉大な芸術作品の本質が隠されているとするのは言い過ぎだろうか。こうした曖昧さを生み出す技巧とエネルギーを与えた力のひとつが、スターリンという存在だったと考えることもできる。

芸術家にとって、政治体制からの圧迫ゆえに自分の芸術の本質を表出しないということはなかったはずだ。手を抜いたり、諷刺の「ひねり」を入れつつも、ここぞというところで、ショスタコーヴィチは己の表現したいものを「抜け目なく」しっかりと作品に結実させていたのではなかろうか。

2 『交響曲第九番』はスターリンを激怒させた

「大祖国戦争」への愛国的反応

戦争に対してショスタコーヴィチはいかに反応したのか。一九四一年六月二二日、ヒトラー・ドイツの国防軍は、二年前に締結された「独ソ不可侵条約」を破る奇襲作戦（バルバロッサ作戦）でソ連に侵攻、ソビエト国民を驚かす。この「大祖国戦争」と呼ばれる独ソ戦（「東部戦線」、一九四一〜四五）が始まるや否や、レニングラード音楽院の教授室に消防手として寝泊まりしていたショスタコーヴィチは、すぐさま『交響曲第七番』（「レニングラード」、Op60）の作曲に取りかかり同年末に完成させる。「書かずにはいられなかった」と後日回想している。彼が受けた衝撃と興奮は、寺原伸夫氏による『第七番』のスコア解説にヴィヴィドに記述されている。

ドイツ国防軍に包囲される中、激しい空爆で灰燼に帰しつつあるレニングラードから、ショスタコーヴィチは「ソビエトの音楽家たち、私の親愛なる友人たちよ！　私たちの祖国、私たちの生活、私たちの音楽が、重大な危機にさらされています。私たちの祖国を、私たちの生活を、私たちの音楽を守り、忠実に仕事をしましょう」とレニングラード・ラジオで訴える。国民と共にいることで、戦っている国民の姿を自分の音楽に刻み付けたいと願った、と愛国的な感情を率直に述べている。

一九四一年秋に始まったこの包囲が解かれたのはおよそ九〇〇日後の一九四四年一月である。このレニングラード包囲戦で最高指導者の地位にいたひとりが、後に述べるアンドレイ・ジダーノフ（一八九六〜一九四八）であった。ジダーノフは戦争が終わってから、一九四六年に文学者に向けてソ連の現実に目を向けること、さらに一九四八年二月には、ショスタコーヴィチ、プロコフィエフ、ハチャトリアンたちの音楽を「形式主義」、「人民の敵」だと厳しく糾弾する「ジダーノフ・ドクトリン」を発した人物である（*S. Fitzpatrick, On Stalin's Team*）。

『第七番』を何度か聴くと、この作品の微妙な性格が分かって来る。ショスタコーヴィチは、「私は戦争の印象についての自然主義的描写（飛行機のうなり、戦車の轟音、大砲の一斉射撃）を課題とはしなかった。私は一般に名付けられている戦争（描写）音楽を作曲したのではない。私は峻厳な事件の内容を伝えたいと願った」と述べている（寺原伸夫）。自然主義的描写ではなく「峻厳な事件の内容」を伝える音楽とは、リアリズムの主張する生々しい写実ではなく、人間の感覚を通して認識されたものを知的に昇華した精神の表出ということだろう。現実に起こったのは人肉をも求めるというほどの恐ろしい飢餓であり、うずたかく積まれたまま見捨てられた死体の山であった。この戦争がいずれはソ連に勝利をもたらすであろうと聴く者に感じさせるのは、フルートが奏でるドイツ軍侵入を示す（わざとらしいほど）凡庸なテーマ（invasion theme）である。このテーマの行進曲は変奏曲風に続く。

ナチス・ドイツの侵攻に対して、後に触れるように「政治に無頓着」そうなプロコフィエフも極めて愛国的な反応を示している。しかしその反応にはいくつかの興味深い点が含まれている（「芸術家と戦争」園部四郎・西牟田久雄共訳『プロコフィエフ自伝・評論』所収）。彼は一九四一年夏、モスクワ郊外でバレエ音楽『シンデレラ』を作曲中に、ドイツ軍のソビエト侵入を知る。その時の様子を次のように書く。「全ソビエト人は、祖国の防衛に立ちあがった。誰もが遅れることなく、自分の本分を尽くそうと願った。われわれ作曲家は、英雄を讃えるタイプの歌や行進曲、つまり、前線で歌われるような音楽を書き始めた」。それらは『大衆歌曲』（Ｏｐ89の二曲）と行進曲『交響的行進曲』（Ｏｐ88）を指すようだ。さらに「わたしは、レフ・トルストイの偉大な小説『戦争と平和』を主題にオペラを書こうと、かなり前から考えていたが、今ふたたび考えるようになった」とオペラ作曲への意欲を強めている。プロコフィエフはドイツの侵攻に反発する愛国的な感情を、戦闘中の兵士や国民大衆の士気高揚に直接つなげるような作品を目指すのである。

と同時に、彼は戦火の中においても自分の美意識にこだわっている。彼が住んでいたモスクワ郊外にも敵機がやって来て、照明弾を投下し、村全体を照らし出す。時にはドイツの爆撃機が激烈な爆発音とともに撃墜される。サーチライトの白い光芒が夜空を照らす。「これらすべてが結合して、恐ろしい美の光景を生み出していた」と述べ（前掲書）、音楽と美のことしか頭にないかのようだ。

プロコフィエフの音楽が、戦場の兵士を鼓舞するという実用性と、他方では抽象性から生まれ出る純粋な美しさという二つの方向に分裂しているのは、彼の一九一八年の「亡命」、スターリンの大粛清が進行する中での一九三六年の「帰国」という分裂的な行動とも重なるところがある。

彼が米国滞在に見切りをつけたのも、長引く大不況の中、演奏会の機会も減り自分の経済生活が厳しくなってきたという現実的な事情があったのではなかろうか。

ソ連軍の反攻とスターリングラードの勝利

一九四二年一一月には、補給路を切断されたドイツ軍は、ソ連軍の頑強な抵抗に遭い、冬の到来の中スターリングラード（現在のヴォルゴグラード）で包囲され、翌年一月末から撤退を余儀なくされる。スターリングラードにおけるソ連軍の反撃で「大祖国戦争」の戦況の局面は大きく反転し、クイビシェフに移されていた首都機能もモスクワに戻って来る。

この時点で、ショスタコーヴィチもレニングラードを離れモスクワ音楽院での指導を始め、素早く『交響曲第八番』（Op65）を完成させる。『第八番』の長い第一楽章は、あの心に沁み透るような対位法的なアダージョで始まる。続く第二楽章も行進曲風であるが、時にやや浮薄なスケルツォが現れる。無窮動の第三楽章のあとの第四楽章のパッサカリアは、随所に織り込まれた対位法のエピソードが戦争の苛酷さの中にひそむ神意を示しているようだ。フィナーレの第五楽章は民族ダンスの入った明るい喜びに満ちた音楽。しかし滑らかな情緒あふれる旋律の後に、時に調性不明の激しい低音が響き渡る。これは単なる勝利を祝う音楽ではない。実に複雑な作品だ。『交響曲第八番』が標題を持たないこと、そして対位法的なテーマがちりばめられていることを考えると、ショスタコーヴィチはこの曲で戦争の悲惨さを直接感覚に訴えたのではない。悲劇的感情を浄化させることを目指したのであろうか。彼が祈りと怒りを通して思い出した自由とヒューマニティへの賛歌が漏れ聞こえてくるようにも感じる。

彼が人民の不安と苦悩、勇気や歓喜を描きたかったとする『第八番』を、歴史的背景の知識なしに聴いても、人間の悲惨に魂を揺さぶられるのではないか。聴く者が全く経験していないにもかかわらず、あの戦争の「記憶」をあたかも呼び覚まされるように感じるのは実に不思議だ。

だが、ソ連軍が反攻に転じ、勝利への道を進もうとしている折に、こうした悲劇的響きのする交響曲を作ったことに対して、「反革命的かつ反ソビエト的」だとの批判が起こるのは避けられなかった。しかしショスタコーヴィチはすでに世界から注目される大作曲家であり、彼の作品を反ソビエト的だとして「当局」が徹底的に断罪することは難しかったに違いない。この不徹底な状況を一挙に変えたのがヒトラーに対するソ連の最終的な勝利であった。ソ連側はこの「大祖国戦争」で約一五〇〇万人の戦死者を出し、ほぼ同数の民間人が犠牲となったと推定されている。三〇〇〇万人もの死者という甚大な犠牲を払ったこの戦争は、第二次世界大戦においても、また人類の戦争の歴史の中でも最大の死者数を数える未曾有の大戦争であった（詳しくは大木毅『独ソ戦　絶滅戦争の惨禍』、H・E・ソールズベリー『燃える東部戦線―独ソ戦の全貌』〔大沢正訳〕参照）。

ソ連の勝利はその後の国際情勢に大きな政治的帰結をもたらした。ヨーロッパをナチス・ドイツから解放した殊勲はソ連にあるとされ、ソ連の国際的威信を高めた。そしてソ連が戦後の東欧地域の共産化への道を突き進む上で大きな力を与えたのだ。

スターリンは神格化を望んだ

独ソ戦の勝利は、ショスタコーヴィチが置かれた状況にも変化をもたらした。先にふれた『証言』の中で述べられたスターリン自身の変化をショスタコーヴィチは次のように述べる（一四〇～一四二頁）。「大祖国戦争」の勝利は、スターリンに強い自信と自己肥大の感覚を植え付けた。それまでのスターリンは自己の才能や偉大さに強い確信は持っていなかった。ところがヒトラー・ドイツに勝利すると、スターリンは、カエルが懸命に腹を膨らませて牛の大きさになったような意識を持つようになった。彼のまわりの者も、スターリンは牛なのだと考え、牛として接するようになる。そうした状況から、スターリンの自己の神格化（apotheosis）への強い要求が生まれた。

神格化のためには頌歌（Ode）が不可欠になる。スターリンは、独ソ戦の勝利を祝い、自分を讃える合唱と独唱の入った頌歌として、荘重な「大交響曲」を作る仕事をショスタコーヴィチに求めた。こうして作曲されたのが、『交響曲第九番』（Op70）である。「九番」というのも、ベートーヴェンの『第九』を想起させて縁起がよい。

だが、ショスタコーヴィチはスターリンの神格化に応じはしなかった。一九四五年一一月に初演されたこの『交響曲第九番』は、規模（構想）の小さな、演奏時間は二十数分程度の、文字通り「こぢんまりとした」作品であった。ソナタ形式の第一楽章でピッコロやトロンボーンの奏でる第二主題の冗談めいたメロディーは、終戦の解放感から生まれる国民の陽気さともとれるが、どうも茶化しているように聴こえる。軍楽隊を笑っているだけでなく、スターリンに対するシニカルな「メッセージ」が含まれているようにもとれるのだ。「勝利」へのある種の「サーカズム

(sarcasm　諷刺)」、つまり強い当てこすりが感じられる。ベートーヴェンの『第九』のような荘重な曲を期待し、何かにつけ過度に敏感になっていた独裁者が、自分に向けられた『第九』を聴いて怒りを爆発させたことは十分推測が付く。この『第九』は、ショスタコーヴィチがスターリンの「個人崇拝」というカルトの強要をシニカルに撥ねつけた作品ととるのが自然であろう。

「偽書」とも言われるヴォルコフの『証言』という書物が、どのようにして生まれたのかは分からない。だが相当正確に、スターリン体制下のソ連の政治的・社会的雰囲気が記されていることは否定できないとされる。ソ連からの亡命を果たした著名な演奏家や知識人の中には、『証言』を単に「偽書」と見捨てることは出来ないとする立場を取るものが多い。ショスタコーヴィチ自身がヴォルコフに直接語ったのかという点は別の問題として、同書は、社会主義国家ソ連における芸術の位置を知るうえでも豊富な情報を提供していると理解すべきだろう。とくにショスタコーヴィチがグラズノフ、プロコフィエフ、ストラヴィンスキーらの作曲家たちをどのように見ていたのか、どう評価していたのかを知る上でも参考になる（プロコフィエフについては後に触れる）。

ラリー・ワインステインの作製したＤＶＤ、*The War Symphonies: Shostakovich Against Stalin* に登場する作曲家やショスタコーヴィチの友人たちは、『第九番』第一楽章のいくつかの旋律は「サーカズム」だと解釈している。ちなみにこのＤＶＤには、「ジダーノフ批判」でショスタコーヴィチやプロコフィエフを「形式主義者」として名指して断罪した作曲家で政治家でもあったティホン・フレンニコフ（一九一三～二〇〇七）本人が登場している。また、「ジダーノフ批判」直後にショスタコーヴィチが音楽を付けた、『ベルリン陥落』というカラーのプロパガンダ映画（一かされる。

九四九）の一部も出て来る。「個人崇拝」という点でも、現代の北朝鮮と酷似しているのには驚かされる。

「ジダーノフ批判」を諷刺する〝ラヨーク〟

「第九事件」によって、ソビエト政府は芸術家の活動に対する目標・方針に新たな（と言っても一〇年前と同じような）路線を打ち出す。戦後のスターリン独裁体制下で文化政策に強い影響力を持った人物は、先にも述べた通り、マルクス主義理論家でフィンランド侵攻（一九三九）や独ソ戦でレニングラード防衛に当たったアンドレイ・ジダーノフであった。スターリンの後継の地位をマレンコフと争っていたジダーノフは、まず一九四六年八月、ソ連文化における西欧的要素を否定し、小説家ゾーシチェンコや詩人アフマートヴァらを批判した「ジダーノフ・ドクトリン」を発表する。続いて四八年二月には、ソ連の音楽家たちに浸透している「形式主義」を譴責し、「人民のための音楽」に徹底することの必要性を強調、秘術的（hermetic）な音楽を弾劾する文書を公にする。秘術的とは、錬金術的な、この世から隔絶した、という意味だ。ショスタコーヴィチ、プロコフィエフ、ハチャトリアンなどの音楽は、ロシアの人民に開かれたものではなく、密閉された世界の音楽であり、不協和音を誤用したものであると批判する。その数か月後、作曲家連合の特別会議は、ショスタコーヴィチなどに公開の場での悔悛の声明を求め、モスクワ、レニングラード両音楽院の教授職を解任した。

これに対してショスタコーヴィチは、友人たちとの笑いの種にするために、スターリンの出身地グルジアの民謡「スリコ（Suliko）」を用いた『反形式主義のラヨーク』（作品番号なし）を作曲している。ある種の「世俗カンタータ」であるこのラヨークは、強い諷刺音楽であったために公にされることはなかった（一九八九年一月初演、ワインスタインのDVDではゲルギエフたちが演奏している）。ショスタコーヴィチは表立っては抵抗しないものの、断じて屈服はしないのだ。「形式主義」の代表とも言える、対位法の精を尽くした大作『二四の前奏曲とフーガ』が誕生したのは、「ジダーノフ批判」（一九四八）の後であったことにも注目したい。そこには、「プラウダ批判」を沈黙でやり過ごし『交響曲第五番』を作曲し、「ジダーノフ批判」をも「サーカズム」で当てこするショスタコーヴィチの骨太な精神が見て取れる。彼の芸術が体制からの圧力でゆがめられるような軟弱なものではないことを証明しているのだ。この点は体制と芸術を考える際の重要なポイントになるのではなかろうか。強い芸術は体制の圧力によって萎えることはない。弱い芸術が、体制に迎合してしまうのだ。

ちなみに二〇世紀の最高の歴史家のひとりと目されるフランスのフェルナン・ブローデル（一九〇二〜一九八五）は、『文明の文法』第二五章「一九一七年以後のソ連」で、ロシア知識人たちを論じつつ、「ジダーノフ批判」にも触れている（英訳五六五〜五六六頁）。詳細は省くが、ブローデルの見方は、「スターリン独裁の下では、芸術家たちはソ連の人民の後をついて行くよう仕向けられて、この時期のすべての作品は画一的で凡庸であった」と述べている。しかし最も抽象的な芸術、音楽についてはそう言えないようだ。

形式主義と社会主義リアリズム

「プラウダ批判」や「ジダーノフ批判」で指摘された「形式主義（フォーマリズム）」とは結局何を意味しているのか。簡単に言えば、感覚で捉えたものをそのまま写すという意味での「写実性」の欠如ということになろうか。この場合、「写実する」とは事実を感覚（視覚や聴覚）が捉えたまま、知性で濾過することなく忠実に再現することだ。

前章でも触れたように、トクヴィルは、デモクラシーの時代の芸術は感覚に訴えるものが多いと指摘した。目に見えるもの、耳で聴くことができるものの写実に徹することが多く、魂そのものを（抽象的に）描くことが少ないと述べている（松本礼二訳『アメリカのデモクラシー』第二巻〔上〕九六頁）。

「形式主義」に対峙する言葉として浮かび上がるのは、「社会主義リアリズム」だ。人民の苦悩を問題にすべきだという「ジダーノフ批判」の最初の標的となったのは、実は音楽家たちではなく、社会主義リアリズムに無理解であるとされた文学者たちであった。もちろん文学も音楽も、現実をそのまま写し取るものではない。音楽の世界で「形式主義」という言葉が用いられる場合、多くは表面的・形式的な規則の厳守を指す。音楽は、形式に縛られてこそ内容の美しさが立ち現れるものであり、単なる感情の自由気ままな表現の中には美は見いだせないはずだ。かつてハンスリックが（リストやワーグナーに対して）ブラームスを擁護した際に、「音楽は感情を直接表現し、そのままを写実するものではない」と述べたことが、形式主義と社会主義リアリズムとの相克として現れているのだ。この点は、リベラリズムにおける「芸術」と「不一致の自由」の問題として、アダム・スミスの所論をベースに最終章で改めて論ずる。

ゴーリキーの運命

「ジダーノフ批判」の目的は、社会主義リアリズムを称揚し、形式主義とコスモポリタニズムを排することにあった。特に社会主義リアリズムは、感覚や感情に直接訴えることによって人々をアジテート（煽動）することが出来る。文学の世界で、「社会主義リアリズム」の旗手の役割を担ったのはマクシム・ゴーリキー（一八六八～一九三六）であった。日本でも戦後の一時期、社会主義文学への関心が高まったことがあった。ゴーリキーの戯曲（例えば『どん底』）はしばしば上演され、黒澤明によって（原作を江戸時代の場末の棟割長屋に置き換えて）映画化されもした。ゴーリキーはレーニンとの交流もあり（革命後は決裂するが）、ボルシェビキにおける社会民主主義路線の熱心な支持者であった。彼の作家としての姿勢は、文学はスタイルや形式における美学上の実践というよりも、直接世界を変え得るようなモラルや政治的実践であるべきという方向にあった。『どん底』はまさにその立場を具体的に示す代表作である。

しかしゴーリキーの「社会主義リアリズム」と現実の政治とのかかわりは複雑を極める。彼は、ロマノフ王朝時代にツァーリズムを批判して事実上の国外追放に遭い、結核の療養の必要もあったことから、イタリア・ナポリ近辺のカプリ島で一九〇六年から一九一三年までを過ごしている。ここで、彼は一種の「宗教的無神論」とでも称すべき境地に達し、政治や経済的な改革よりも、道徳的・宗教的な意識改革と文化的価値にこそ革命につながる精神が見出せると確信するようになる。一九一三年にロマノフ王朝三〇〇年の大赦でロシアに戻ってからも、ゴーリキーは神のない世界での唯一の救済の鍵は「文化」にあると改めて実感する。

一九一七年の革命後、革命に参加した知識人たちのロシア貧困層への認識の甘さに失望したゴーリキーは、ヒューマニズムと革命の問題をめぐって、レーニンはもとより、ボルシェビキ政権を批判するようになる。一九二一年から二二年にかけての大飢饉でロシアの貧民五〇〇万人が命を落とした状況を国外に明らかにしたゴーリキーは、今度は革命政権によって再び国外に追放され、ナポリ湾に面した町ソレントに移り住むことになる。後に触れるようにプロコフィエフは、このソレントの「ひえびえとした居心地の悪い家」で秘書や妻、愛人たちと大勢で暮らすゴーリキーを訪ねている。ゴーリキーはひどい結核を病んでおり、片肺で辛うじて命をつないでいるという状態であった（「ゴーリキーについて」『プロコフィエフ自伝・評論』所収）。

三〇年代に入ると、イタリアではムッソリーニがますます力を拡大し、「ファシズムの国」からゴーリキーを帰国させることは、スターリンにとって大きな政治的価値があった。ソ連に戻ってからのゴーリキーは、レーニン勲章をはじめ、さまざまな栄誉を受ける。スターリン体制の下で、政治犯を苦役させ多くの死者を出した「白海・バルト海運河」の建設を称揚する政府刊行物の出版にも従事する。しかし一九三六年、スターリンの大粛清の嵐の中で、ゴーリキーは謎の死を遂げるのだ。毒殺による粛清だという見方が定説だ（亀山郁夫『磔のロシア』）。いずれにしても、「社会主義リアリズム」を称揚するために、スターリンに利用されたヒューマニストの文学者の悲劇というより他はない。

3 国家は文化芸術を主導すべきか

西欧の「ヒューマニスト」たちへの怒り

ショスタコーヴィチの人間観や人間評価の判断基準を考える場合、彼の西欧知識人に対する見方が参考になる。表現の自由が抑圧された社会主義体制下の芸術家は、西側世界のヒューマニストの知識人たちをどう見ていたのだろうか。

具体例を挙げよう。西側から一九三一年にソ連を訪問した英国のフェビアン社会主義者バーナード・ショウ（一八五六〜一九五〇）や、一九三五年に訪れたフランスの作家ロマン・ロラン（一八六六〜一九四四）はショスタコーヴィチの音楽を礼賛している。だがこれら親ソ派ヒューマニストに対するショスタコーヴィチの怒りは激しい。

『証言』の彼の発言を見てみよう。曰く、ソ連を訪れたショウは「独裁者という言葉には驚かないよ」と嘯《うそぶ》いたと言う。数百万のソ連人民が餓死しているのに、「ロシアで飢餓だって？　自分はモスクワでは他のどこでよりもよく食べたよ」と英国に帰ってから公言している。一七世紀中葉の清教徒革命のあと、護国卿となったオリバー・クロムウェルを最後に、独裁政治を経験したことのない英国民のショウに対して、ショスタコーヴィチは大いに含むところがあった。にもかかわらず、ショウの求めで『交響曲第七番』（「レニングラード」）のスコアを送らされたと不満を吐露している。

オペラ『ムツェンスク郡のマクベス夫人』を褒め称えたロランに対しても厳しい。一九四四年八月二五日にパリが解放されると、ロランは病をおしてパリのソビエト大使館の十月革命祝賀会に出席するほど、ソビエト革命の礼賛者であった。そのロランについて、ショスタコーヴィチは「考えただけでもむかむかする（"It makes me sick to think about him."）」と吐き捨てるように言っている。ロランがソ連を訪問した時、ショスタコーヴィチは会う機会が設定されていたにもかかわらず、病気を理由に応じていない。

『証言』でショスタコーヴィチは、こうした著名な「ヒューマニスト」たちはなぜ世界に向かって嘘をつくのか、彼らはなぜわれわれの生活、名誉、尊厳がひどい状況にあると言わないのか、と西欧ヒューマニストの虚偽を断罪する。彼らは自分たちの居心地の良い生活を大事にしているだけであって、その発言は真剣に受け取るに値しないと怒るのだ。

フランスの「偉大なヒューマニスト、真の文学・芸術の愛好者」とみなされていたアンドレ・マルロー（一九〇一～一九七六）に対しても厳しい批判の矢が放たれる。「白海・バルト海運河工事」をマルローは礼賛（glorify）した。この建設工事は、オネガ湖から白海に向かう運河を「第一次五か年計画」の一環として一九三一年から三三年までの二〇か月をかけて切り開く一大土木事業であった。一〇万人近い「人民の敵」（政治犯）が強制労働にかり出され、万を超える死者を出している。「政治犯」の再教育が目的だとされたこの工事の実態をマルローは知っていたのだろうかと、ショスタコーヴィチは怒りをあらわにする。このように、自分たちの命にかかわることのない問題に口出しをする「ヒューマニスト」たちを、ショスタコーヴィチは『証言』の中で厳しく批判するのだ。

『証言』の中のプロコフィエフ

この『証言』が偽書か否かについてはさまざまな見方が示されてきた。こうした論争は、同書の成立過程を検証するためには必要だが、書かれている内容をどれほどの関係者が「事実」と認めているのかを知ることも重要だ。後者を重視する限り、『証言』は貴重な情報を与えるドキュメントであろう。

同書の中で、ショスタコーヴィチはプロコフィエフにも言及し、彼への不快感をあらわにしている。『証言』が刊行されて四半世紀経ってから、ヴォルコフは *Shostakovich and Stalin*（二〇〇四／亀山郁夫・梅津紀雄・前田和泉・古川哲訳『ショスタコーヴィチとスターリン』二〇一八）を公にしたが、ここでもプロコフィエフへの批判的な記述が目立つ。旧著『証言』の方が具体的なので彼の言葉を引用しておこう（三四〜三八頁）。

「彼とは友達になれなかった」というその口調には時に強い憤りが込められている。人物にしろ、事件、音楽、何事においても、プロコフィエフの判断基準は「面白い（amusing）かどうか」だけにあった。調性と無調性の間で不協和音を炸裂させながら人間の悲惨と残忍さに迫ったアルバン・ベルク（一八八五〜一九三五）のオペラ、『ヴォツェック』（初演は一九二五年一二月一四日）ですら、amusing だと言う。そしてプロコフィエフが会話の中で多用する「（私の言ってることが）分かるか（understood?）」という言葉もショスタコーヴィチをイライラさせた。プロコフィエフのスポイルされた神童（Wunderkind）気取りが心底気に障ったと見える。

人間の性格と体制の関係は複雑だ。体制は、確かに人間、あるいは人間の集団が作りあげたものだ。しかしその体制が、その中で生きる人間の性格や行動、価値観の形成に強い影響を及ぼすことは否定できない。人間の本性の表出は社会的条件によって規定されるところが大きいのだ。同じ体制の下で生きる人間には、さまざまな局面での類似性が現れることがある。社会主義独裁下の人間の行動と、自由民主制社会の人間の行動が異なってくるのはすでに指摘した通りだ。

しかし、ショスタコーヴィチが愚弄したとされるプロコフィエフの場合を考えると、同じ体制のもとにおいても、芸術家はその性格が異なれば行動も異なってくることが分かる。プロコフィエフは、明るく透明で軽いドライな音やリズムを好んだように、音楽においても生活においても、フットワークが軽妙であり、「影」を感じさせるところは少ない。ショスタコーヴィチ『ムツェンスク郡のマクベス夫人』に対する「プラウダ批判」があった一九三六年、プロコフィエフは、スターリンの大粛清の中で謎の死を遂げる少し前のゴーリキーにモスクワで会っている。その最後の会話を「ゴーリキーについて」という短い文章にして手帳に書き留めている（『プロコフィエフ自伝・評論』所収）。プロコフィエフが「新しい時代の精神にマッチするように、音楽は活発で、楽天的でなければならない、と誰も言っています」と語ると、ゴーリキーが「そうです。だがそれは暖かく、そしてやさしくもなければいけませんね」と付け加えたという。二人の言葉が空中ですれ違ったように感じる場面だ。

プロコフィエフの奇妙な亡命

年譜によると、プロコフィエフはアメリカへの亡命を決意して、一九一八年五月七日、シベリア鉄道でモスクワを立ち、三一日に日本の敦賀港に上陸している。その後、九月まで、日本各地を旅行してコンサートを開き、音楽評論家の大田黒元雄（一八九三〜一九七九）や「音楽の殿様」徳川頼貞（一八九二〜一九五四）らと交流している。しかし、アメリカに渡った後も、ソ連へ一時帰国しており、パリなどでも活躍したことを考えると、これを「亡命」と呼ぶのは相応しくないだろう。

『自伝』には出国前の様子が次のように記されている。「わたしは十月革命の見通しや意義については、ほんのわずかな考えも持っていなかった。ロシアはしばらくは音楽に用がない。だが、アメリカではわたしは多くのことを学べるし、同時にわたしの音楽に興味をもつひともいるだろうと思った」。さらに出発の二週間ほど前に、ソビエト新政府の最初の教育人民委員会の長で、芸術学者、劇作家でもあったアナトリー・V・ルナチャルスキー（一八七五〜一九三三）に会って、次のような言葉を交わしている

「わたしはかなり忙しく仕事をしています。それで新鮮な空気が吸いたいのです」

「われわれは今ここに、新鮮な空気を十分持っているとはお考えにならないのですか」

「いいえ、でもわたしは海や大洋の自然の空気がほしいのです」

「あなたは音楽の革命家であり、われわれは生活の革命家です。われわれはいっしょに仕事

をしなければなりません。だがもしあなたがアメリカへ行きたいとおっしゃるのなら、わたしはあなたの邪魔はしないでしょう」

結局、プロコフィエフは出国のためのパスポートに加えて、芸術的任務と健康回復のため海外へ出かけると認《したた》められた附属書類を受け取る。滞在期間については何も指示がなかったようだ。アメリカに着いてからも、バイエルン、パリへと渡って活動を広げ、その間、ソ連のバレエ団のために作曲も手掛けている。実際、プロコフィエフが「亡命」した後の一九二〇年代のロシアのコンサートでは、ストラヴィンスキーはもちろん、プロコフィエフの作品も数多く演奏されていた。一九三三年ごろから『キージェ中尉』（はじめ映画音楽として、翌年には交響組曲Ｏｐ60）、『ロメオとジュリエット』（バレエ音楽、管弦楽組曲、ピアノ独奏用などのヴァージョンがある。Ｏｐ64、Ｏｐ101など）を作曲し、一九三六年には、家族と共に正式にソ連に戻り、モスクワに定住した。この一九三六年という年は、ショスタコーヴィチ『ムツェンスク郡のマクベス夫人』が「プラウダ批判」で「音楽の代わりにカオス」と厳しく批判された年である。政治体制や現実の政治はプロコフィエフの音楽にほとんど影響を与えなかったようだ。

フー・ツォンの芸術——体制の犠牲者

作曲家ではなく演奏家の場合、体制との関係はどのように影響したのだろうか。ピアニストで指揮活動も行ったアシュケナージやチェリストのロストロポーヴィチの亡命の場合は、それぞれに厳しい人生の選択を迫るものがあったと語られている。このように、社会主義国の芸術家が自らの政治信条から母国を離れるという例も少なくなかったが、体制側が自国の芸術家の国外での活動を、ひとつの文化政策として推進する場合もある。

一党独裁体制の現代中国の場合、近年、ピアニストやヴァイオリニストの演奏活動の世界的な展開には目覚ましいものがある。彼らの国外での活躍は、演奏芸術家の「世界市場」における中国資本の進出と無関係ではあるまい。芸術家が外国で活躍すれば、自国文化の宣伝のために、何事にもかえがたい大きな効果を発揮することは間違いない。

現代中国が世界に送り出した若い演奏家だけではなく、「文化大革命」期の苛酷さから逃れることのできなかった演奏家についても触れる必要があるだろう。中でも異彩を放つのは、パリ国立高等音楽院で教えているシュ・シャオメイ（一九四九〜）ではなかろうか。数年前、彼女の自伝『永遠のピアノ』（大湾宗定ほか訳、英語版は *The Secret Piano: From Mao's Labor Camps to Bach's Goldberg Variations*）が日本でも出版されて話題になった。文化大革命期に内モンゴルの再教育収容所に五年間送り込まれ、文革が終わると再び西洋音楽の演奏家として復活を遂げた女性ピアニストのドラマティックな半生記である。

シュ・シャオメイの半生についてはこの自伝に譲るとして、ここでは、わたしがかつて演奏を聴いたことのある同じ上海出身のピアニスト、フー・ツォン（一九三四〜二〇二〇）が亡命した後、彼の両親が「文化大革命」によって遭遇した悲劇について記しておきたい。

ロマン・ロランの翻訳などで知られた仏文学者を父に持つフー・ツォンについては、森岡葉

『望郷のマズルカ　激動の中国現代史を生きたピアニスト フー・ツォン』に詳しい。フー・ツォンは一九五五年の第五回ショパン国際ピアノコンクールで第三位入賞、併せて「マズルカ賞」にも輝いた。多くの聴衆が東洋のピアニストの演奏に魅了されたことは長く語り草になっていた。

いまから半世紀ほど前、まだ中国が文化大革命の終息を見る前、わたしはフー・ツォンの演奏を米国で聴いたことがあった（一九七三年一一月一一日）。マサチューセッツ工科大学の「中国人学生クラブ」（MIT Chinese Students Club）が主催したコンサートだ。前半はモーツァルト『ロンド（イ短調）』（K511）、ベートーヴェン『ピアノ・ソナタ第三一番（変イ長調）』（OP110）、ドビュッシー『映像第二集』（三曲）、休憩のあとの後半はすべてショパンで、バラード、即興曲、スケルツォ、マズルカ、ポロネーズからそれぞれ一曲ずつという構成であった。

『マズルカ（ヘ短調）』（遺作）はOP68－4と作品番号が付けられた作品である。ショパンが亡くなった年、一八四九年に作曲されたとされる。緩やかなテンポで、半音階が多用されたやや「シュール」な曲だ。ポーランドの民族舞曲が、デリカシーと抽象度（想像性）によって美の高みへと飛翔するような、と言えば大袈裟だろうか。アメリカで中国出身のピアニストが、オーストリア、ドイツ、フランスの音楽はもちろん、独特のリズムを持つポーランド人の音楽を見事に弾いたことに、日本人の自分が感動したとき、文字通り音楽の「ユニヴァーサリティ」を再確認したように思った。

コンサートの後、学生会館のラウンジでレセプションがあった。多人数ではなかったが、フー・ツォンと学生たちが軽食を取りながら話す機会が設けられた。眼光の鋭い、しかし暖かさを感じさせる人物と言葉を交わしたことは貴重な思い出となった。

故郷と両親を失った、当時四〇歳にもならないピアニスト、フー・ツォンの寂寥感を、異国の人間であっても少しは推し量ることは出来たかもしれない。だがそれは第三者の想像であって、実際に彼が経験したことは他者の想像を超えるものであったに違いない。そのさまざまな苦難を森岡葉『望郷のマズルカ』から辿ってみる。

フー・ツォンはショパン・コンクールの後、ワルシャワ音楽院で学び、一九五八年に卒業した後、英国に亡命している。欧州での演奏活動が続く中、ヴァイオリニスト、ユーディ・メニューイン（一九一六〜一九九九）の娘と結婚する。

「文化大革命」は彼の家族の絆を切り裂いた。両親は、一九六六年八月三〇日深夜から三日間、上海音楽学院の紅衛兵から徹底した家宅捜索を受ける。「反党」「反革命」の証拠を見つけるために、庭のバラの花は根こそぎ引き抜かれ、床板も引きはがされたという。彼らはついに屋根裏部屋から蔣介石の肖像画がはめ込まれた小さな鏡と宋美齢の写真の載った古いグラビア雑誌を見つけ出す。両親は三角帽子をかぶせられ、自宅前に引きずり出されたその夜、自ら命を絶った。死の直前に両親が書いた長い「遺書」には、「……裏切り者フー・ツォンを育てたというだけでも、人民に対して死んでも償いきれない罪なのです！　さらに、私たちのような旧社会の残滓は、早々に歴史の舞台から退くべきでしょう！」とあったという。「裏切り者」とは、言うまでもなく、フー・ツォンが西洋音楽で名を成し早くに亡命して外国人女性と結婚し英国籍を取ったことを指すのだろう。

西洋社会の信仰と政治体制の中から花開いたクラシック音楽は、資本主義、帝国主義の走狗たちが嗜む音楽であり、「平等」を国是とする共産主義の理想とは全く異なる土壌で育った芸術だという単純な観念連合が、文革期の社会と政治を支配した。西洋のクラシック音楽を演奏し教授する音楽家は徹底的に弾圧されたのである。

「文化大革命」の嵐の中では、語ることすら憚られるような残忍な蛮行が横行し、紅衛兵たちに自己批判を強制され、その後は演奏活動ができないような体にされ、あるいは命を奪われた音楽家の例は少なくなかったようだ。毛沢東（一八九三～一九七六）は、戦前の対日抗戦のさなか、中国共産党内部で主観主義・セクト主義・空言主義を克服すべきだとする「整風運動」を呼びかけている。その運動が「大躍進」（一九五八～六一）で復活し、さらに「文化大革命」においても再び繰り返された。国家が、国民のナショナリスティックな感情を刺激し利用しながら、「文化の純化」という大義名分で、西洋的な要素を中国社会から一掃しようとする「集団ヒステリー」とも呼ばれた悪夢のような運動であった。

国家主導による「文化十字軍的」政策

中国の「文化大革命」は、西洋音楽に携わる者と西洋音楽そのものを徹底的に排除するための一大「整風運動」であった。こうした極端は例外的であるとしても、国家が、一国の文化戦略の前面に出るという姿勢は自由世界にも見られないわけではない。文化の領域は国家の専管事項だとして、文化について、程度の差こそあれ、国家があたかも事実上の独占権を持つかのごとく主導する国は少なくない。その例としてしばしば取り上げられるのがフランスだ。

コレージュ・ド・フランスの教授で古典学者マルク・フュマロリ（一九三二〜二〇二〇）は、こうした「文化国家フランス」の実情と問題点をその著書『文化国家　近代の宗教』（天野恒雄訳）で具体的に論じている。重要な論点が指摘されているので紹介しておこう。

フュマロリは次のように問う。アンドレ・マルローや元フランス文化大臣ジャック・ラング（一九三九〜）など、「文化十字軍的政策」を打ち出した政治家は、常に「フランスの文化」を繰り返し強調するが、彼らが自慢する作品は、本でもなく、絵画でもなく、芸術上の傑作でもない。単なる、イベントや活動、場と空間の提供に過ぎないのではないか。こうしたイベントや空間では、性急なアマチュアリズムと膨大な浪費が「公共サービス」の美名のもとでまかり通っているのではないかと、舌鋒鋭く指摘する。

文化国家フランスのイメージは、単に外部からの「影響」に対する防御的な自己規定に過ぎない。それは、ヒトラー・ドイツの時代にはドイツ人に対する、スターリン時代にはソ連への、そして戦後はアメリカの画一主義的なポピュラー・カルチャーへの対抗意識と自国文化防衛の萎縮した精神の現われに過ぎなかったというのだ。

フュマロリはフランスの「文化国家」の起源を、フランスが自由世界で最初の文化省を設置し、文化十字軍的な計画を推進するために、マルローを文化問題担当国務大臣に任命した一九五九年に求める。ドゴールが一九五八年に第五共和政の大統領として政権に復帰してからの一〇年間、マルローによって進められたフランスの「文化政策」の影響は多方面に及んだ。文化予算と文化関連の行政官の数が増え、ポンピドゥー・センター、ルーブルのピラミッド、グランダルシュ等々、巨大な土木工事のラッシュが続いた。しかしこうした文化的エンジニアリングは、劇場や演出家は生み出したかもしれないが、モーツァルト、ランボー、ゴッホを生み出したのだろうかとフュマロリは問うている。

かつてニーチェは「新しい現象だ！　国家が文化の導きの星だというのだ」と、ビスマルクを嘲弄した。実際、レーニンも、ヒトラーも、「民族解放闘争」のエピゴーネンたちも、すべてこのビスマルクの考えを借用したのだとフュマロリは言う。そしてマルローは、フランス共和政が古くから持っていた「慎み」を忘れ去り、生活習慣の中に文化を導入し、文化を「物体化」したと厳しく批判する。フュマロリは、芸術が現代人の精神や魂の涵養といった問題の核心と関係していることを見て取り、文化イベントに人が集まるのは、神に祈り瞑想するのと類似の現象だと解釈している。だがマルロー流の国家主導による人集めイベント用の巨大建造物は、芸術に元来潜む祈りの精神とは全く無縁なものだと批判するのだ。

フュマロリのマルロー批判は厳しい。しかしこうした批判から学ぶべき点は多い。ザルツブルクの大司教と決裂し、ウィーンに移ってからのモーツァルトには、皇帝や教会というパトロンはいなかった。にもかかわらず、この時期以降、経済的苦境の中で生み出されたモーツァルトの作品は、以前にも増して一層の輝きを放っている。これは、国家の援助が無い場合でも偉大な芸術作品は生まれ得ることの証でもある。

国家に保護された芸術が、どれほどの力強さや生命力を持つのか。宗教の国教化の問題がひとつのヒントを与えているかもしれない。キリスト教が国教化された国々と、そうでない国とでは、信仰の「熱さ」は異なっている。英国の国教会やデンマーク、あるいは二〇世紀までのスウェーデンの福音ルーテル国教会と、国教のない米国のプロテスタント教会を比べるとその違いは明らかだ。どちらが信仰として人々の心の奥深くに生き続けているのか。国教となることによって、宗教間、宗派間の信者獲得のための競争や努力がなくなると、宗教が人間の霊的な生活にとって重要な位置を占めなくなる可能性もある。人々の「生」自体が「国有化」されてしまうからである。それによって、あらゆることに国家が介入する、「国家による社会的自発性の吸収」（オルテガ）が起こるのだ。ショスタコーヴィチがスターリンとの対立を回避しつつ、強靱なる「抵抗の精神」を発揮したのはまさにこの自発性を護りぬくためだったのではなかったか。

もちろん、こうした問題に向き合うとき、「創作と創造のエネルギー」と「再現の過程で必要とされるもの」とを区別する必要があろう。特に芸術の再現のためには多くの人々の分業と協業が欠かせない。マーラーの芸術を再現するためには、どれだけ多くの芸術家の参加と協力が必要か。それは既に見た通りである。その再現を可能にするためには、やはり国であれ民間であれ、パトロンの存在は不可欠なのだ。

人間にとって芸術は、内的な精神に関わる営為であり、人間は現実の物的世界をそのまま無批判に受け入れるだけの存在ではない。美のイデア、「気高いもの、高貴なもの」を自由に希求する存在でもある。そうした芸術への渇望を癒すためにも、伝統としての芸術、将来への希望を生み出すための芸術の根を枯らしてはならない。この点について次の最終章で考えてみたい。

第八章　言葉、音楽、デモクラシー

1　言葉が先か、音楽が先か——音楽の二面性

言葉と音楽

これまでの章で、一八世紀中葉から二〇世紀前半までの「クラシック音楽」と政治経済体制との関連について、いくつかの論点を取りあげてきた。対象となった二〇〇年は、貴族制からデモクラシーへの転換、教会から劇場やコンサート・ホールへの音楽の移動だけでなく、社会の中に埋もれていた「個人」の発見、民族意識の覚醒など、人々の考えや行動に顕著な変容が生まれた時代であった。加えるに、二〇世紀に入ると、複製技術の飛躍的進歩、ほどほどに豊かになった大衆の登場、音楽関連産業の市場の興隆をはじめ、音楽芸術を取り巻く環境にも様々な変化が生まれた。そして個人の生活における音楽の位置にも、社会的役割にも大きな変移が見られるようになった。

こうした「クラシック音楽」をめぐる近代以降の歴史を、本書ではその社会的意味を中心に、

社会思想の視点から振り返ってきた。取りあげた論点を、筋道を立てて整理するために、問題関心の出発点に戻って暫定的な総括をしておきたい。

特に、現代産業社会の政治体制としてのデモクラシーは、どのようにわれわれの感性を刺激し、芸術への渇望を満たそうとしてきたのかという問題が重要だろう。この問いを考えるためのひとつの糸口は、音楽と言葉の関係、言葉と思想の関係を探ることにある。政治と社会生活に不可欠な「言葉」と、人間の感情だけでなく理性とも関わる「音楽」が、言葉と思想風土からどのような影響を受けて来たのかを考える必要があるのだ。

デモクラシーの社会に生きる者は、思弁的な領域よりも、実利的、商業的な分野で新しい言葉を創り出すことに熱心になる。思想よりも感覚そのものを捉える新しい言葉を多く生み出すのだ。デモクラシーと商業社会が言葉を軽くするのは、できる限り多くの人々の関心をひくためには、感覚を刺激するような言葉が最も有効だと考えるためではないか。このような、体制と言葉の関係を、音楽の世界に重ね合わせると、何が読み取れるのだろうか。

音楽が秘める二面性

音楽の起源のひとつが、「聖なるもの」「超越的なるもの」への賛美と感謝の気持ちと結びついていたという点は、音楽史や民俗学の専門家も指摘するとおりだ。民衆の生活の中での歌舞音曲や吟遊詩人たちの歌も音楽の重要な系譜のひとつではあるが、精緻な理論と厳格な形式を生み出した西洋音楽の歴史は、「聖」に向かおうとする祈りの精神が、時代と共に「俗」の領域へとその重点を移してきた過程と捉えることができよう。
キリスト教音楽の基点は創造の神を讃える歌にあった。歌い手は天使たちであり、彼らの歌によって、魂は天上界へと導かれると考えられた。教皇を頂点とする教会という信仰の共同体の力が、世俗の皇帝権力との緊張関係の中で次第に弱まり、それにつれ、音楽に携わる者たちの間でも、「聖なるもの」への憧憬よりも、感情や理性に訴える「芸術の美」を希求する精神が次第に高まるようになる。

しかしことをあまり単純化はできない。実際、音楽は「聖なるもの」への賛美から始まったという見方にはいくつか例外もあり、音楽の人間精神への影響には二面性があることは古くから指摘されてきた。

例えば、「神的なる（divine）もの」と「魔的なる（demonic）もの」はどのように区別できるのだろうか。ホメーロス『オデュッセイア』（第一二巻）で、「蜜のように甘い声」で航行中の人を惑わして遭難・難破させる怪鳥セイレーン（上半身は人間の女性）が、オデュッセウスを歌で誘惑する。魔女キルケー（尊い女神？）に忠告されたオデュッセウスは、セイレーンの神のごとき美しい歌声から身を護るために、自分の体を帆柱に縛り付け、辛うじて難を逃れている。

またアウグスティヌスは、『告白』（第一〇巻第三三章）で、「耳の快楽に対していかなる態度を取るか」について次のように論じている。聖なる言葉がうたわれるとき、単に朗読される場合にくらべ、自分たちの心がより信心深く、より熱烈に敬虔の炎のうちに揺り動かされるのを感じる。他方、『詩篇』の朗読者に、できるだけ声の調子の変化を少なくさせ、うたうというより朗読する方がむしろ安全だ、とも言っている。音楽の感覚的な喜びと、その快楽へ浸ることとの危険とのあいだを自分は揺れ動いていると告白する。そして「もちろんいまここで確定的な判決を宣言する気はありませんが、どちらかというと、教会における歌唱の習慣を是認する方向にかたむいています」（山田晶訳）と述べている。

つまり音楽は、聖なるものへの言語化された賛美や感謝の感情をさらに強める力があることを認める一方、高められた感情が強い快楽に浸る危険を招く可能性があると言うのだ。歌がこうした「二面性」を持つことを古代の賢者たちははっきり見抜いていた。

このような二面性を考えると、音楽と言葉の関係は単純ではないことが窺える。音楽が言葉を「揺り動かす」こともあれば、言葉の力を奪うこともある。この点は、古代中世だけではなく、近現代においても時に激しくぶつかり合う論議を呼ぶことになる。

言葉（歌詞）は政治に不可欠で強力な支配の道具である。音楽にこうした二面性があるとすれば、音楽は政治性を持ちうる。音楽は人を刺激し、時に激しい行動へと駆り立てる力を持つ。音楽が、言葉の意味から自由ではありえても、言葉の内容にふさわしい音楽というものがあることも事実だ。二〇世紀のショスタコーヴィチの音楽をめぐって、何かにつけその政治的意味が問われ続けたのは、その典型的かつ代表的な例と言えよう。

音楽は言葉の「しもべ」だった？

言葉と音楽に関する「鼎談」記事を、学生時代から合唱団で音楽活動に携わってきたS氏に教えてもらった（『合唱サークル』一九六八年一二月号）。半世紀以上も前のこの「鼎談」の出席者はエリザベト音楽大学作曲科主任（当時）のホセ・イグナチオ・テホン神父、指揮者の前田幸市郎氏、そして司会役も担当した音楽学者の皆川達夫氏のお三方である。「宗教曲の美はいかにして作られるか」と題された、四段組七ページの記事である。典礼音楽と宗教音楽の区別、グレゴリオ聖歌の特質、中世・ルネッサンスのポリフォニー、そしてバロック、古典派、ロマン派から現代の一二音音楽（ドデカフォニー）までの宗教音楽の性格の変容を、実に要領よく分かりやすく語り合っている。

テホン氏は、「言葉があって、次に音楽が来る」という立場から、典礼音楽においては、音楽は歌詞の「しもべ」であることを強調する。それに対して前田氏は「作曲家が書いたもの、楽譜というものを通して、自然にミサ曲に到達していくという態度しかとれないという気がする」、「すでに作曲家が典礼文から曲をつくっているものですから、音のほうから扉を開けて行く。それが一番いいように思う」と返している。前田氏の考えがテホン氏と逆方向だとは思えないし、両者の考えに大きな隔たりがあるとも思えない。「しもべ」という言葉が考えの一致を妨げているだけのようにも見える。

「言葉が先か、音楽が先か」というテーマは、作曲家と詩人の間で常にそれとなく意識されてきた問題であった。実際、この問いは古典派の時代から二〇世紀まで、いくつかの音楽劇で取りあげられている。アントニオ・サリエリ（一七五〇〜一八二五）の劇場用ディヴェルティメント『まずは音楽、おつぎが言葉（Prima la Musica, Poi le Parole）』（一七八六年初演）もそのひとつだ（この作品と競作したのがモーツァルトの劇音楽『劇場支配人』（K486）である）。

サリエリの作品では、タイトルが示すように、作曲家と詩人が作品の主導権はどちらにあるのかを張り合っている。フィナーレでは最後に詩人が「……音楽が用意されていて、脚本がどうでもよくて、衣装も大道具も、役者も演奏家も、つまり、万事が整っていて、お金を払う主宰の方が……」と歌い、作曲家に譲歩の姿勢を示す。それに対して作曲家が「神様有難う、道理がいつしか頑固な詩人を改心させてくれた」と宣言し、最終的に音楽が優先権を獲得してこの歌芝居は終わる（この音楽劇の粗筋も歌詞も筆者にはいまひとつ意味不明なところが多いのだが）。

シューベルトのあの美しいリートは詩そのものの力によって生まれたとも思えない。現代の歌曲や歌謡曲の場合でも似たような問題はあるだろう。詩が作曲家のところに持ち込まれるのか、先にメロディーが生まれそれに乗せるように詩が書かれるのか。あるいは両者が一緒に語り合いながら歌曲が生まれ出るのか。北原白秋と山田耕筰が二人で生み出した『この道』や『からたちの花』などの場合はどうだったのだろうか。

言葉と音楽の問題を洗練された形で二〇世紀に改めて問うたのが、一九四二年一〇月二八日、連合軍空襲下のミュンヘンで初演されたリヒャルト・シュトラウスの最後のオペラ『カプリッチオ（音楽についての一幕の対話劇）』（Op85）である。この作品は、フランス革命直前（第一次世界大戦後とする演出もある）のパリ郊外のシャトーで、伯爵令嬢への愛を競う詩人と作曲家が、パトロンの伯爵令嬢とその兄を巻き込みながら、当世のオペラにとって音楽と言葉のどちらが主役なのかを論争する、という形で展開し、答えが出ないままで幕が下りる。作品の底流にあるのは、オペラの母国イタリアと競いつつ、近代ヨーロッパのオペラ文化を担ってきたドイツ・オペラの衰弱への嘆きであろうか。同時に、ワーグナーが目指したような、音楽を他の芸術と同じように宗教や形而上学に代わるものとして祭り上げることへの、シュトラウスの懐疑のようにも聴こえる。

ワーグナーの目指したもの

音楽と言葉の問題に対して、首尾一貫した主張ではなかったが、言葉を上位に位置付けたのはワーグナーであった。彼は音楽と言葉が演劇の中で統合される総合芸術としての「楽劇（Musik-drama）」（『パルジファル』を「舞台神聖祝典劇（Bühnenweihfestspiel）」と呼んだ）を構想した。楽劇の概念は、彼がチューリヒでの亡命生活中に書いた論文「芸術と革命」、「未来の芸術作品」、「歌劇と戯曲」で展開されているが、その最も簡明かつ結論的な主張は彼自身の次のメモに要約されるだろう。曰く、「キリスト教的表現『言葉がもはや前進することのできないところに音楽がはじまる。』＝これと反対にベートーヴェン、第九交響楽の証明するのは『音楽がもはや前進することができないところに言葉がはじまる。』—言葉は音調より上位に位する」（「芸術と革命」の草稿の扉／北村義男訳）。

この短いメモから、自分をベートーヴェンの正統な後継者と位置付けようとするワーグナーの野望と、文学にくらべて最も直接的かつパワフルに人々の感覚に訴える音楽と言語を統合しようとする強い意欲が読み取れる。これは言葉で人々を動かすデモクラシーに潜む力への、彼の強い信念を示すものと読むこともできる。

実際、彼の王侯貴族層への経済的依存体質は措くとしても、思想的にはワーグナーは徹底したデモクラットであった。貴族政治を敵視し、その絶滅を望み、すべての人間に絶対的な政治的自由としての選挙権と被選挙権を与えるべきだと主張している。ただし市場や経済の力、産業界による芸術の支配を断固排すべきだとも考えていた。彼にとっての理想的な人間とは、「神的なもの」「聖なるもの」とは断ち切られ、権力や金銭によっても支配されない、人間以外に尊重されるべきものは何もないという自由で平等な存在を意味した。

しかし、自由と平等という価値は、現実の政治の場の言葉だけで守り切れるものなのだろうか。デモクラットの言葉（だけ）への強い信頼は、普遍性・永続性を持ちうるのだろうか。言葉の軽さ、移ろいやすさは、デモクラシーの特質だとトクヴィルは指摘している。デモクラシーも市場経済も、「いま」、「ここで」人々に強く訴えかける者が勝利する傾向を強める。そこでは他者や未来への配慮は衰弱し、普遍なるもの、永遠なるものへの渇望は弱まり、人々の視野は短く狭くなり、感覚に直接訴えかけるもの、すぐに理解できるもの、共感を与えるものが、関心と人気を集めるようになるのではないか。

音楽は宗教と袂を分かったのか

ワーグナーのように、人間に最高の価値を置く特別な理論武装をすることなく、人間のドラマとしての音楽表現を、ワーグナーよりはるか前に実践していたのはロッシーニ（一七九二〜一八六八）であろう。彼は、宗教音楽で用いられる言葉とは重なり合わないような旋律と和声を用いることによって、教会で奏でられてきた音楽をコンサート・ホールへと持ち込んだ。第二章でも述べたように、ロッシーニの数少ない宗教曲のひとつ『スターバト・マーテル』（一八四二）は、十字架にかけられたイエスの傍に立つ、悲しみに沈む聖母マリアを描いた悲歌であるにもかかわらず、聖堂でオペラを歌いあげるかのような蠱惑的な作品であった。

バロック期の名曲、G・B・ペルゴレージ（一七一〇〜一七三六）の『スターバト・マーテル』では言葉と音楽が絶妙に調和している。しかしロッシーニにおいては、言葉は軽く、すでに形骸化しており、肉感的なメロディーが聴く者を魅了する作品となっている。「言葉が軽くなっている」という点でも、デモクラシーの政治世界と重なるところがある。音楽と言葉が相補うことはなく、音楽は、軽くなった言葉から全く独立した、感覚的な美しさそのものを誇示しているのだ。

ワーグナーは、こうした音楽と言葉の分裂を総合芸術の名のもとに統合しようとした。ロッシーニが、『ウィリアム・テル』（一八二九年初演）を最後に、四〇歳を待たずにオペラ作曲から身を引き、その後四〇年近い余生を美食と遊びに費やしたのは、言葉と音楽を統合する力を持つワーグナーやヴェルディといった新しい世代の歌劇（楽劇）の革新者の登場をなんとなく予知していたためだ、という推測もある。これは案外、事実かもしれない。実際、ヴェルディは一八四〇年代にはV・ユーゴ（『エルナーニ』）、F・シラー（『ジョヴァンナ・ダルコ』）、シェイクスピア（『マクベス』）などの傑作文学を原作とするオペラを矢継ぎ早に作曲し、音楽が原作に決して負けてはいないことを証明している。こうした文学と音楽がオペラとして統合されて行く過程は、音楽とキリスト教が袂を分かって行く姿と見ることもできよう。

グレゴリオ聖歌のように、祈りの言葉があって、そこに「そっと」音楽を付けるという時代、メロディーの高低幅が最小限にとどめられ、音価（音の長さ）やリズムもなかった時代には、「まずは言葉、おつぎが音楽」が本流であった。もちろんグレゴリオ聖歌にも、歌詞の言葉の一音節に、いくつかの音符をあてはめる歌い方は存在した。いわゆる陶酔感を聴き手に与えると言われる「メリスマ」である（日本の詩吟にも節調《こぶし》に似たような「引き延ばし」はある）。メリスマは音楽が言葉からすでに分離していると考えることもできる。しかし次第に音楽自体にメロディー、リズム、そして和声やポリフォニーの理論と技法が整って来ると、音楽は独立した論理と独自の力を持ち始めるのだ。

一九世紀も後半に至ると、音楽（特に歌曲やオペラ）はそれ自体独立した「総合芸術」としての道を歩むことになる。しかしその位置は必ずしも普遍的で安定的なものではなかった。すでに述べたように、ロシアの「五人組」や東欧のスメタナ、ヤナーチェク、バルトーク、コダーイなどが、民族音楽を熱心に採集し、あるいは「発話旋律」という考えに到達したのは、単なるナショナリズムからではなく、宗教的なものから切り離されて行く人間の魂の「根っこ」を、土着の言葉と音楽の中に探し求めるという普遍性を持つ作業であったと考えられる。

音楽は政治を動かすことがある

音楽が言葉の「しもべ」とされる祈りと信仰の世界では、合唱は人々がこころをひとつにして共同体意識を確認する力を持っていた。音楽は人々の気持ちをひとつの方向に向かわせる強い力を持つ。と同時に、一八世紀も後半になると、歌によって政治権力を批判するという動きも珍しくなくなる。顕著な例を挙げておこう。

モーツァルト『フィガロの結婚』（K492）は、貴族権力を批判した劇作家ボーマルシェ（一七三二〜一七九九）の舞台劇『狂おしき一日、またはフィガロの結婚』（一七八〇）をベースにL・ダ・ポンテ（一七四九〜一八三八）がリブレットを書いた作品だ。モーツァルトのオペラから「この一点」ということになると、この作品を挙げる人は多い。確かに「傑作中の傑作」だ。

ボーマルシェの戯曲『フィガロの結婚』には、思想言論の統制、領主の初夜権（の復活？）など、封建制度への批判が込められている。当然、ルイ一六世（在位一七七四〜九二）はこの作品の上演を禁止した。しかしボーマルシェは上流階級の人々の好奇心を掻き立てながら、一七八四年四月、この劇をパリで公開初演することに成功し、好評を博する（『マリヴォー・ボーマルシェ名作集』〔白水社〕の小場瀬卓三の「解説」）。モーツァルトのオペラ『フィガロの結婚』の方は、一七八六年のウィーン・ブルク劇場の初演で一応の成功を収めたが、爆発的な人気を呼ぶ前に、別の演目に差し替えられた。その後、このオペラが大当たりを取るのはボヘミアのプラハにおいてであった。

舞台劇の方がすぐさま上演禁止になったのに対し、厳しい検閲の時代であったにもかかわらず、オペラの方は国王側からそれほど恐れられなかったのはなぜか。どのような危険な思想であっても、美しいメロディーで歌えば、人々は歌の美しさに気を取られて、政治批判を含んだ内容にまで思いを致さないからだろう。しかし、権力に抵抗する人物を描いたロッシーニ『ウィリアム・テル』が、イタリアで自由に上演されるようになったのは、イタリアが国家として統一された後のことであった。

音楽は民衆を刺激して団結を強め、改革への意欲を燃え上がらせるだけでなく、時にはそうした権力への抵抗の精神をカモフラージュしつつ、政治へ影響力を与えるという面もある。その技法は異なるものの、すでに述べたショスタコーヴィチの「曖昧さ」と「サーカズム（諷刺）」の精神が思い出される。

2 魂を揺さぶる芸術の条件は何か

デモクラシーにおける人間の精神

人間の精神はヤーヌスのように二つの顔を持っている。一方では、有限なもの、物質的なもの、役に立つものを求める。これはおおらかに肯定されるべき重要な欲求だ。他方、われわれの中には、無限のもの、精神的なもの、無駄とも見えるようなものを好奇の気持ちから求めるという傾きがある。われわれが、冗談やフィクションを好むのはそうした欲求の例であろう。こうした人間精神の二面性のうち、どちらが強まるのかは政治経済体制（regime）に依存するところがある。デモクラシーのもとでは、この二律背反的な人間の精神はどのような形で現出するのだろうか。

古代ギリシャの哲学者は、政治形態を、その体制で生きる人々が何に最大の価値を置いているかによって分類した。何を大事にするのかが人間の魂の形を規定すると考えたのである。このような体制の分類は、モンテスキュー、トクヴィルなどの近代政治思想にも受け継がれている。自由と平等に最大の価値を置くデモクラシーも、人間の魂に独自の形を与えていると見るのである。

トクヴィルは、「条件の平等化」を基本原則とする民主制のもとでは、多くの機会を平等に与えられた人々が、有限なもの、物質的なものへの関心を強め、経済的厚生を求めて「競い合う」という点に注目した。激しく競い合えば、互いに他者よりも早く抜きんでようとして自ずと人間は忙しくなる。この「多忙」という要素は、デモクラシーを特徴づける重要な要素だとトクヴィルは見るのだ。デモクラシーのもとでは、ボーッと物思いにふけっている人間は珍しくなった。

「多忙」の影響は音楽にも及んでいる。市場経済のもとで豊かになった中産階級は、音楽鑑賞に時間と金銭を費やすようになっただけでない。複製技術の発展が、コンサート会場やオペラ劇場に行かなくても、機器で再生された音楽を楽しむ機会をもたらした。極端に言えば、「いつでも、どこでも」音楽は再生可能になったのである。その結果、人々から自律的に精神を集中させて音楽を聴くという姿勢を奪うようになる。アドルノが指摘したように、複製技術は、忙しい音楽愛好家の集中力を弱め、鑑賞という行為を散漫なものにするようになった。このような多忙さと注意力の欠如は、芸術を生活の彼方にある「実在としての美」の表現と考える形而上学的姿勢を見失わせ、具体的で分かりやすい美への欲求を肥大させ、伝統や形式を軽んずる傾向を強めるようになるのだ。

競争で生活が忙しくなった結果、人々は生活を美しく飾ることへの関心よりも、多忙な生活を効率的で楽にすることに傾注するようになるとトクヴィルは指摘する。「もっとも迅速に」、「もっとも廉価に」という方向だ。貴族制という「境遇の恒常的な不平等」を許容する体制が、一部の人を抽象的な美の追求や真理の探究といった実りの少ない活動に集中させるのに対して、デモクラシーの社会では時間のかかる精神活動は軽視されるようになる。

制作者側には何が起こっていたのだろうか。第二章で触れたように、貴族制社会では、ほとんどすべての芸術家や職人たちは、それぞれの職業分野がひとつの団体を形成し、職業団体としての意見と誇りを持ち合わせていた。この点に注目しつつ、トクヴィルは職人たちの行動の基準は、「自分の利益でもなく、顧客の利益でもなく、団体の利益」にあった点に注目している。職人団体の利益は、一人一人が傑作を作り、それが職人団体全体の栄誉に結びつくところにある。デモクラシーとは異なり、貴族制社会では、職人の目標は「できる限り良質なものを作ること」に向けられた。

職人の行動規範――幸田露伴の「私益公益」論

こうした職人たちの行動規範は、日本の封建社会における職人たちの「制作動機」について述べた幸田露伴（一八六七〜一九四七）の指摘とも重なる。露伴は「公徳公益と私徳私益と」と題して次のような「私益公益」論を展開している（『実業之世界』大正二年八月上旬号）。

まず徳について露伴は、私徳と公徳が、「結果から言へば二途、本源から言へば一水」であり、

「私徳の円満なる人は公徳に欠くるといふことも無く、公徳に円満なる人が私徳に欠くるといふことも尠《すくな》い訳である」から、私徳も公徳も同じ直心の美しい光源から発せられたものであり、その光が当たるところによって、公と私の区別がなされているに過ぎないと見る。私徳と公徳はその源を同じくしており、この光を進行方向の逆から見れば、真の公徳と真の私徳は（真であればこそ）収束すると考える。

同様に、露伴は、公益と私益にも類似の構造があるという。私益が公益になる例として、一婦人が工夫をした絣《かすり》が、その地方の特産品となり、その地方の人々がこれによって仕事を得るようになるという例を挙げる。さらに公益が私益になる例として、露伴は、同業組合内における自己規制を例として挙げる。製造業者が、公益を重んじて粗製濫造を慎み、品質の向上に努めれば、そのために信用を博し、需要の増加が起こって個々の職人の事業の発展につながるようなケースである。

露伴は、私益と公益に不一致があるように見える場合も、一致がすぐさま感知されないだけであるという。例として上等の魚を濫獲する場合を挙げる。濫獲は公益を害する。「当面」は濫獲する者の私益は増大する。しかし長期的に見れば濫獲は個人を利することはない。濫獲は高級魚の繁殖を妨げ、漁業者の事業の根底を突き崩すような事態を招くからだ。

つまり、私益と公益が一致しないように見える場合に、私益だけを追求すればいかなる帰結を生むのかは明らかだ。にもかかわらず、世間では、公と私を分けて考えてしまうのは「甚だ遺憾である」と露伴は言う。「先づ私益を収めて後に、公益を図らう」という「公」と「私」を別々に考える高説も、「公益を図れ私益を図る勿れ」と勧める「人情に遠き宗教家」の説教も、どちらも露伴が是とするところではない。公益と私益の一致、あるいは正比例的関係が個人にとっても「大必要である」ことを確認し、公益と反比例的でない関係の存する状態で、努力勉励して貫いたいと露伴は言う。

私益の追求が熱烈過ぎると、ややもすると、「私益と公益が一致、或は正比例的関係を存するを必要とすることを忘れて」、公益は公益、私益は私益というように、別々に考えるようになり、やがては「一団体、一組合、一地方、乃至一国、世界の利益を傷害しても自己の利益を図らうとするやうに」なる。こうした「魔王の奴僕」は、結局、当該個人にも益せず、国家にとっても不利益となると露伴は説くのだ。

デモクラシーのもとでは、個と全体が完全に分離し、私益と公益が別物と把握され、それをどう一致させるのかが問題とされる。しかしこうした問題設定は貴族制社会では生まれなかったと考えられる。

デモクラシーと個人主義

機会の平等が与えられた近代デモクラシーの社会では、人々は経済的安寧が最も確実な幸福への道だと考え、経済的な成功を目指して競争するようになる。すでに指摘したように、こうした競争によって誰しも自分自身の事柄に多忙になるため相互に無関心となり、人々は自分の世界に閉じこもるようになる。その結果、社会的な紐帯が弱まり、人々がバラバラになってアトム化して行く。

このような「個人主義」は、職人たちの世界にも浸透するとトクヴィルは見ていた。最小のコストで最大限の経済的利益を求めることに関心を向け、何につけ便利な方法を探しはじめる。そのために技術を改良し、より迅速でより巧妙な生産方法を導入するか、「粗悪品」をより大量に製造するようになる。幸田露伴が描く私益と公益が自ずと一致する世界から次第に乖離して行くのだ。もちろん、デモクラシーのもとですぐれた作品がつくられることもある。時間と労力に相応の報酬を支払う顧客が現われれば、優れた芸術品は誕生しうるのだ。

デモクラシーの時代の芸術愛好家の多くは、貴族制の時代のように富裕ではない。ほどほどに豊かなのだ。しかし欲望のほうは富や所得よりも急速に膨張するため、人々は手近に芸術を享受できる安易な近道はないかと探しまわるようになる。加えて、人は他人の趣味や流行に敏感なため、芸術の美に関心を向ける人の数は増加する。だが往時の王侯貴族や教皇・大司教たちのように、「大金持ちで趣味のよい消費者」は稀な存在となる。

トクヴィルはこのような認識に基づいて次のような見通しを持つ。美術品の数は増えるが抜きんでた作品は少なくなる。個々の職人がバラバラになって自分の作品を制作するデモクラシーの時代と、自分たちが属する団体の名声と誇りを念頭に置きながら制作に励む貴族制の時代とでは、生み出される作品の質は自ずと異なってくるのだ。このように考えると、「文壇」や「画壇」、あるいは（ショパンやシューベルトが活躍したシューベルティアードのような）「サロン」も、職人たちの社交の場としてだけでなく、芸術作品の質を担保するための一定の機能（友人たちからの支援と評価）を持ったことが分かる（C. H. Gibbs, *The Life of Schubert*）。

加えて、現代社会における複製技術の飛躍的進歩は、写真、映画、ＤＶＤ、YouTube など、芸術鑑賞の形態を大きく変えた。デモクラシーのもとで多くの人々の悦楽に奉仕する芸術は広く社会に浸透したが、「一緒に楽しむ」という形は弱まった。独りで自室にこもって、高級オーディオセットで再生された音楽を楽しむことがほとんど常態と化した。芸術鑑賞が「宴会型」から「独酌型」へと変貌したとも言われる（梅棹忠夫『美意識と神さま』Ⅸ章「比較芸能論——芸能論における比較文明論的アプローチ」）。もちろんこうした「個人化」された形での楽しみや喜びが「魂を揺さぶることはない」とは必ずしも言えない。しかしその感動は、近代の音楽の歴史の中で人々が味わってきた緊張感や一緒に感動する「共感」とは性格が異なることは確かだ。

「個人」は「社会」のあとに発見された

「個人主義」という言葉は近代デモクラシーと共に誕生した。「個人」と「社会」が截然と区別でき、「個人」の立場としての「私」があり、全体が「公共」であるという意識は近代以前には明確に分かたれていたわけではない。「公」のみが社会生活において価値を与えられているとされた古代ギリシャのポリスでは、「個人」という概念は自由民の間ですら未成熟であった。だからこそ、「私」はその価値を「奪われていた（privare, privatum—being deprived）」と考えられていたわけである。

自由社会に生きる人間は、自由な選択をすることができる独立した主体だと強調される。しかし自由社会は、それまで絶対的な権力で抑えつけられて来た人間の「反社会性」を解き放っただけでなく、人間に本来的に備わっている「社会性」を弱めることになった。こうした見方を説明するには、「では独立した自由な主体がなぜ、そしてどのようにして社会を創り出し、維持するようになったのか」という問いに答えなければならない。

そのために、社会契約論の立場を取る近代の理性重視の思想家たちは、「個人」と「社会」の関係、特にその発生の順序について、独特な虚構（fiction）を社会理解の基底に位置付けた。「社会よりも前に個人が存在し、その個人が契約によって社会を成立させた」という仮説的な思考である。しかしこれは歴史的な過程を述べたものではない。実際には、ミツバチやシロアリのような群生動物として、人間は次第に言語を獲得し、制度や法を案出し、「社会」の中で試行錯誤を重ねながら、「個人」という概念を獲得して行ったのである。そしてはじめて「個人」は、自己と自己の憧憬を「社会」の同胞と語り合うようになった。「社会」は「個人」よりもはるかに古い。デモクラシー以前の貴族制や封建制の社会では、人の「個人性（individuality）」は「社会」の中に未分化のまま埋没していたのだ。

それでも、どの時代のどの体制においても、人々は音楽に感情の高揚と知性の飛躍を見出してきた。しかしそれはいつの時代でも「個人」としての自覚的な欲求であったわけでは必ずしもない。近代デモクラシー以前の社会では、あくまで「集団」の中のひとりとしてであった。また、天上の神を仰いだ時代と、無限なものを夢想する「個人」が自己の心情を語るロマン主義の時代とでは、感動の内容と語りかける方向は異なっていたかもしれない。しかし人間が心（魂）を揺さぶられる何かを求めるという点ではどの時代も変わりはなかったのだ。

感動の源泉――自己を越えるものを求める

われわれは、少なくとも二〇世紀半ばまでに創られた音楽作品を聴いて、美しいもの、荘厳なもの、高貴なもの、あるいは時には不思議な懐かしさを感じ、魂が揺さぶられるような思いをして来た。それは人間には感覚による経験を超えた、「美しきもの」への憧れがあるからだ。作品の演奏で開かれる扉の「向こうにあるもの」を垣間見ることによって、われわれの魂が浄化されると感じるためではないか。

もちろん美しいと言っても、それは必ずしも、甘美なもの、均整のとれたものを意味しない。視覚や聴覚に、一瞬、醜い、あるいは不快な感覚を与えるものでも、人はそこに美しい何かを見出すことがある。音楽の美しさも、音が鳴っている時だけのものではない。止んだ後の沈黙が示す美しさというのもある。鋭い音楽評論の文章を遺した作家の五味康祐は、バルトークの弦楽四重奏曲を最後まで聴くことは苦痛だ、早く終わってほしいとばかり願う、しかし音楽が終わった後の「音のない沈黙」のもたらす慰藉《いしゃ》の何と甘美なことか、と語っている（『西方の音』）。

筆者の経験から例をひとつ記しておきたい。岩手県立美術館で観た舟越保武（一九一二～二〇〇二）のブロンズ像「ダミアン神父」（いわゆる「病醜のダミアン」）の放つ美しさの力である。ハワイ王国のモロカイ島でハンセン病患者の世話を続けたベルギー人、聖ダミアン（一八四〇～一八八九）をモデルにした彫刻だ。ダミアン神父は結局自らもハンセン病に罹った後、モロカイ島で亡くなっている。ブロンズ像を観て感動するのは、その造形が示すダミアン神父の精神の美しさに心が揺さぶられるからであろう。舟越自身、「私はこの病醜の顔に、恐ろしい程の気高い美しさが見えてならない。このことは私の心の中だけのことであって、人には美しく見える筈がない。それでも私は、これを作らずにはいられなかった。私はこの像が私の作ったものの中で、いちばん気に入っている」と書いている（『巨岩と花びら』）。この像がわれわれにも美しく見えるということは、人間は、すべてが物質に還元され、肉体とともに滅びる、という物質主義に満足することはできないということを示唆している。

ストラヴィンスキーは「あらゆる創造の根源には、地上の糧に対する渇望ではない渇望が見出せる」と言う（『音楽の詩学』）。音楽の場合も、「創造」する者は作曲者だけに限定されるわけではない。グレン・グールドがいみじくも指摘したように、演奏する者も、レコードを制作する者も、そして聴く者も創造している。音楽の創造に参与することによって、その作品の「向こうにあるもの」を想像しているのだ。

音楽を聴いて、これまで気付かなかった音の世界の新しい美しさ、自分の知らなかった感情を再発見すると、われわれは喜び満足する。本書の冒頭で述べたように、モーツァルト『アヴェ・ヴェルム・コルプス』（K６１８）を聴いた時に筆者が感じた、「知らなかったものに感ずる懐かしさ」にも似た感覚である。凡庸な、誰でもその先が予想できるような物語や楽曲にわれわれは満足することはない。「こうであれば、こうなる」というような、旋律や和声の進行を容易に予想できるような作品に魂が反応することはない。モーツァルト『交響曲第四〇番（ト短調）』（K５

50）のフィナーレは、ソナタ形式の展開部で半音階による転調を目まぐるしく繰り返す対位法を予想できないからこそ、聴く者はその新しさに興奮するのだ。

同じ作品でも、昨日と今日では感動は異なるかもしれない。聴いている昨日の自分と今日の自分は違うからだ。発見があるためには、その作品に、意外さ、大胆さ、即興性、そして解釈の自由を許す「曖昧さ」と「抽象性」が必要になる。音と音の間、音と沈黙の間を深読みができるような自由と新しさを感じさせてくれるものにわれわれは心を揺さぶられるのではないか。

もうひとつ、魂を動かされる要素として、「独りで、ではなく、一緒にその音楽を楽しむ」という場所的要素と、他者との「共感」という要素が加わる。どういう状況で、誰と聴いた音楽であるのかも影響する。そもそも古代、中世、そして近代、いずれの社会においても、現代にいたるまで音楽を独りで聴く習慣はほとんどなかったのではないか。祭りや神事においてであれ、教会の中であれ、音楽が演奏される場所には同じ方向を向く人々の集団、何らかの「共同体」がその前提として存在していたのだ。

3 「調性を失った音楽」が意味するもの——デモクラシーと芸術の運命

想像力と「不一致」の自由

アメリカ独立戦争とフランス革命に歩調を合わせるかのように進行する工業化の大波は、一九世紀に入ると貴族制からデモクラシーへの転換をもたらし、西欧の多くの国々の社会風土を大きく変え始める。工業化の先陣を切った英国、オランダ、少し遅れてフランス、次いでドイツ、そしてその後を追った国々では、民主化への覚醒とともにナショナリズムが台頭する。音楽の世界でも東欧やロシアでナショナリズムの運動（「国民楽派」や「五人組」など）が顕著になったことはすでに見た通りである。リベラリズムとナショナリズムが結びついた「平等への情熱」は、芸術としての音楽の世界でも勢いを得はじめる。デモクラシーという統治形態は平等と自由に最大の価値を置くゆえ、平等への情熱だけでなく、自由の精神がどのように芸術にあらわれるのかを考えておかねばならない。

芸術の美は、厳格な規則のもとで自由に生み出された想像力の所産だと述べた。言い換えれば、規則（ルール、法）に縛られることによって、自由な精神が生み出しえた美であるということになる。これは制約があってはじめて、自由は気儘や放縦と区別されるという古典的自由主義の根本部分とも相通ずる思想だ。

では具体的に制作における自由とはどのようなものなのだろうか。この点について「芸術と模倣の関係」という視点から、アダム・スミスが絵画や彫刻について指摘していることは参考になる。スミスは、模倣が芸術的な感動を高めうるか否かのポイントは、模倣するものと模倣されるものとの間の完全な「一致」ではなく、むしろ不一致（disparity）が存在しているところにあると言う。そして絵画と彫刻を例としつつ次のように論じる（「いわゆる模倣芸術においておこなわれる模倣の本性について」水田洋ほか訳『アダム・スミス哲学論文集』所収）。

絵画の場合、三次元の実物世界を二次元の平面に移す作業であるから、彫刻の場合よりも、この不一致の発揮される自由度が高い。つまり芸術的な表現の幅や技量の入り込む余地が大きい。だからこそ、絵画では日常の風景（たとえばジャン・シメオン・シャルダン〔一六九九〜一七七九〕が描いた台所の食器や食材）が描かれ、それが芸術美を発揮する。彫刻の世界では食器や食材が対象として取り上げられる例はほとんどない。

絵画や彫刻は基本的には模倣の芸術とされてきた。スミスはこれら二つの芸術から得られる快楽は、「一種類の対象が他の非常に異なった種類の対象を表現するのを見た際の驚嘆（wonder）に基づくのであり、さらに、自然がそれらの間に確立した不一致を見事に克服する技術（art）へのわれわれの称賛に基づく」としている。つまり模倣そのものに価値をおくのではなく、現実と作品との不一致を通して、知的工夫を加えて実在するものを表現する力量が、作品としての価値を決めると考える。言い換えれば現実と作品の距離と不一致が生み出す実在への知的想像力こそが、芸術的な感銘をもたらすとスミスは指摘するのだ。

社会主義リアリズムは不一致を許容しない

スミスの考察は、あたかも二〇世紀の「社会主義リアリズム」の、芸術としての限界を予言しているかのようだ。スミスは絵画の美は、対象そのものをただ忠実に模写したものではなく、対象を三次元から二次元へ自由に写像（mapping）する場合に発揮しうる不一致の中に存在すると見ているからだ。

この不一致は、画家の知的な創意工夫によって生まれる。個々の画家の創作意識が、美につながると考えるのは、スミスの時代の思想（信仰）の自由、経済的自由の秩序感覚と重なるところがある。それはスミスが『道徳感情論』（六版第六部第二篇第二章）で、社会の美しい秩序と自発性について次のように述べていることからも推量できる。「チェスボードの上で駒を動かすように容易に、巨大な社会の多数のメンバーを動かす」体制は、ひとつの「秩序」をめざしたシステムかもしれないが、すべての駒が持っているそれ自身の運動原理を無視することを意味する。したがってこの個人の運動原理と駒を動かそうとする為政者の意図が完全に一致すれば、社会は完全な秩序につつまれるかもしれないが、もし全く異なった原理で互いが動けば、社会は極度の混乱（disorder）に陥るだろう。

「秩序」の美しさは、多様なもの、完全には一致していないものをひとつの全体に調和・統合することにあるとスミスは見ていた。彼にとっての美の感覚は、一致そのものを目標とする写実やそのままの模倣ではなく、むしろ自由な工夫から生まれる不一致を根拠にしている。これは彼の絵画論と相似の関係にあると言える。

こうしたスミスの美の考察は、古典的自由主義が考える経済秩序と深くかかわっている。一般に経済社会の秩序には二つの種類がある。ひとつは試行錯誤を通して自生的に生まれる秩序（spontaneous order, grown order）、もうひとつは意図的な指示や強制によって生み出される秩序（forced order, made order）である。この二つのいずれを選択するのかは政治体制・経済体制の選択となる。スミスが、一致ではなく、むしろ不一致が美をもたらすと考えた時、自生的秩序を念頭に置いていたことは言うまでもない。

総合の美や全体の秩序というものが、強制によって生まれるのか、それとも個々の不一致を許しつつ自律的かつ自発的な行動によって形成されて行くのか。どちらにより高い価値を見いだすのか。写実という「現実の模倣」に、すべての人民が理解できる美を求める社会主義リアリズムは「強制された模倣」に相当すると考えられる。自由な「不一致」が生み出す全体の秩序を重視するスミスが、模倣というリアリズムに美的価値を認めなかったことは明らかであろう。

この点は、先に東京クヮルテットや長岡京室内アンサンブルの演奏について「自律性をベースにした調和への試み」と表現したことにも通じる。

感覚と想像力

重要なのは、スミスのいう「不一致」は想像力から生まれ、また「不一致」は想像力を刺激するという相互関係だ。想像力は芸術的創造においても芸術鑑賞においても中核的な役割を果たす。裸のままの感覚に訴えるだけでは芸術とはなりえない。作品に接する者の想像力を知性のフィルターを通しつつ刺激する力がないと、芸術はセイレーンの歌のような魔的な（demonic）ものに終わってしまう。

この点は、日本の代表的な自由主義思想家の長谷川如是閑（一八七五～一九六九）が、感覚と想像力について論じたことを想起させる。彼はロンドンで観た絵画で、アレゴリー（寓意画）を除けば裸体を描いたものはほとんどないと言う。テート・ギャラリーに行ってその事実を確認する。

ヴィクトリア朝の画家G・ワッツ（一八一七〜一九〇四）もアレゴリーのテーマとして裸体を描いているが、「その裸体たるや全く実感挑発傾向を脱して、かえって実感抑圧的の空恐ろしい裸体ばかりだ」と言う。こうした傾向は、パリのサロンが毎年「裸体の為の裸体」という純自然主義の仮面の下に「実感挑発的」な絵画を軒並み陳列しているのとは大きな違いだと指摘する（『倫敦！倫敦？』）。

ジャーナリストとして如是閑は新聞の「挑発度」の違いにも注目している。デモクラシー国家で、新聞が次第に挑発的傾向を示すようになってきたのは世界的な現象であった。しかしロンドンの新聞はこの傾向が比較的弱いと彼は見る。米国の新聞は大事件が起こると「大々的刺戟を与うるべく紙面を突飛な体裁に作る」。しかし英国では、見出しに大きな活字を用いるのは、特殊な新聞のすることで、普通はやらない。品格のある新聞は、あくまでも内容に全力を注ぎ、仰々しい体裁は取らないと言う。

長谷川如是閑の裸体画論は、英国の習俗について何を示唆しているのだろうか。人間の感覚を過度に刺激する（彼の言う「実感挑発的」な）ものを、社会的環境の選択肢の中から自律的に排除しようとする「秩序」への強い嗜好と想像力の重視を示していると考えられる。

この指摘は、トクヴィルがラファエロは人体の描写に関して厳密性に重きをおいていなかったと述べた点と無関係ではない。ラファエロは自然を超えるつもりでいたからこそ、人間を人間以上の何かに描こうと欲したのではないか。それは「実感挑発的」な描写、完全な模倣という意味での「リアリズム」ではなく、美の「イデア」の探究を促す作業であったと言える。

美を感じる力としての想像力

貴族制社会の裸体画の美的価値は、画家の解剖学的な知識によって高められたわけではない。鑑賞者は、その絵に示された美しさの向こう側にある「美」を想像するものと考えられていた。トクヴィルは、デモクラシーにおいては、美のイデアは後退し、芸術は魂を描くことを避け、肉体の描写に専念するようになったと述べている。感情と思想の表現を、運動と感覚の表現におきかえ、ついには「理想」をおくべきところに「現実」をおくようになったと考えるのである。

長谷川如是閑は、英国の絵画が直接的で実感挑発的な写実に主眼を置いていないことに注目し、当時の英国の絵画が、まだ運動と感覚の表現の芸術ではなく、感情と思想の芸術であったことを意味すると見た。こうした如是閑の観察は、英国のリベラリズムの伝統とも重なる。美しいと感ずる具象物の向こう側にある「何か」を想像する力に価値を置いているのだ。

しかしデモクラシーはそうした想像力を奪い去る凶暴な力を持ってはいないだろうか。デモクラシーは、物質主義と個人主義（あるいはその堕落した形態としての「利己主義」）に陥らないための補完的な装置がうまく機能すれば、自由と平等を享受しうる政治形態としての価値は大きい。そのためには、国家と個人の間に位置する地方自治や中間団体の果たす役割が不可欠である。「いま、わたし」に関心を集中させがちなデモクラシーの社会にとって、最終的に重要な柱となるのは「未来、他者」に思いを致す公共精神だ。その公共精神は想像力を必要とする。それは宗教的感情と同じではないにしても、きわめて近い感情だ。宗教的根拠のない道徳は不確かであり、道徳的なベースを持たない自由は、時に人間社会を脅かす全体主義や画一主義、ポピュリズムを生み出す。

芸術がわれわれの生活にとって、その精神的な渇きを癒す力を持ち続けるために、そして人々が個人主義の堕落した形の利己主義に退化しないためにも、「いま、わたし」への関心だけでなく、「未来、他者」についての想像力の根を枯らしてはならない。その根を護ることによってはじめて、デモクラシーは全体主義や悪しきポピュリズムへと堕する道を避けることができるのではないか。

多数の専制から自由になるには

デモクラシーの「一人一票」という平等原則と「多数者の支配」の機械的な適用は、「美の評価」にどのような問題をもたらすであろうか。平等主義の行き過ぎは、ここでも芸術にとっての危険要素となりうる。絵画の教育において、批判し序列をつけることを避ける傾向はそのひとつだ。「それぞれに個性があって、どれも良い」という平等主義の風土が芸術や文章の教育の場でも支配的となってはいないか。「感じたことをそのまま書くのが大事だ」と直接的な感覚をそのまま描写することを良しとする姿勢はあたりさわりがないかもしれない。しかしそこには長い時間を要する厳しい技術的訓練という側面が欠落している。音楽にも、絵を描くにも、文章を書くにもルールがある。それを学ぶためには、多くの時間をかけて沢山の優れた音楽を聴き、絵画を観、沢山の良い文章を読むという、感性を耕すための知的訓練が必要となる。そうした訓練によって習得された規則を守ることによって、はじめて制約の中から生まれる美しさ、アダム・スミスの言う「不一致」を表現する技量が培われ、鑑賞する者にとっても感覚を越えた知的喜びが生まれる。
「自由と平等」と個の尊重は、リベラル・デモクラシーの中核的な位置を占める理念ではある。しかし現実にはその「個」がすべて同じような美への関心と理解力を備えているわけではない。したがって芸術の面白さや厳しさを伝えるためには、一定の「専門性」を有した人々が必要になる。そのひとつの例は、先に紹介したシューマンの「ダヴィッド同盟」のようなペリシテ人（俗物）と闘う同志的集団であろう。

デモクラシーと市場社会の中で、音楽のフェアな評価を行う批評家集団や同志的結合は存在しうるのだろうか。音楽批評家、あるいは音楽産業界でコンサートを含め製品としての音楽を世に送り届けるマネージメント・レコード会社は確かに存在する（例えばAskonas Holt、Intermusica、HarrisonParrottなど）。しかしこうした専門家や職業集団が報酬や市場競争を意識すれば、「多数」へと照準を合わせても不思議ではない。本来は芸術の中に隠された多くの知的な創意と工夫を指し示すべき批評家やマネージメント・レコード会社は、概して経済効果やその背後の人間関係ゆえに、われわれに親切かつ有益な智恵と情報を十分提供してくれていないかもしれない。

専門家たちや批評家、あるいはマネージメント会社が趣味の良い選択を示すことによって、われわれは新しい美しさを知り、自分の感性をさらに磨くことができるはずだ。さもないとデモクラシーも市場も、常に多数に順応するようになり、音楽の持つ人間精神の中核に働きかける根源的な力を衰弱させてしまう可能性がある。

祈りとしての音楽の終焉

もちろん音楽芸術を宗教の代替物として祭り上げるべきではなかろう。しかしそれでも、音楽の精神性、あるいは音楽が人間の知性と感性に及ぼす深くて強い力を無視することは出来ない。音楽が先か、言葉が先かという二つの考えについてすでに触れた。仮に言葉が先で「主」であるとしても、われわれは言葉《ロゴス》ではとらえきれないもの、理性を超越するものがあることを感知している。われわれにはそうした理性を越えるものへの期待や憧れがある。言葉や理性の限界を克服しようとするのが人間と機械の違いであり、その限界を知るところから祈るという気持ちが生まれる。そうであれば、祈りを起源のひとつとする音楽を言葉の単なる「しもべ」とみなすことは出来ない。

これまで、音楽と人間の感情の関係が単純なものではないことを見てきた。ドラマティックな強い感情を音楽で表現するために半音階や不協和音を多用しても、われわれの理性を越えたものを希求する気持ちに必ず繋がるわけではない。調性を失った音楽が、理論的可能性を探究するという点では意味があるとしても、日常生活を送る普通の人々の魂を浄化し、鼓舞する力を与えてくれるとは限らない。その意味では二〇世紀後半以降の音楽は、一八世紀から一九世紀にその最盛期を現出した「クラシック音楽」とは意味も内容も効果も異なる、別のジャンルの芸術となるのではなかろうか。

自由と平等は、人々の中に隠れていた様々な感情と多様な価値観を社会の表舞台へと引き出した。その結果、音楽に携わる職人たちはそれぞれ別の方向にその創造のエネルギーを注ぎ始め、音楽世界をバラバラに解体したように見える。生み出された音楽は、人間の感情や美的感性とは直接結びつかない、きわめて抽象的かつ無機的な音が交差する、祈りの精神とはおよそ無縁なもののように聴こえる。しかし祈りは単なる希求ではない。祈りは現状に対する「怒り」や「憤り」と考えることもできる。その意味では、現代の音楽もひとつの「祈り」であると言うことができるのかもしれない。

旋律もリズムも普通の人間の感覚で把握できない、「選ばれたもの」のみが理解できるとする新しい音楽、「調性がない」音楽を、どのように位置付ければよいのか。一二音の音高すべてに主従の差なく均等な役割を与える音楽が聴衆の不在を生み出すとすれば、それは価値の多様化ではなく、価値という概念とは無縁な音の世界の出来《しゅったい》を意味することになる。政治体制との類比で考えれば、徹底した平等を謳うデモクラシーは、一二音の音高の均等性によって中心を失った音楽のように、「多数の専制」がもたらす無秩序か、政治権力によって強いられた見せかけの秩序という、自由の精神とは全くかけ離れた世界と見ることができよう。

あとがき

本書は新潮社のウェブ雑誌『考える人』に二年間（二〇一九年一月〜二〇二〇年一二月）連載した文章に手を加えたものである。連載を始める二年ほど前、京都府立文化芸術会館が企画した全九回の連続講座「芸術は何処へ？」に、報告者、討論者として登壇する機会があった。これまで経済社会の問題に向き合ってきた者が芸術の世界について論ずるのは、確かに無謀であり場違いでもあったが、下田元美館長（当時）のアイディアと熱意に動かされ、連続講座に参加することになった。講座の模様は、高階秀爾編著・京都府立文化芸術会館企画『人の心を動かすことができなければ、芸術ではない。』（ミネルヴァ書房、二〇二〇）にまとめられている。この講座で発言したことが、芸術と社会体制の関係についていま少し考えてみたいという意欲に繋がった。

そんな折、新潮社の三辺直太さんから『考える人』への執筆のお誘いを受けた。案ずるより産むが易しと割り切って、三辺さんの鋭く丁寧なコメントに導かれながら全二四回の連載を終えることが出来た。氏の賢慮と励ましには感謝の言葉がない。

「デモクラシーと芸術」というタイトルでのウェブ連載が決まった時、三辺さんが「読んで、聴いて、考える」という副題を付け、読みながら、文中で言及されている曲が聴けるという形はどうかと提案された。ナクソス・ミュージック・ライブラリー（ＮＭＬ）の再生用リンクにアクセスすると、曲の一部または全部が聴けるという仕組みだ。技術に疎いわたしには思いつかないアイディアであった。さらに本書の巻末に付した楽曲リストの曲の多くも、特設サイトを通じて引き続き聴けるようにしてもらった。ご協力いただいたＮＭＬに感謝したい。どの曲の、どの演奏にリンクするのかは、新潮社開発部・図書編集室の森重良太氏が担当して下さった。巻末の楽曲リストも森重氏の作成による。文字通り博覧強記な氏のお力添えは大きな励みとなった。また執筆の際、北川米喜氏、渋谷治美氏、柴田章久氏に、文献のご教示とその入手にご協力いただいた。

言うまでもないことだが、本書は、筆者の研究分野である社会思想、とくにアダム・スミス、トクヴィル、オルテガなどの自由思想の視点からクラシック音楽の歴史を振り返ったものであって、筆者自身の音楽作品の好みや音楽評論を書くことを目的としたものではない。それでも読み返してみると、自分の好みを押し付けがましくコメントしている箇所が少なからず見受けられる。作品の好みを論じ批評する書ではないと断わりながらも、その姿勢を貫くことができなかった。それは、芸術に関しては、作品への好みや思いと独立にその内容を論ずるのは難しいためとご容赦いただければ幸いである。

また本文中でニーチェやワーグナーについて触れているが、彼らの音楽思想へ大きな影響を与えたショーペンハウエルの『意志と表象としての世界』の中の音楽論（特に第三巻の後半）についての言及はない。この偉大な哲学者の音楽論に触れ得なかったのは、筆者の非力と不学ゆえであって、健康が許せば今後の探求の課題にしたいと考えている。

本書を書き終えたのを機に、これまで筆者が幸運にも音楽によって巡り会えた方々への感謝の気持ちを表したい。ピアノの指導をして下さった田代セキ子先生、Ｄ・ベーコン先生、そしてモーツァルトの書簡の新しい英訳を出版されたＲ・シュペートリンク教授の名をまず挙げねばならない。シュペートリンク教授は昨年他界されたが、伝記的解説を添えたモーツァルトの書簡集 *Mozart's Letters, Mozart's Life* (Faber and Faber) の「謝辞」に、お手伝いをしたわたしの名前を加えて下さったことをうれしく思っている。

高校時代から六〇年余りにわたり音楽について語り合った相良憲昭氏、森田光廣氏、発表会でご一緒いただいた児玉実英先生、田島正樹氏、鎌谷ミチさん、亡き妻吉子などから、演奏の後、わたしのミスを言葉少なく慰めてもらったことを懐かしく思い出す。郷悦子さん、柳田英一氏、宮澤裕夫氏が主宰するＭＵＣ (Music Under Construction) の愉快な演奏家のみなさんとも音楽の悦びを分かち合えた。

最後に、そして何よりも、これまでわたしを支えてくれた音楽という不思議な芸術に賛美と感謝を捧げつつ筆を擱きたい。

令和三年春

著者しるす

●本書に登場する楽曲リスト（登場順）

＊世界最大のクラシック・レーベル「NAXOS」（ナクソス・ジャパン）が運営するストリーミング・サービス「ナクソス・ミュージック・ライブラリー」（NML）のご協力により、特設サイト（https://kangaeruhito.jp/special_feature/classical_music/list.html　下記の二次元コード）で、ほぼすべての楽曲を聴けます。NML非会員の方は冒頭30秒、連続で最大15分ですが、会員の方は全曲を再生できます。ただし、冒頭30秒部分が、本文中で言及された部分（曲の後半部や終結部など）ではない場合があることをご了承ください。

＊以下の曲名邦訳表記は、原則としてNMLでの表記に準じており、本書での表記と一致していない曲もあります（大きな相違がある場合のみ、カッコ内に本書の表記を掲げました）。

＊複数トラックがある楽曲（交響曲、組曲、歌劇など）で、本文中に全体曲名のみが登場する場合は、原則として冒頭部分（序曲、第1楽章など）にリンクしていますが、曲中の特に有名な部分（アリアや聴きどころの楽章など）や、歌劇の組曲版などにリンクしている曲もあります。

＊NML内の配信音源は、権利者の都合により予告なしに配信終了になる場合があります。その場合は、曲名などで、あらためて別音源を検索していただくよう、お願い申し上げます。

（編集部）

◆第一章　芸術の「送り手」は誰を意識したか

1　芸術からレジームを読む

「アヴェ・ヴェルム・コルプス」K.618／モーツァルト
歌劇「コジ・ファン・トゥッテ」K.588／モーツァルト
歌劇「フィガロの結婚」K.492／モーツァルト
歌劇「ドン・ジョヴァンニ」K.527／モーツァルト
カノンとジーグ ニ長調／パッヘルベル（パッヒェルベル）
「『十月革命』20周年記念カンタータ」Op.74／プロコフィエフ
「スターリンへの祝詞」Op.85／プロコフィエフ
「栄えよ、力強い国土」Op.114／プロコフィエフ

2　ハイドンのミサ曲はなぜオペラ化したのか

ピアノ三重奏曲第3番 ハ短調 Op.1, No.3／ベートーヴェン
ピアノ協奏曲第20番 ニ短調 K.466／モーツァルト
弦楽四重奏曲第17番 変ロ長調「狩」K.458／モーツァルト
弦楽四重奏曲第18番 イ長調 K.464／モーツァルト
弦楽四重奏曲第19番 ハ長調「不協和音」K.465／モーツァルト
荘厳ミサ曲 ハ短調「孤児院ミサ」K.139／モーツァルト
ミサ曲第18番 ハ短調「大ミサ曲」K.427／モーツァルト
ミサ曲第1番 ヘ長調「ミサ・ブレヴィス」Hob.XXII:1／ハイドン
ミサ曲第3番 ハ長調「聖チェチリア（セシリア）のミサ」Hob.XXII:5／ハイドン
ミサ曲第7番 ハ長調「よき四季斎日のミサ」（戦時のミサ）Hob.XXII:9／ハイドン
ミサ曲第12番 変ロ長調「テレジア・ミサ」Hob.XXII:12／ハイドン
オラトリオ「四季」Hob.XXI:3／ハイドン

3　モーツァルトの「抵抗の精神」

ミサ曲第16番 ハ長調「戴冠式ミサ」K.317／モーツァルト
荘厳ミサ曲 ハ長調 K.337／モーツァルト
「主日のための晩課」K.321／モーツァルト
「2台のピアノのための協奏曲」（第10番）変ホ長調 K.365／モーツァルト
交響曲第32番 ト長調 K.318／モーツァルト
交響曲第33番 変ロ長調 K.319／モーツァルト
（ヴァイオリンとヴィオラのための）協奏交響曲 変ホ長調 K.364／モーツァルト
ヴァイオリン・ソナタ第26番 変ロ長調 K.378／モーツァルト
セレナード第9番 ニ長調「ポストホルン」K.320／モーツァルト
ディヴェルティメント（喜遊曲）第17番 ニ長調 K.334／モーツァルト
歌劇「フィガロの結婚」K.492／モーツァルト
歌劇「コジ・ファン・トゥッテ」K.588／モーツァルト

歌劇「月の世界」／ハイドン
歌劇「報いられたまこと」(報われた真心)／ハイドン　※本文中のドラティの指揮。
歌劇「後宮からの誘拐」K.384／モーツァルト

◆第二章　自意識と流行

1　バッハは祈り、ロマン派は自己を語る

「マタイ受難曲」BWV244〜第2部 アリア「憐れみ給え、わが神よ」／J.S.バッハ
「スターバト・マーテル」／ロッシーニ
「スターバト・マーテル」Op.58, B.71／ドヴォルザーク
夜想曲(ノクターン) 第1番 変ロ短調 Op.9, No.1／ショパン
「11のコラール 前奏曲」Op.122／ブラームス
楽劇「ニュルンベルクのマイスタージンガー」〜第2幕第7場 (殴り合いのフーガ)／ワーグナー
歌劇「ファルスタッフ」〜フィナーレ／ヴェルディ
「6つの前奏曲とフーガ」K.404a／モーツァルト
J.S.バッハ「平均律クラヴィーア曲集」からの5つのフーガ K.405／モーツァルト
「無伴奏ヴァイオリン・パルティータ」第2番 ニ短調 BWV1004〜第5曲「シャコンヌ」／J.S.バッハ　※本文中のブラームス編によるピアノ版。

2　シューベルトの〈死〉の意識

「マタイ受難曲」BWV244／J.S.バッハ
幻想曲 ハ長調「さすらい人」Op.15, D.760〜第4楽章／シューベルト
ミサ曲第6番 変ホ長調 D.950〜クレド／シューベルト
歌曲「死と乙女」Op.7, No.3, D.531／シューベルト
弦楽四重奏曲第14番 ニ短調「死と乙女」D.810〜第2楽章／シューベルト

3　芸術の評価の基準は何か

ピアノ協奏曲第21番 ハ長調 K.467〜第2楽章／モーツァルト
ピアノ協奏曲第20番 ニ短調 K.466／モーツァルト
楽劇「ニュルンベルクのマイスタージンガー」／ワーグナー
序曲「レオノーレ」第1番 ハ長調 Op.138／ベートーヴェン
序曲「レオノーレ」第2番 Op.72a／ベートーヴェン
序曲「レオノーレ」第3番 Op.72b／ベートーヴェン
歌劇「フィデリオ」Op.72〜序曲／ベートーヴェン
交響曲第1番 ハ短調 Op.68／ブラームス

◆第三章　ナショナリズムの現れ方

1　郷愁と民族意識

歌劇「後宮からの誘拐」K.384／モーツァルト
歌劇「バスティアンとバスティエンヌ」K.50／モーツァルト
「エチュード集」Op.10〜第12番 ハ短調「革命」／ショパン
スケルツォ第1番 ロ短調 Op.20／ショパン
「24の前奏曲」Op.28〜第24番 ニ短調／ショパン
「リーダークライス」Op.39〜第1曲「異郷で」／シューマン

2　ドヴォルザークとチャイコフスキーを結びつけた絶対音楽

「49のドイツ民謡集」第1集 WoO33〜第6曲「谷の底では」／ブラームス
「19のハンガリー狂詩曲」S244/R106／リスト
歌劇「売られた花嫁」／スメタナ
歌劇「ダリボル」／スメタナ
交響曲第9番 ホ短調「新世界より」Op.95, B.178／ドヴォルザーク
弦楽四重奏曲第12番 ヘ長調「アメリカ」Op.96, B.179／ドヴォルザーク
弦楽五重奏曲 変ホ長調 Op.97, B.180／ドヴォルザーク
チェロ協奏曲 ロ短調 Op.104, B.191／ドヴォルザーク
歌劇「ボリス・ゴドゥノフ」／ムソルグスキー
交響詩「禿山の一夜」(リムスキー=コルサコフ編)／ムソルグスキー
歌劇「ホヴァーンシチナ」／ムソルグスキー
歌劇「金鶏」／リムスキー=コルサコフ　※本文中の演奏ではありません。
交響詩「中央アジアの草原（平原）にて」／ボロディン
歌劇「イーゴリ公」〜ポロヴェツ（だったん）人の踊り／ボロディン
弦楽四重奏曲第2番 ニ長調／ボロディン
交響曲第2番 ハ短調「小ロシア」Op.17〜第4楽章／チャイコフスキー
歌劇「エフゲニー・オネーギン」Op.24／チャイコフスキー
歌劇「スペードの女王」Op.68／チャイコフスキー
「スターバト・マーテル」Op.58, B.71／ドヴォルザーク
交響曲第6番 ニ長調 Op.60, B.112／ドヴォルザーク

3　ヤナーチェクが追求した普遍性

序曲「フス教徒」Op.67, B.132／ドヴォルザーク　※本文中のロヴィツキの指揮。

ヴァイオリン・ソナタ JW VII/7／ヤナーチェク　※本文中の演奏ではありません。

歌劇「イェヌーファ」JW I/4／ヤナーチェク
「グラゴル・ミサ」JW III/9(最終稿)／ヤナーチェク　※本文中のクーベリックの指揮。

歌劇「カーチャ・カバノヴァー」JW I/8／ヤナーチェク　※本文中のマッケラスの指揮。

歌劇「利口な女狐の物語」JW I/9／ヤナーチェク　※本文中のマッケラスの指揮。

「さまよえる狂人」JW IV/43／ヤナーチェク

◆第四章　体制と芸術における「規模」

1　一〇〇〇人超の大音響

ピアノ・ソナタ第16番 ハ長調 K.545／モーツァルト
ピアノ・ソナタ第32番 ハ短調 Op.111／ベートーヴェン
交響曲第70番 ニ長調 Hob.I:70／ハイドン
交響曲第96番 ニ長調「奇跡」Hob.I:96／ハイドン　※ワルターの指揮ですが、本文中の演奏ではありません。
交響曲第102番 変ロ長調 Hob.I:102／ハイドン
交響曲第8番 変ホ長調「千人の交響曲」～第1部「来れ、創造主なる聖霊よ」／マーラー
交響曲第8番 変ホ長調「千人の交響曲」～第2部「ファウスト」より／マーラー
「リュッケルト歌曲集」～「私はこの世に捨てられて」／マーラー
「グレの歌」／シェーンベルク
「死者のための大ミサ曲」(レクイエム) Op.5／ベルリオーズ

2　弦楽四重奏曲と「共存」の精神

交響曲第8番 変ホ長調「千人の交響曲」／マーラー
歌劇「ローエングリン」(抜粋)／ワーグナー　※クレンペラーの指揮ですが、本文中の演奏ではありません。
交響曲第9番 ニ短調 Op.125／ベートーヴェン　※本文中のワーグナーが「手を入れた」版。
歌劇「3人のピント」J. Anh.5／ウェーバー　※本文中のマーラーによる補筆完成版。
交響曲第7番 イ長調 Op.92／ベートーヴェン
交響曲第9番 ニ長調／マーラー　※本文中のクレンペラーの指揮。
「大地の歌」／マーラー
交響曲第9番 ニ短調「合唱付き」Op.125～第4楽章／ベートーヴェン
交響曲第98番 変ロ長調 Hob.I:98～第4楽章／ハイドン
4声のソナタ第1番 ヘ短調／アレッサンドロ・スカルラッティ
弦楽四重奏曲第21番 ニ長調「プロイセン王第1番」K.575／モーツァルト
弦楽四重奏曲第22番 変ロ長調「プロイセン王第2番」K.589／モーツァルト
弦楽四重奏曲第23番 ヘ長調「プロイセン王第3番」K.590／モーツァルト
クラリネット協奏曲 イ長調 K.622／モーツァルト
弦楽四重奏曲第12番 ヘ長調「アメリカ」Op.96, B.179／ドヴォルザーク　※東京クヮルテットの演奏ですが、本文中の第3期メンバーではありません。

3　指揮者に必要な能力は何か

バレエ音楽「町人貴族」／リュリ　※本文中の演奏ではありません。

「テ・デウム」／リュリ
「レクイエム」ニ短調 K.626／モーツァルト　※コープマンの指揮ですが、本文中の演奏ではありません。
ピアノ協奏曲第1番 ニ短調 Op.15／ブラームス　※グールドのピアノですが、本文中の演奏ではありません。
交響曲第3番 ニ短調～第6楽章／マーラー
交響曲第9番 ニ短調 WAB109（1894年初稿・ノヴァーク版）～第1楽章／ブルックナー

◆第五章　技術進歩がもたらす平等化

1　技術進歩は音楽の何を変えたのか

幻想曲 ハ短調 K.475／モーツァルト
ピアノ・ソナタ第14番 ハ短調 K.457／モーツァルト
ピアノ・ソナタ第29番 変ロ長調「ハンマークラヴィーア」Op.106／ベートーヴェン
「平均律クラヴィーア曲集」第1巻 BWV846-857／J.S.バッハ　※本文中のランドフスカによるチェンバロ演奏。
「平均律クラヴィーア曲集」第2巻 BWV870-893／J.S.バッハ　※本文中のグールドによるピアノ演奏。
「平均律クラヴィーア曲集」第1巻 BWV846-869／J.S.バッハ　※本文中のテューレックによるピアノ演奏。
（自動オルガンのための）アダージョとアレグロ ヘ短調 K.594／モーツァルト
（自動オルガンのための）幻想曲 ヘ短調 K.608／モーツァルト
（小さな自動オルガンのための）アンダンテ ヘ長調 K.616／モーツァルト
（ピアノ連弾のための）アダージョとアレグロ ヘ短調 K.594／モーツァルト　※本文中のエッシェンバッハとフランツの演奏。
（ピアノ連弾のための）幻想曲 ヘ短調 K.608／モーツァルト　※本文中のエッシェンバッハとフランツの演奏。
「フーガの技法」BWV1080／J.S.バッハ　※本文中のチェンバロ版。
「フーガの技法」BWV1080／J.S.バッハ　※本文中のオルガン版。
「フーガの技法」BWV1080／J.S.バッハ　※本文中の弦楽四重奏版。
「ミクロコスモス」第4巻 BB105（抜粋）／バルトーク　※本文中のバルトーク自身によるピアノ演奏。
「ミクロコスモス」～2台ピアノ、4手ピアノのための7つの小品 BB120（抜粋）／バルトーク　※本文中のバルトークとディッタ夫人との共演版。
「2つのルーマニア狂詩曲」Op.11／エネスク　※本文中のエネスク自身の指揮。

2　グールドが夢想した「平等性のユートピア」

ディヴェルティメント ニ長調 K.136／モーツァルト
ディヴェルティメント 変ロ長調 K.137／モーツァルト

ディヴェルティメント ヘ長調 K.138／モーツァルト
ディヴェルティメント（弦楽三重奏の喜遊曲） 変ホ長調 K.563／モーツァルト
弦楽四重奏曲第7番 ヘ長調「ラズモフスキー第1番」Op.59, No.1／ベートーヴェン

3　自律した聴き手としての中間層――グールドとアドルノの見方

「子供のためのアルバム」Op.68／シューマン　※本文中のアドルノ編による小管弦楽版。

◆第六章　パトロンと批評家の応援

1　芸術家にパトロンは必要か――バッハとモーツァルトの悩み

映画「裸の島」メインテーマ／林光　※鈴木大介編・福田進一演奏によるギター版。
映画「真田風雲録」より「下剋上の歌」／林光　※NML収録なし。
クラリネット五重奏曲 変ロ長調 Op.34, J.182／ウェーバー　※本文中と同じく弦楽合奏版。
弦楽四重奏曲第12番 ヘ長調「アメリカ」Op.96, B.179／ドヴォルザーク　※本文中と同じく弦楽合奏版。
「四季」～ヴァイオリン協奏曲 ホ長調「春」Op.8, No.1, RV269／ヴィヴァルディ
交響曲第9番（第8番） ハ長調「ザ・グレート」D.944／シューベルト
ヴァイオリン協奏曲 ニ長調 Op.77／ブラームス
「マタイ受難曲」BWV244／J.S.バッハ　※本文中と同じくゲヴァントハウス管弦楽団、聖トーマス教会合唱団による演奏。
カンタータ「イエスは十二使徒をひき寄せたまえり」（イエス十二弟子を召寄せて）BWV22／J.S.バッハ　※本文中と同じく聖トーマス教会合唱団による演奏。
カンタータ「汝まことの神にしてダヴィデの子」BWV23／J.S.バッハ　※本文中と同じく聖トーマス教会合唱団による演奏。
カンタータ「貧しきものは饗せられん」BWV75／J.S.バッハ
歌劇「ポントの王ミトリダーテ」K.87／モーツァルト
セレナード第7番 ニ長調「ハフナー」K.250／モーツァルト
歌劇「フィガロの結婚」K.492／モーツァルト
歌劇「ドン・ジョヴァンニ」K.527／モーツァルト

2　金銭と多数から芸術を救えるか――批評家シューマンの闘い

ピアノ・ソナタ第21番 ハ長調「ワルトシュタイン」Op.53／ベートーヴェン
「ワルトシュタイン伯爵の主題による8つの変奏曲」ハ長調 WoO67／ベートーヴェン
ピアノ三重奏曲第1番 変ホ長調 Op.1, No.1／ベートーヴェン
ピアノ三重奏曲第2番 ト長調 Op.1, No.2／ベートーヴェン
ピアノ三重奏曲第3番 ハ短調 Op.1, No.3／ベートーヴェン
ピアノ・ソナタ第8番 ハ短調「悲愴」Op.13／ベートーヴェン
ピアノ・ソナタ第12番 変イ長調 Op.26／ベートーヴェン
交響曲第2番 ニ長調 Op.36／ベートーヴェン

ピアノ・ソナタ第26番 変ホ長調「告別」Op.81a／ベートーヴェン
ピアノ三重奏曲第7番 変ロ長調「大公」Op.97／ベートーヴェン
ミサ・ソレムニス ニ長調 Op.123／ベートーヴェン
弦楽四重奏曲第1番 ヘ長調 Op.18, No.1／ベートーヴェン
弦楽四重奏曲第2番 ト長調 Op.18, No.2／ベートーヴェン
弦楽四重奏曲第3番 ニ長調 Op.18, No.3／ベートーヴェン
弦楽四重奏曲第4番 ハ短調 Op.18, No.4／ベートーヴェン
弦楽四重奏曲第5番 イ長調 Op.18, No.5／ベートーヴェン
弦楽四重奏曲第6番 変ロ長調 Op.18, No.6／ベートーヴェン
交響曲第3番 変ホ長調「英雄」Op.55／ベートーヴェン
交響曲第5番 ハ短調「運命」Op.67／ベートーヴェン
交響曲第6番 ヘ長調「田園」Op.68／ベートーヴェン
弦楽四重奏曲第10番 変ホ長調「ハープ」Op.74／ベートーヴェン
ヴァイオリン、チェロとピアノのための三重協奏曲 ハ長調 Op.56／ベートーヴェン
ミサ曲 ハ長調 Op.86／ベートーヴェン
弦楽四重奏曲第7番 ヘ長調「ラズモフスキー第1番」Op.59, No.1／ベートーヴェン
弦楽四重奏曲第8番 ホ短調「ラズモフスキー第2番」Op.59, No.2／ベートーヴェン
弦楽四重奏曲第9番 ハ長調「ラズモフスキー第3番」Op.59, No.3／ベートーヴェン
「『ドン・ジョヴァンニ』の『お手をどうぞ』による変奏曲」変ロ長調 Op.2／ショパン
「ダヴィッド同盟舞曲集」Op.6／シューマン
「謝肉祭」Op.9～第21曲「フィリシテ人と闘う『ダヴィッド同盟』の行進」／シューマン

3　大衆を酔わせるワーグナーの「毒」

歌劇「ローエングリン」～第3幕への前奏曲／ワーグナー
バレエ音楽「スケートをする人々」／マイアベーア（マイヤーベア）　※ランベールによるマイアベーアの歌劇「預言者」「北極星」からの編曲。
楽劇「トリスタンとイゾルデ」～前奏曲と愛の死／ワーグナー
楽劇「ニュルンベルクのマイスタージンガー」～第1幕 前奏曲／ワーグナー
楽劇「ワルキューレ」～第3幕「ワルキューレの騎行」／ワーグナー　※「ニーベルングの指環」第1夜より。
交響曲第9番 ニ短調「合唱付き」Op.125／ベートーヴェン
舞台神聖祝典劇「パルジファル」～第3幕「聖金曜日の音楽」／ワーグナー
「ジークフリート牧歌」Op.103／ワーグナー
楽劇「トリスタンとイゾルデ」／ワーグナー　※本文中のフルトヴェングラー指揮、1952年の録音。

◆第七章　政治体制と音楽家

1　ショスタコーヴィチの内省的抵抗

交響曲第1番 ヘ短調 Op.10／ショスタコーヴィチ
弦楽四重奏曲第8番 ハ短調 Op.110／ショスタコーヴィチ
交響曲第5番 ニ短調 Op.47／ショスタコーヴィチ　※バーンスタインの指揮ですが、本文中の録音ではありません。
交響曲第10番 ホ短調 Op.93／ショスタコーヴィチ　※ハイティンクの指揮ですが、本文中の録音ではありません。
「平均律クラヴィーア曲集」第1巻 BWV846-869／J.S.バッハ
「24の前奏曲とフーガ」Op.87／ショスタコーヴィチ
「48の前奏曲とフーガ」Op.856／チェルニー　※NML収録なし。
歌劇「ムツェンスク郡のマクベス夫人」Op.29～第1幕第3場（カテリーナのアリア）／ショスタコーヴィチ
バレエ組曲第1番～第4曲 ポルカ（明るい小川）／ショスタコーヴィチ
歌劇「ムツェンスク郡のマクベス夫人」Op.29／ショスタコーヴィチ　※ドイツ語歌唱版ですが、本文中の演奏ではありません。
交響曲第2番 ロ長調「十月革命に捧ぐ」Op.14／ショスタコーヴィチ
交響曲第3番 変ホ長調「メーデー」Op.20／ショスタコーヴィチ
交響曲第4番 ハ短調 Op.43／ショスタコーヴィチ
交響曲第5番 ニ短調 Op.47～第4楽章／ショスタコーヴィチ

2　『交響曲第九番』はスターリンを激怒させた

交響曲第7番 ハ長調「レニングラード」Op.60／ショスタコーヴィチ
バレエ音楽「シンデレラ」組曲第1番 Op.107／プロコフィエフ
「7つの歌（大衆歌曲）と行進曲」Op.89／プロコフィエフ
交響的行進曲 Op.88／プロコフィエフ　※NML収録なし。
交響曲第8番 ハ短調 Op.65～第1楽章（アダージョ）／ショスタコーヴィチ
交響曲第8番 ハ短調 Op.65～第2楽章（行進曲風）／ショスタコーヴィチ
交響曲第8番 ハ短調 Op.65～第3楽章（無窮動）／ショスタコーヴィチ
交響曲第8番 ハ短調 Op.65～第4楽章（パッサカリア）／ショスタコーヴィチ
交響曲第8番 ハ短調 Op.65～第5楽章（フィナーレ）／ショスタコーヴィチ
交響曲第9番 変ホ長調 Op.70～第1楽章／ショスタコーヴィチ
映画音楽：組曲「ベルリン陥落」Op.82／ショスタコーヴィチ　※アドリアーノ校訂による管弦楽版。
「反形式主義的ラヨーク」／ショスタコーヴィチ
「24の前奏曲とフーガ」Op.87／ショスタコーヴィチ
交響曲第5番 ニ短調 Op.47／ショスタコーヴィチ

3　国家は文化芸術を主導すべきか

交響曲第7番 ハ長調「レニングラード」Op.60／ショスタコーヴィチ
組曲「ムツェンスク郡のマクベス夫人」Op.114a／ショスタコーヴィチ　※参考（歌劇からの組曲）。
歌劇「ヴォツェック」からの3つの断章／ベルク
交響組曲「キージェ中尉」Op.60／プロコフィエフ
バレエ音楽「ロメオとジュリエット」組曲／プロコフィエフ　※ムーティによる組曲版。
ロンド イ短調 K.511／モーツァルト　※本文中の演奏ではありません。
ピアノ・ソナタ第31番 変イ長調 Op.110／ベートーヴェン　※本文中の演奏ではありません。
「映像」第2集／ドビュッシー　※本文中の演奏ではありません。
マズルカ第49番 ヘ短調 Op.68, No.4／ショパン　※本文中の演奏ではありません。

◆第八章　言葉、音楽、デモクラシー

1　言葉が先か、音楽が先か——音楽の二面性

歌劇「はじめに音楽、次に言葉」（劇場用ディヴェルティメント「まずは音楽、おつぎが言葉」）／サリエリ
歌劇（劇音楽）「劇場支配人」K.486／モーツァルト
「この道」／北原白秋・詞、山田耕筰・曲
「からたちの花」／北原白秋・詞、山田耕筰・曲
歌劇「カプリッチョ」Op.85, TrV279c～間奏曲（月光の音楽）／リヒャルト・シュトラウス
舞台神聖祝典劇「パルジファル」～第1幕 前奏曲／ワーグナー
「スターバト・マーテル」／ロッシーニ
「スターバト・マーテル」／ペルゴレージ
歌劇「ウィリアム・テル」／ロッシーニ
歌劇「エルナーニ」～第1幕「エルナーニよ、いっしょに逃げて」／ヴェルディ
歌劇「ジャンヌ・ダルク」（ジョヴァンナ・ダルコ）／ヴェルディ
歌劇「マクベス」～前奏曲／ヴェルディ
グレゴリオ聖歌「パンジェ・リングァ」（舌もて語らしめよ）　※本文中に曲名なし、一例です。
歌劇「フィガロの結婚」K.492／モーツァルト

2　魂を揺さぶる芸術の条件は何か

「アヴェ・ヴェルム・コルプス」K.618／モーツァルト
交響曲第40番 ト短調 K.550～第4楽章／モーツァルト

3　「調性を失った音楽」が意味するもの——デモクラシーと芸術の運命

「ダヴィッド同盟舞曲集」Op.6／シューマン　※参考。

本書は、新潮社のWebマガジン「考える人」(https://kangaeruhito.jp/)にて、二〇一九年一月から二〇二〇年一二月にかけて連載された「デモクラシーと芸術」に大幅に加筆修正をしたものです

新潮選書

社会《しゃかい》思想《しそう》としてのクラシック音楽《おんがく》

著　者……………… 猪木《いのき》武徳《たけのり》

発　行……………… 2021年5月25日
4　刷……………… 2022年1月30日

発行者……………… 佐藤隆信
発行所……………… 株式会社新潮社
〒162-8711 東京都新宿区矢来町71
電話　編集部 03-3266-5611
　　　読者係 03-3266-5111
https://www.shinchosha.co.jp
シンボルマーク／駒井哲郎
装幀／新潮社装幀室
組版／新潮社デジタル編集支援室

印刷所……………… 株式会社三秀舎
製本所……………… 株式会社大進堂

乱丁・落丁本は、ご面倒ですが小社読者係宛お送り下さい。送料小社負担にてお取替えいたします。価格はカバーに表示してあります。

ISBN 978-4-10-603867-9 C0373

自由の思想史
市場とデモクラシーは擁護できるか
猪木武徳

自由は本当に「善きもの」か？　古代ギリシア、啓蒙時代の西欧、近代日本、そして現代へ……経済学の泰斗が、古今東西の歴史から自由社会のあり方を問う。

《新潮選書》

指揮者の役割
ヨーロッパ三大オーケストラ物語
中野雄

指揮者は音を出さない。では一体、何をするのか。どんな資質の持ち主か。フルトヴェングラーからゲルギエフまで、巨匠達の仕事と人間性の秘密に迫る。

《新潮選書》

ロマネスク美術革命
金沢百枝

ピカソも脱帽！　千年前のヨーロッパで花開いたロマネスクこそは、モダンアートにも通じる表現の一大転換点だった。知られざる美の多様性を再発見する。

《新潮選書》

世界は善に満ちている
トマス・アクィナス哲学講義
山本芳久

怒り、悲しみ、憎しみ……ネガティブな感情の根源にも「愛」がある。中世哲学の最高峰『神学大全』を読み解き、自己と世界を肯定して生きる道を示す。

《新潮選書》

不寛容論
アメリカが生んだ「共存」の哲学
森本あんり

「不愉快な隣人」と共に生きるにはどうすればいいのか。植民地期のアメリカで、多様性社会を築いた偏屈なピューリタンの「キレイごとぬきの政治倫理」。

《新潮選書》

精神論ぬきの保守主義
仲正昌樹

西欧の六人の思想家から、保守主義が持つ制度的エッセンスを取り出し、民主主義の暴走を防ぐ仕組みを洞察する。〝真正保守〟論争と一線を画す入門書。

《新潮選書》